★★★ ○ 2019年主题出版重点出版物

李近朱 著

上海科学技术文献出版社
Shanghai Scientific and Technological Literature Press

图书在版编目（CIP）数据

70年邮票看中国 / 李近朱著. —上海：上海科学技术文献出版社，2019（2021.11重印）
ISBN 978-7-5439-7947-5

Ⅰ. ①7… Ⅱ. ①李… Ⅲ. ①邮票—中国—图集②社会主义建设成就—中国 Ⅳ. ① G262.2-64 ② D619

中国版本图书馆CIP数据核字（2019）第157318号

策划编辑：张　树
责任编辑：苏密娅
封面设计：樱　桃

70年邮票看中国
70NIAN YOUPIAO KAN ZHONGGUO
李近朱　著
出版发行：上海科学技术文献出版社
地　　址：上海市长乐路746号
邮政编码：200040
经　　销：全国新华书店
印　　刷：上海新开宝商务印刷有限公司
开　　本：787×1092　1/16
印　　张：26.75
版　　次：2019年9月第1版　2021年11月第7次印刷
书　　号：ISBN 978-7-5439-7947-5
定　　价：168.00元
http://www.sstlp.com

打开我的集邮册
——代前言

那是20世纪50年代初，我正在读小学。"太平天国起义发生在什么年代？"一道历史试题，难住了我。

良久，眼前一亮：我想到了我的集邮册。那里不是有一套刚刚发行的"太平天国金田起义百年纪念"邮票吗？很快，我从1951年倒推100年，于是，我在答卷上写下了正确的答案：1851年。

原来，邮票真如小小的"百科全书"，而有了兴趣的记忆是最牢靠的。这么说，兴趣就是最好的老师，集邮也可以长知识。此后，我的集邮兴趣大增，并在上小学的时候就开始起步，从1949年中华人民共和国成立开始，有了集齐集全中国全部邮票的"宏愿"。

岁月流逝，70春秋倏然而过。正值中国70周年华诞之际，翻检步入70个年头的全部中国邮票，我的眼前又是一亮。在这70年的邮票之上，不是鲜明地烙着中国前行的足迹吗？不是生动地记录着中华民族光辉的史迹吗？

于是，我捧出了近70年来披挂着历尽风尘的老集邮册，将70年的中国邮票归整在了7本邮册当中；在每册中，都置放了10年中最富特色的邮票。这样，1册10年，7册70年，展陈出的正是一部邮票上的中华人民共和国建立、成长和发展的路程，也从中国70年发行的邮票上，看到了中国悠远而深厚的历史积淀。

邮票被誉称为"国家名片"。作为时代的象征，邮票记录了民族历史，塑造了国家形象。中华人民共和国邮票的发行，自1949年9月始。中华人民共和国开国前夕，在共和国新纪元初启之时，邮票的新的编号——纪念邮票第1号，便和这个新生的人民政权一起诞生了。邮票的方寸天地之间，展示与铭刻了无数个重要的历史瞬间。

70年过去，翻开一本本邮花绽放的集邮册，可以看到度过70春秋的中华人民共和国的光辉印记。尽管从邮票这个小小视角，并不能够完整、全面重现中华人民共和国的"编年史"，也不可能系统和缜密地传递出中华民族悠久历史的全部辉煌；但仅仅从邮票这个小小的国家"名片"就能感受到我们伟大祖国前行的"身影"，也可让人们回望过往，重温流年，壮行前程。

毛泽东曾经在观看董希文先生经典油画之作《开国大典》时，说了"是大国，是中国"这6个字。

如果说，"是大国"这3个字主要蕴含着国家形象的精髓，那么，另3个字"是中国"，则是述说了中国邮票中的中国风范与气派。作为"国家名片"，中国邮票必须和必定成为塑造国家形象、体现中华民族艺术传统的一个载体。

任何民族的艺术都在时代中产生和发展。时代的鲜活色彩，始终是艺术焕发生命力和透现艺术魅力的一个重要构成。邮票是与时代同行俱进的一种特殊艺术形式。它的选题、设计与发行贯穿在时代与历史发展的长河中，从不间断。不同历史时期必然要在邮票上留下自己的烙印。因此，时代印记又成为邮票的一个重要特征，并且构成"是中国"这个判断的又一深刻含义——邮票必须以与时俱进的艺术风格，刻画出"时代中国"的形象。

如果说，一个国家有一个国家的总体艺术风范，那么，一个国家在不同时代也会留下不同的艺术印痕。70年来中华人民共和国经历了"纯情岁月""坎坷时刻""转折年代""躬耕季节""春日辰光""希望朝旭"和"新的征程"。在《70年邮票看中国》中，这个历史演变进程得到了深刻真切生动的反映。

在进入21世纪前夕，已经回归祖国的中国香港、中国澳门邮政部门和中国邮政一起发行了"国家名片"。一年一度，在邮票选题、设计、印制与发行中，紧系社会大局，探源传统文明，放眼世界格局，三条主脉经过70年的前行与探索，到了新世纪初叶，已渐成中国邮政发行邮票的主旨。这体现了邮票的一个重要功能，那就是塑造国家形象，体现"国家名片"的宣示作用。

在中华人民共和国成立70周年庆典的日子里，翻开邮册、观览历史的行动，不仅让我忆起了自己的集邮旧事，也是我祝福祖国70岁生日的一个有意义、有情感的庄重"仪式"。

于是，这7本集邮册在这个特殊的日子里，又一本本一页页打开了。通过邮票这个国家"名片"，让我们一起去追寻中华人民共和国70春秋的伟大"身影"，让我们一起感受中华民族在邮票上留下的深深印记。

Contents 目 录

打开我的集邮册——代前言 ················· 1

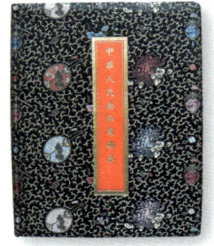

第一本集邮册：················· 1
"纯情岁月"（1949—1959）

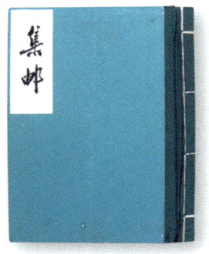

第二本集邮册：················· 35
"坎坷时刻"（1960—1969）

第三本集邮册：················· 65
"转折年代"（1970—1979）

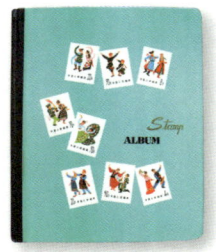

第四本集邮册：·············· 101

"躬耕季节"（1980—1989）

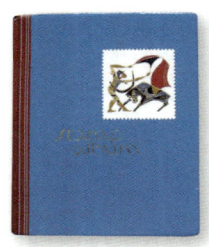

第五本集邮册：·············· 157

"春日辰光"（1990—1999）

第六本集邮册：·············· 213

"希望朝旭"（2000—2009）

第七本集邮册：·············· 307

"新的征程"（2010—2019）

第一本集邮册

"纯情岁月"

(1949—1959)

提　要

　　1949年至1959年，这是中华人民共和国成立的第一个10年。

　　1840年以来的风雨，1921年以来的新民主主义革命结束了，1949年10月1日中华人民共和国中央人民政府在首都北京成立了。

　　新生的人民政府为亿万人民带来了清新纯净的春风。高涨的社会主义建设的热情，使这个10年，特别是最初几年，真是"清凌凌的水，蓝莹莹的天"。

　　那是一个难以忘怀的"纯情岁月"。

1949年

在百万雄师渡过长江，蒋家王朝的"青天白日"旗陨落南京之时，伟大的中华人民共和国的朝曦已升起在北京城头。

我的集邮册中最初的几套中国邮票铭记了一个伟大时刻的到来，那就是中华人民共和国的诞生。

赫然在目的"纪1"，也就是新中国纪念邮票的第一套，宫灯下的天安门图案，简朴洗练，灯上嵌着中国人民政治协商会议第一次会议的徽标。

庆祝中国人民政治协商会议第一届全体会议　　中国人民政治协商会议纪念

1949年9月21日至9月30日，在北平（今北京），中国共产党及各民主党派、人民团体和各族各界代表人士共662人参加了这个具有重大历史意义的会议。

这次会议代行了全国人民代表大会的职权，通过了具有临时宪法性质的《中国人民政治协商会议共同纲领》；制定了政协和政府《组织法》；决定了中国国号为中华人民共和国，首都定在北京，中国采用公元纪年，以《义勇军进行曲》为国歌，以五星红旗为国旗。会议选举毛泽东为中央人民政府主席，朱德、刘少奇、宋庆龄等6人为副主席，并由180人组成政协第一届全国委员会。

毛泽东在致辞中宣布："占人类总数四分之一的中国人从此站立起来了"。

这套纪念邮票在1949年10月8日发行，时隔4个月，1950年2月1日，编号"纪2"的又一套"中国人民政治协商会议纪念"邮票发行，一枚图案是北京新华门和政协会徽，另一枚图案是毛主席和政协会场。这两套邮票记录了中华人民共和国成立的一个庄严的奠基式。

政协会议闭幕的第二天，1949年10月1日，中华人民共和国的开国大典在天安门广场举行。我的集邮册中的第三套邮票留下了这个辉煌的历史瞬间。

1950年发行的"中华人民共和国开国纪念"邮票，票幅上的五星红旗最为鲜明夺目。国旗下是人民领袖毛泽东和开国大典中的天安门阅兵的情景。邮票以红色为基调，洋溢着喜庆欢乐的气氛。而后在建国10周年的纪念邮票上，再次出现过"开国大典"的场面，那是以画家董希文的名作为图的一枚精美的单色雕刻版邮票。

中国人民政治协商会议纪念

中华人民共和国开国纪念

开国大典

最早出现在邮票上的国旗,是在中华人民共和国成立一周年的 1950 年 10 月 1 日的纪念邮票上。当五星红旗飘扬在邮票的方寸画面上时,我们仿佛听到了国歌,听到了"歌唱祖国"的颂歌。最早出现在邮票上的国徽,是在 1951 年中华人民共和国成立二周年发行的特种邮票上。最早出现在邮票上的国歌,是在 1979 年建国 30 周年的纪念邮票中的一枚大幅邮票上。这一年的纪念国庆邮票发行了 5 组,其中 3 组将庄严的国旗、国徽、国歌单独作为邮图。应当说,国旗、国徽、国歌是中国永恒的标志与象征,在邮票上它们多次出现,正意味着祖国在亿万人民心中神圣的位置。

在开国的一个半月后,在中国的首都北京,世界工会联合会召开了亚洲澳洲工会会议。这是共和国第一次向世界敞开大门,也是在共和国第一次召开的世界性的会议。中国以开放的姿态迎接了世界各国朋友的到来。

中华人民共和国开国一周年纪念

国徽

中华人民共和国国歌

世界工会联合会,简称"世界工联",是国际工人阶级的群众性组织。1945 年 2 月,在苏联工会的倡议和推动下,由 45 个国家的工会组织在伦敦举行会议,决定成立统一的世界工人组织。同年 9 月 25 日,世界工会代表大会在巴黎开幕,56 个国家的工人代表参加了大会。1945 年 10 月 3 日,大会一致通过"世界工联"章程,正式成立了世界工会联合会。中华全国总工会是世界工联的团体会员之一。

1949 年 11 月 16 日至 12 月 1 日,世界工联在北京召开了亚洲澳洲工会会议。会议确定了亚、澳各国工人运动的方针,并通过建立世界工会联合会亚洲、澳洲联络局等决议。

1950年4月，"世界工联"亚澳联络局正式成立，总部设在北京。在这次会议开幕的那一天，1949年11月16日，中国发行了"世界工联亚洲澳洲工会会议纪念"邮票一套3枚。邮图由地球的东半部，以及象征着工人的手持铁锤的图案构成。

1949年，中华人民共和国的诞生在邮册上也留下了辉煌的足迹。

世界工联亚洲澳洲工会会议纪念

1950年

这是中华人民共和国成立一周年的一个崭新的年月。1949年10月1日的开国大典在中国人民心中，也在全世界人民眼里，留下了一个神圣的形象，那就是北京的天安门。

1950年的2月、6月、10月、12月，中国邮政以普通邮票形式发行了4组邮票。多达25枚的不同面值广泛用于通信的这批邮资凭证，所选图案就是天安门，其设计者是邮票设计家孙传哲。他在中国成立初期设计了开国第一套纪念邮票，又设计了开国纪念、国徽等邮票。回忆当年，他说："我设计的新中国第一套普通邮票追求小巧精美而典雅朴实的风格，画面由雄伟壮观的天安门城楼侧面图，及浑圆挺拔、雕刻精美的汉白玉华表组成。"

天安门图案（第一版）普通邮票

第二次世界大战的硝烟刚刚散去，世界人民对于和平的渴望显得十分迫切。1948年11月，世界文化工作者国际联络委员会、国际民主妇女联合会，以及17个国家的75位著名人士联合发起召开"第一届世界保卫和平大会"。1949年4月，大会在巴黎和布拉格同时举行。西班牙著名画家毕加索为这一届"世界保卫和平大会"创作了著名的画作《和平鸽》。

毕加索一家对于鸽子情有独钟。一本传记曾以"鸽子今晚似神灵"为题，写毕加索父子的早年岁月，其中有这样一句话，"他们尤其爱咕喃喃细语的鸽子"。

毕加索一生热爱和平，反对非正义的战争。第二次世界大战以前，他曾写讽刺诗《弗朗哥的梦想和谎言》，抨击西班牙独裁者，又创作了著名油画《格尔尼卡》，抗议德、意法西斯侵略西班牙的罪恶行径。战后，他曾多次为世界和平大会画"和平鸽"。他画的"和平鸽"已成为世界和平运动公认的标志。

中国在战火甫定、和平到来的1950年，为"世界和平"发行邮票，表明了中国人民对于和平的向往，也表明了新政权开放的国际视野。在这套邮票上，运用了静态的温雅的鸽子形象，这就是毕加索的名画《和平鸽》中的一幅。

保卫世界和平

毕加索用安详的白鸽来象征平静幸福的生活，造型优美生动。鸽子在四方形的装饰框线和一根橄榄枝的装饰下，稳伫其间；邮票顶端写有主题文字"保卫世界和平"。邮票设计得端庄大方、和谐稳重，把毕加索笔下的和平鸽形象衬托得更加纯净圣洁。

此后，1951年、1953年，国家邮政又以毕加索所画的不同形态的和平鸽为邮图，以"保卫世界和平"为题发行了两组邮票，并使用了新颖的三角形的异形票幅，充分显示初生的人民政权对于"和平"的关注。

保卫世界和平（第二次发行）

保卫世界和平（第三次发行）

在中华人民共和国刚刚诞生的年代，曾经流行过一首歌，叫做《莫斯科—北京》，咏唱的是苏联和中国人民的深厚友谊。早在苏联和中国的革命岁月，中苏两国人民和共产党人就有了战斗的情谊，在开国的时刻，苏联首先与这个新生的政权建交。在中华人民共和国百废待兴的日子里，苏联人民曾经给予了援助。

中苏友好最集中的体现还在于开国之初签订的《中苏友好同盟互助条约》。

1950年2月4日，中国、苏联两国外交部部长周恩来和维辛斯基分别代表两国政府，在莫斯科签订了为期30年的《中苏友好同盟互助条约》，并于同年11月起生效。条约内容主要是：防止帝国主义侵略以巩固远东和世界和平；发展和巩固两国间的经济、文化与合作关系。双方在换文中声明：于1945年8月14日由苏联与中国国民党政府所缔结的条约与协定均告失效。

1950年12月1日，"《中苏友好同盟互助条约》签订纪念"邮票发行。这套邮票共3枚，画面为毛泽东1949年12月16日至1950年2月17日率领中国代表团访问苏联时和斯大林握手的情景。在斯大林和毛泽东身后是两国的地图和代表两国首都的斯巴斯基钟塔与天安门，身前是两国国旗。

如今，再观赏这套邮票，会唤起当年一代人难忘的情愫，《莫斯科—北京》的歌声如在耳畔。其实，两国人民的友谊是永恒的。

中苏友好同盟互助条约签订纪念

1951年

1951年有两件大事：一是中国共产党成立三十周年，二是中华人民共和国成立两周年。

这一年的7月1日为中国共产党成立三十周年发行的纪念邮票，是中国关于党的建设题材的第一套邮票。这套邮票共3枚，均以毛主席浮雕式的侧面像为图案。单色雕版印制，形象鲜明，端庄大气，传承了开国初期中国邮票朴实无华的风范。

中国共产党第一次全国代表大会于1921年7月23日召开，而党的诞辰纪念日是7月1日。把7月1日作为中国共产党的诞辰纪念日，是毛泽东同志于1938年5月提出来的。当时，毛泽东在《论持久战》一文中提出："今年七月一日，是中国共产党建立十七周年的纪念日。"这是中央领导同志第一次明确提出"七一"为党的诞生纪念日。

中国共产党三十周年纪念

"七一"作为党的生日，最早见于中央文件是在1941年6月。当时，中共中央发出了《关于中国共产党诞生二十周年、抗战四周年纪念指示》，指示说："今年七一是中国共产党诞生的二十周年。"这是以中共中央名义作出的把"七一"作为党的生日进行纪念的第一个文件。

从此，"七一"就作为党的生日固定下来。每年的7月1日，全党都要热烈庆祝党的诞生纪念日。正如刘少奇同志所说："这是我们党最重要的纪念日，也是中国人民、中华民族最重要的纪念日。"

而在已发行了两套国庆纪念邮票之后，在迎接中华人民共和国成立两周年的时刻，国家邮政改换了一种纪念的方式，即以第一套"特种邮票"的称谓，以庄严的"国徽"为题为图，发行了5枚一套的特种邮票作为国庆的纪念。

国徽

1951年的邮票发行中，还有两个历史性的题材格外引人注目。这一年是鲁迅先生逝世15周年，毛泽东主席盛赞鲁迅是"中国文化革命的主将，他不但是伟大的文学家，而且是伟大的思想家和伟大的革命家。鲁迅的骨头是最硬的"。在两枚一套的纪念邮票中，鲁迅的肖像和他的名句"横眉冷对千夫指，俯首甘为孺子牛"作为邮图，简洁而精辟地显现出了鲁迅外在的形象与内在的品格。这是中国第一次发行纪念鲁迅的邮票。

鲁迅逝世十五周年纪念

此后，又在鲁迅的纪念日多次发行邮票以资纪念。如1966年

就发行了3枚一套的"纪念我们的文化革命先驱鲁迅"邮票。一枚为鲁迅的肖像，一枚是鲁迅名句"横眉冷对

永不休战

鲁迅肖像　　　　鲁迅名句

千夫指，俯首甘为孺子牛"，还有一枚则是印上了毛泽东主席对于鲁迅的评价。

1976年又在鲁迅逝世40周年的日子里，发行了3枚邮票，其中1枚选用了画家汤小铭的油画《永不休战》作为邮图。应当说，这两套邮票发行在"文革"期间，带有较明显的"革命"色彩，即注重了鲁迅作为革命家的一个侧面。而在1981年纪念鲁迅百年诞辰之际所发行的纪念邮票，以木刻为图，两幅肖像再现了鲁迅青年时代与晚年的风貌。作为背景的水乡和作品的象

鲁迅诞辰一百周年　　　鲁迅诞辰一百周年

征性的图案、鲁迅的凝思情状，以及茅盾题字的绿色衬底，均从多个侧面刻画了鲁迅，特别是他作为文学家的特点和个性。

1951年为纪念太平天国金田起义百年发行了4枚邮票。邮图为金田起义群情激愤的场景，以及太平天国农民政权所发布的《天朝田亩制》等文告和所发行的钱币。这套邮票反映出无产阶级新政权对于历史上农民运动的肯定，体现了毛泽东关于"人民，只有人民才是历史发展的动力"的思想。

太平天国金田起义百年纪念

时隔40年，1991年，国家邮政又为"陈胜、吴广农民起义二千二百年"发行了纪念邮票。那是一座秦风犹存的陈、吴举义的现代雕塑。一枚邮票彰显了我们对于历史上的人民革命的尊重与敬仰。

太平天国文告和钱币　　陈胜、吴广农民起义二千二百年

1952年

一个古老的农耕民族,经历了几千年的风雨,一个"耕者有其田"的梦想终于在百废待兴的中华人民共和国开国的时日实现了。

中国共产党的革命目的是建立人民民主专政的人民共和国。因此,实行土地改革、废除封建制度的经济基础——地主阶级封建剥削的土地所有制是一项基本的方针。

在中国共产党的历史上,毛泽东曾经在1929年写下了"收拾金瓯一片,分田分地真忙"的诗句,以寄理想;后来,在解放区曾进行了土地改革。但是,大规模的、彻底的土地改革是在中国共产党取得政权之后的1950年冬至1953年春进行的。

为了迎接大地之春的到来,1952年的第一天,邮图相同的4枚邮票问世。方寸票幅上展示了农民分得土地、领到土地证后的生产情景。邮图的左下角是3个穿着传统服装的中国农民半身像,他们对新的生活充满了憧憬。一位老农手指邮票右侧的背景,一台大收割机,驾驶者是新一代的年轻农民,表现了农业现代化、机械化的发展远景。宽大履带下面是一个持续了几千年的传统的中国农耕场景:农民与牛在用犁耕地。设计者有意将牛、犁置于收割机的履带之下,表现了要用现代的农业机械化来代替传统的农耕方式的夙愿。

土地改革

在开国的第三个年头,中国还经历了两件大事,一是抗美援朝,二是和平解放西藏。

1950年朝鲜内战爆发,美国入侵朝鲜,并不断轰炸中国东北的边境城镇。同年10月,中国人民志愿军组成,并于10月19日开赴朝鲜前线,与朝鲜人民军共同作战。经过5次大规模的战役,把美国军队及李承晚军队逼回"三八线"。1951年7月10日,美方同中、朝方进行停战谈判。直至1953年7月27日,双方才签订停战协定。

在抗美援朝战斗正酣的1952年,国家邮政发行了"中国人民志愿军出国作战二周年"纪念邮票4枚。邮图展现了抗美援朝中前方与后方的战斗情景。

第一枚是"志愿军出国作战"。中国人民志愿军援朝部队共6个军,后又增加多达19个军,134万余人。看铁流直前,犹闻"雄赳赳,气昂昂,跨过鸭绿江"的军歌嘹亮。由画家邵宇作画。

第二枚是"支援前线"。在抗美援朝的日子里,刚刚获得解放的大后方的老百姓纷纷捐款捐物,支援军队作战,曾经有过豫剧表演艺术家常香玉个人捐飞机的感人壮举。由画家王式廓作画。

第三枚是"涉江追击"。邮图以遒劲的线条勾画出中国人民志愿军涉水渡江追击敌人的战斗场景。由画家张崇岫作画。

中国人民志愿军出国作战二周年纪念

中国人民志愿军出国作战二周年纪念

藏农耕地

康藏、青藏公路

西藏人民的新生

第四枚是"胜利会师"。再现了在战斗中屡见不鲜的中国人民志愿军和朝鲜人民军会师后的情景。由画家张崇岫作画。

西藏自古就是中国美丽富饶的领土。1951年4月22日,以阿沛·阿旺晋美为首席代表的西藏地方当局谈判代表团一行15人到达北京。经中央人民政府全权代表李维汉与西藏地方政府全权代表阿沛·阿旺晋美谈判,双方签订了《关于和平解放西藏办法的协议》。5月23日,朱德、李济琛副主席和陈云副总理主持了签字仪式,至此,西藏宣布和平解放。

西藏和平解放一周年之际,有4枚纪念邮票发行。这套邮票有两个邮图。一为"布达拉宫"。蕴含着浓厚藏族文化特色和民族风格的著名的喇嘛寺院布达拉宫,位于西藏自治区首府拉萨市西处的布达拉山上。宫院依山而建,共13层,高达百米,以花岗石砌成院壁,正殿之顶用铜瓦覆盖。环绕正殿有8个祭堂,每个祭堂有一座金塔,塔上镶有宝石。布达拉宫金碧辉煌、宏伟壮观,犹如青藏高原上一颗闪光的星辰。布达拉宫是西藏的宗教中心、政治中心,西藏的和平解放使布达拉宫获得新生。

布达拉宫

二为"藏农耕地"。画面所展现的是藏农赶着牦牛生产的情景。

这是中国为西藏自治区发行的第一套邮票。此后,西藏多次出现在邮票的方寸天地之中。如1956年的"康藏、青藏公路"邮票、1961年正值西藏和平解放10周年之际发行的"西藏人民的新生"、1991年的"和平解放西藏四十周年"小型张、2001年正值西藏和平解放50周年之际发行的"青藏铁路开工纪念"小型张。

在这一年发行的邮票中,还留下了中国对于国际问题的关注。

"和平解放西藏四十周年"小型张

青藏铁路开工纪念

1952年4月12日至16日，国际保卫儿童会议在维也纳举行。此次会议是由国际民主妇女联合会和各国知名人士共同发起召开的。参加大会的有64个国家的540名代表。大会通过了《告世界男女书》和《关于儿童健康问题》等决议，号召全世界人民团结起来，为争取儿童的生存、反对细菌战而斗争，以保护儿童的健康成长。

1952年4月12日，为纪念国际保卫儿童会议召开，国家邮政发行了这套纪念邮票。邮票图案上，有一只巨大的手臂，柔婉的线条和手指造型体现了母亲的温馨与慈爱，高擎的手臂又显现着力度，体现了母亲对儿童的关爱。手臂之内护佑着不同肤色的儿童；他们无忧无虑地依偎在母亲的手臂旁，象征着世界各国儿童在充满温情和爱心的保护与抚育下成长。背景是迎风招展的旗帜，占据图案大部篇幅，造型稳重庄严，体现了"保卫儿童"的主题。单色的画面，简洁的构图，形象地展示出了这次国际大会的意义。

国际保卫儿童会议

中华人民共和国刚刚建立，尽管百废待兴，但依然有着远大、广阔的国际视野；中国曾以东道主身份举行了多次国际性的会议。1952年10月2日至12日，亚洲及太平洋区域和平会

胜利的光辉

庆祝亚洲及太平洋区域和平会议

国际劳动节 1889—1959年

议召开。27个国家的367位代表,还有列席代表和特约来宾来到北京,会期长达11天。

为庆祝这次盛会,会议开幕当天发行了"庆祝亚洲及太平洋区域和平会议"纪念邮票,全套4枚。其中,第一枚和第三枚采用了画家毕加索所绘的和平鸽,配以亚洲及太平洋区域地图,作为图案。第二枚和第四枚邮票的图案是和平鸽飞向亚洲及太平洋区域。

中国的第一套"国际劳动节"纪念邮票于1952年5月1日发行,全套3枚。第一枚"胜利的光辉",以鲜红色为底色,正中是阿拉伯数字"1",下方横印"五月"二字,点题:"五一国际劳动节"。第二枚"工农联盟",第三枚"和平建设"。这3枚邮票均在不同部位用汉字或阿拉伯数字标上"1952"年份。

此后,1959年5月1日,"国际劳动节"70周年之际,又发行纪念邮票一套,全套仍是3枚。第一枚"学习马列主义"。第二枚"全世界无产者联合起来",以粉红为底色,图案是不同肤色的白、黄、黑三只巨手共握一面写着"全世界无产者联合起来"的大旗,稳屹地球之上,象征着无产阶级斗争的必然胜利。第三枚"庆祝五一劳动节"。这套邮票充满了强烈的时代色彩。

1979年5月1日,又发行"纪念'五一'国际劳动节九十周年"邮票。这枚邮票以铁锤和镰刀巧妙构成"5"和"1"两个金色大字,成为邮票的主图。又有5个层次由浅入深的红色波形彩块,暗寓"5",而上部有1条带有淡灰色《国际歌》曲谱的白色底块,暗寓"1",象征着劳动人民联合起来,气势犹如波涛汹涌的大海。

纪念"五一"国际劳动节九十周年

中国的悠久历史和传统文化是对内教育、对外宣传的一个重要的课题。从1952年起,中国发行了5组以"伟大的祖国"为题的邮票。其中的第一套在1952年发行,内容是敦煌壁画。

在中国西北甘肃省敦煌市,其东南25千米处有一片树叶形的绿洲,那里坐落着一座历史悠久的艺术宝库——敦煌莫高窟。在砾岩峭壁上,大小洞龛密如繁星,有洞穴7 000余处,492窟。在这些依山而凿的洞窟内有精湛的壁画。内容丰富的敦煌壁画,展示了佛像、神怪、动物、山水画、建筑画以及装饰图案等。佛像是壁画的主要部分,有三世佛、七世佛、释迦、多宝佛、贤劫千佛等;有菩萨文殊、普贤、观音、势至等。假如把窟内所有壁画连接起来,可组成一条长达25千米的巨大画廊。

魏"狩猎"

唐"龙"

西魏"马夫和马"

壁画画卷上，从效仿西域的风物式样到复归汉民族的鲜明特色，从人物的颜面体态到服饰装束，不仅展示了10个朝代壁画艺术发展的脉络，而且蕴含着不同时代的历史、风情、民俗、神话、山川、建筑等十分丰富的形象资料。

西魏"伎乐人"

在这套邮票上，选用了4幅壁画：魏"狩猎"、隋"供养人"、唐"飞天"、唐"龙"；在1953年的"伟大的祖国"第三组邮票中，又有4幅敦煌壁画杰作进入邮图：西魏"马夫和马"、西魏"伎乐人"、北周"战斗"、唐"牛车"。

1987年12月，联合国教科文组织将敦煌莫高窟同泰山、长城、故宫、秦陵兵马俑等，一起作为人类珍贵的文化遗产，列入《世界文化遗产名录》。时隔三十多年后，自1987年始，至1996年，国家邮政又有6组"敦煌壁画"邮票发行，与50年代单色印制的邮票不同，这一次是运用彩色印刷，以体现多个朝代敦煌壁画的原貌，如：北凉"供养菩萨"、隋"飞天"、唐"伎乐"、元"千手观音"等。

北凉"供养菩萨"

自1952年"伟大的祖国"第一组邮票发行以后，相继有第二组"建设"、第三组"敦煌壁画"、第四组"古代发明"、第五组"古代文物"问世，在中国成立之初便广泛而生动地运用邮票进行了一次对内的爱国主义教育和对外的颇具说服力的宣传。

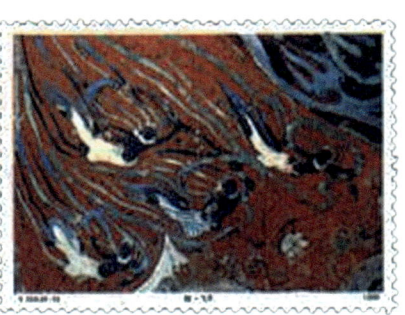
隋"飞天"

唐"伎乐"

元"千手观音"小型张

1953年

1953年,中华人民共和国走进了第5个年头。这是一个方兴未艾的新政权,在不长的时间中,已引起世界的关注。同时,中国也已成为一个面向国际的新兴的国度。这一年发行的邮票就是见证。

1953年,共发行了10套邮票,其中有5套是国际题材。

1953年3月8日,发行了这一年第一套"国际"题材邮票:"庆祝三八国际劳动妇女节"。

提到这个节日,要追溯到 20 世纪初叶。1910 年,在第二次国际社会主义妇女代表会议上,为纪念 1909 年美国芝加哥女工的罢工壮举,促进各国妇女的共同斗争,根据社会活动家蔡特金的提议,决定把 3 月 8 日定为"国际劳动妇女节"。

这套邮票共 2 枚。一枚为"纺织女工"。邮图是一位站在细纱机前的纺织女工,她的脸上露着愉快、自豪的微笑,刻画了中国劳动妇女发挥才智、努力工作的精神风貌。

纺织女工　　　　　农　妇

另一枚为"农妇"。邮图描画了一位农村妇女质朴的形象。她手持镰刀,带着丰收的喜悦,正在收割成熟的麦子,象征着中国农村妇女已经成为农业生产的一支生力军。

两枚邮票的四角绘有光荣花,匀称而庄重;在装饰画面的同时,也是对中国劳动妇女业绩的赞颂。

另一套"国际"题材的邮票是"马克思诞生一三五周年纪念"。

在追溯中国政权建立和建设的漫长历程时,我们会想起毛泽东说的"指导我们思想的理论基础是马克思列宁主义"。德国革命家、社会学家和经济学家马克思(1818—1883),是中国人民非常熟悉、十分敬仰的马克思主义的创始人,虽然他不曾与东方的中国有过交往,但他是中国人民的导师,是中国革命的向导。

1818 年 5 月 5 日,马克思诞生于德国莱茵省特里尔城,父亲是一位才能出众的律师,母亲是贤惠的妇女,良好的家庭环境对马克思少年时代的思想成长有着良好的影响。

马克思从小勤奋好学,善于独立思考。中学时代,他受到法国启蒙思想的影响,产生了为人类谋幸福的崇高理想。中学毕业时他写的《青年在选择职业时的考虑》一文说,"一个人只有立志为人类劳动,才能成为真正的伟人"。1835 年 10 月,他进波恩大学攻读法学,一年后转入柏林大学法律系先是攻读法学,后主要研究历史和哲学。参加青年黑格尔派。1841 年大学毕业,同年由耶拿大学授予哲学博士学位。

马克思的著作指导了全世界劳动者的斗争方向,他和恩格斯组织和领导了"第一国际",是全世界无产阶级和劳动人民的伟大导师。

1953 年 5 月 20 日,为纪念马克思诞辰 135 周年,中国邮政发行了一套"马克思诞生一三五周年纪念"邮票共 2 枚。邮票主图是马克思肖像及德文签名,四周是简洁庄重的富有民族特色的装饰边纹。这是中华人民共和国成立后第一次发行纪念国际人物的邮票。

在论述中国艰苦卓绝的斗争历史时,毛泽东追根溯源,他说:"十月革命一声炮响,为中国送来了马克思列宁主义。"发出十月革命第一

马克思像

声炮响的"阿芙乐尔"号巡洋舰,其名意为"曙光"。十月革命也为中国革命带来了第一缕"曙光"。

1917年11月7日,俄国工农兵群众在布尔什维克党领袖列宁和斯大林的领导下,在圣彼得格勒举行武装起义,推翻了资产阶级临时政府,成立了苏维埃政府,列宁当选为第一届苏维埃政府主席。世界上第一个社会主义国家诞生了。

中苏友好

十月革命

1953年,正值十月革命35周年,中国邮政发行4枚纪念邮票。第一枚是"中苏友好"。邮图是苏联画家阿·吉利洛夫的绘画"我们伟大胜利的旗帜——斯大林和毛泽东"。第二枚是"十月革命",邮图是苏联画家维·谢洛夫所作"政权属于苏维埃——和平属于人民",描绘了列宁在1917年11月7日晚10时45分召开的全苏第二次代表大会上演讲的情景。第三枚是"共产主义建设",邮图是苏联雕塑家乌捷齐奇创作的矗立在列宁运河入口处的斯大林塑像。第四枚是"斯大林演说",邮图是斯大林的半身像和口号"我们拥护和平并坚守和平的事业"。

1953年4月发行的"伟大的十月革命三十五周年纪念"邮票,名称印成"伟大的苏联十月革命三十五周年纪念",多了"苏联"二字。1917年十月革命时,"苏联"还没有建立。邮电部发现这一错误后,立即急电各地邮局停止发售。当时只有湖南省德阳等邮局因故未能及时收到通知,结果出售了半个月,成为中国邮票中的稀有品种。

后经修改,重新印刷,发行日期也就不得不推迟到10月5日。错版和正版邮票的图案完全相同,只是颜色有异。

以国际知名人物为题的邮票在中华人民共和国成立初期,继纪念马克思的邮票之后,又在1953年发行另一组纪念世界文化名人邮票,即使在今天看来,开放的力度和国际视野的广阔,都是令人惊叹的。

那是在1951年世界和平理事会的维也纳会议上,第一次做出决议,建议在全世界举行文化周年纪念会,使各国人民珍视和尊重世界各国共同的文化遗产,并建立相互了解和友谊。理事会提出一份名单,随后几年,又补充了各个时期和各国人民所敬仰的文化名人。1953年,世界和平理事会提出纪念的4位名人是中国的屈原、波兰的哥白尼、法国的拉伯雷和古巴的马蒂。为此,邮电部发行了4枚邮票,以资纪念。

屈原(约前340—约前278),战国时期的楚国诗人、政治家,楚辞的创立者和代表作者。他的作品从内容到形式都有巨大的创造性,被推举为世界文化名人。

哥白尼(1473—1543),波兰伟大的天文学家。他以惊人的天才和勇气揭开了宇宙的秘

中国诗人屈原　　波兰天文学家哥白尼　　法国作家拉伯雷　　古巴作家马蒂

密，奠定了近代天文学的基础，创立了《天体运行论》自然科学的独立宣言。他的理论的提出给人类的宇宙观带来了巨大的变革。

拉伯雷（1494—1553），文艺复兴时期法国最杰出的人文主义作家之一。他通晓医学、天文、地理、数学、哲学、神学、教育等多种学科，堪称"人文主义巨人"。其代表著作是长篇小说《巨人传》，作品讴歌了人的伟大，表现了人类的巨大力量。

马蒂（1853—1895），古巴政治活动家、诗人、作家。他在文学上的影响遍及拉丁美洲和西班牙，作为沟通后期浪漫主义和现代主义之间的桥梁，在文学史上占有重要的地位。

1953年发行的其他的5套邮票中，也有涉及"国际"因素的题材。如"中国工会第七次代表大会"，虽是中国本土的会议，但工会却是一个有着"国际"背景的国际性的组织。

总之，从邮票上观看，1953年，一个面向国际的新中国的新形象正屹立在世界的东方。

1954年

1949年，"雄鸡一唱天下白"，中华人民共和国诞生。接着1950年，抗美援朝，中国又经历了战争的考验，直到1953年，正式停战。虽然社会主义的经济建设自中华人民共和国成立之日起就没有停止过，但和平年代的经济建设，应当是从1954年开始的。在这一年的邮票上，我们鲜明地看到了中国投入社会主义建设的豪迈步伐。

这一年就有3套邮票以经济建设为题。

1952年下半年，国民经济恢复即将完成，按照毛泽东的建议，党中央提出过渡时期的总路线，并编制了我国从1953年到1957年发展国民经济的第一个五年计划。计划的一个基本任务是集中主要力量进行由苏联帮助我国设计的156个建设项目组成的工业建设，以建立我国社会主义工业化的初步基础。经过这一部署，我国工业化建设开始起步，并逐渐取得成果。1954年5月1日发行了一套"经济建设"特种邮票，共有8枚。其中包括了自动化炼铁炉、阜新露天煤矿、重型机器厂、东北自动化发电厂、天兰铁路、塘沽新港、哈尔滨

自动化炼铁炉

勘察地下宝藏

无缝钢管厂　　　大型轧钢厂

反围盘

万能工具胎

苏联展览馆

列宁像　　　斯大林像

亚麻纺织厂和勘察地下宝藏。

此间,鞍山无缝钢管厂和大型轧钢厂,是苏联援建的工业重点项目,于1953年12月建成开工投产。这两个工厂的建成,标志着我国有了自己的钢铁冶金及机械制造工业,在1954年中华人民共和国成立5周年之际,邮电部发行了这套特种邮票。这套邮票的票幅与"经济建设"8枚邮票相同,并为同一人设计,可合构为10枚一组。

在全国人民的生产建设热情空前高涨的1954年4月,鞍钢技术革新能手王崇伦等7名全国工业劳动模范向全国总工会发出了"开展技术革新运动"的建议书,促使全国技术革新运动蓬勃兴起。很快,1954年12月15日,国家邮政发行了"技术革新"2枚邮票。一枚是"反围盘",由鞍山小型轧钢厂工人张明光发明,它安装在光轧钢机前,不仅提高了劳动生产率,而且可杜绝职业病和烫伤事故。另一枚是"万能工具胎",由鞍山钢铁总厂王崇伦创造,它可扩大牛头刨床的加工范围,大幅度提高劳动生产率。2枚邮票反映了中国工人的智慧和创造力,从一个侧面体现了社会主义经济建设的火热局面。

1954年,这是一个经济建设难忘的岁月,也是中国与苏联友好的年代。那时,人们把苏联称为"老大哥",说"苏联的今天就是我们的明天",到处传唱着《莫斯科—北京》的友谊之歌。

1954年10月2日,为了展示苏联经济和文化建设的成果,北京举办了"苏联经济及文化建设成就展览会"。展出期间,先后有276万人参观。10月25日,毛泽东等党和国家领导人也去参观并题词。为了纪念这次盛大展览,国家邮政发行邮票。邮图为在北京新建的苏联风格的展览馆外景和毛泽东的题词:"我们要在全国范围内掀起学习苏联的高潮,来建设我们的国家"。

说到苏联,不可不提到苏联的缔造者列宁和斯大林。这一年,正值列宁逝世30周年、斯大林逝世1周年。国家邮政发行了两套邮票以资纪念。这是中国发行的第一套纪念列宁、斯大林的邮票,此后又有多次发行。

1954年9月15日至28日,中华人民共和国第一届全国人民代表大会第一次会议在北京召开。此前,一直由政治协商会议代行人民代表大会职能。第一届全国人民代表大会代表1 226人。会议通过了中华人民共和国的许多基本法律,最重要的是第一部《中华人民共和国宪法》(以下简称《宪法》)诞生。大会还选举毛泽东为中华人民共和国主席,朱德为副主席,刘少奇当选为全国人民代表大会常务委员会委员长。

纪念邮票的第一枚是"普选",展示公民基层选举的场面。一个穿着工装的女工正在往票箱中投选票,背景是中华人民共和国国旗。第二枚是"庆祝",展示各族人民庆祝第一届全国人民代表大会召开的情景,邮图中央为中华人民共和国国徽,两侧是庆祝的人群。邮票以红色为基调,衬托出热烈喜庆的气氛。

普 选

《中华人民共和国宪法》于1954年9月20日由第一届全国人民代表大会第一次会议制定并颁布。这部《宪法》分序言、总纲、国家机构、公民的基本权利和义务、国旗、国徽、首都等部分,除序言外,共有条文106条。这是中国第一部体现人民根本利益的大法。纪念邮票共2枚。邮图均为青年女农民手捧《宪法》,青年工人手指的方向和国旗所示方向一致,表示中国各族人民正和人民政府步调一致、同心同德建设社会主义。画面设计清新简洁,有时代宣传画的效果,体现了当时邮票的设计风格。

庆 祝

1954年,正如诗人郭小川在《致青年公民》中所咏唱的"仿佛是滚滚的沉雷,从万丈以上的云端向世界宣告:中国人前所未有的黄金的日子真是来到了",这是一个新中国人以"公民"身份当家作主的年代,是一个新中国以经济建设使自己富强的年代,也是一个走向国际跻身于世界之林的年代。邮票记录下了这难忘的履迹。

宪 法

1955年

诗人艾青在1955年1月曾为北京的拓路高声叫"好"。他在诗句中写出了那个年代的豪言:"我们要前进,要加快地前进,我们要在一天走一年的路程。"这正写出了一个掀起建设高潮年代的中国人的激动心情。

1955年发行了一套由18枚邮票组成的"努力完成的一个五年建设计划"特种邮票。这18枚邮票,分别为"冶金""电力""煤

农 业

    商 业   高等教育   和平生活

矿""石油""机器制造""国防""纺织""讨论计划""农业""畜牧""水利""手工业""商业""交通运输""地质勘察""高等教育""和平生活"和"工人疗养"。

  第一个五年计划于 1955 年在第一届全国人民代表大会第二次会议审议并通过。其基本任务是建立工业化的基础。从 1953 年到 1957 年是第一个五年计划实施时间。到 1957 年，工业平均每年增长 18%，农业每年增长 4.5%，其中粮食每年增长 3.5%，第一个五年建设计划胜利完成。

  正是在这一年，金融领域也有重要改革，即将旧币制改为至今沿用的新币制。这个改革可以从邮票的面值变化上反映出来。

  1954 年 1 月 27 日，中国建成了第一条 22 万伏超高压送电线路。该线路全长 370 千米，共有送电线铁塔 900 多座。通过这条线路，可以把东北松花江上充足的电力输送到东北南部。

新建二十二万伏
超高压送电线路

  为此，国家邮政发行邮票 1 枚。邮图是耸入天际的超高压送电线路铁塔，鳞次栉比，一望无垠。

  1955 年初，人民币币值实行改革，原 100 元改为 1 分，原 1 000 元改为 1 角，依次类推。这套邮票是中国人民邮政以旧币发行的最后一套邮票，面值是旧币制 800 元。

  当年的 6 月 25 日，"中国红十字会成立五十周年纪念"邮票发行。面值 8 分。这是中国人民邮政以新币值发行的第一套邮票。

中国红十字会成立五十周年纪念

  "红十字会"是"红十字国际委员会"的简称，初名为"日内瓦伤兵救护委员会"，1863 年成立于日内瓦，1880 年改为"红十字会"。"中国红十字会"是中国人民组织的群众性卫生救护团体，于 1904 年在上海成立，1919 年加入国际红十字协会。中华人民共和国成立后，"中国红十字会"的方针是"预防为主"和"动员与组织人民实行自救救人"，其宗旨是爱国主义、国际主义和革命的人道主义。

  这套纪念邮票就 1 枚，题为"工人学习卫生常识 参加救护训练"。邮图是两个工人形象，女工人臂上戴有红十字袖章，男工人身背药箱，举手似正招呼大家学习卫生常识。邮图左上角的红十字会标志被围于麦穗之间，在绿底色中显得极为醒目。

  在热气腾腾的社会主义建设中，这一年的邮票发行可谓"动""静"结合；既有"动"感的建设主题邮票,又有"静"态的科学和政治人物的纪念邮票。

中国自古就是一个农耕国家,在科学技术上也有卓著的成就。在社会主义经济建设的年代发行第一组"中国古代科学家"邮票,其实有着追溯中国科技传统的深远含义。

这套邮票所纪念的科学家如下:

张衡(78—139),东汉科学家。他精通天文历算,创制了世界上最早利用水力转动的浑天仪和测定地震的地动仪,并成功地记录了公元138年在甘肃发生的一次强烈地震。他第一次解释了月食的成因,留有天文著作《灵宪》。

祖冲之(429—500),南北朝时南朝科学家。他推算出圆周率π的值在3.141 592 6和3.141 592 7之间。其主要著作有《缀术》和《九章算术义注》。

僧一行(683—727),唐高僧,天文学家。他21岁出家,精通历法和天文,发起在全国12个地点进行天文观测,并测算出相当于地球子午线纬度的长度。他著有《大日经》,并订《大衍历》等。

李时珍(1518—1593),明代杰出的医药学家。他继承家学,有临床实践,且深入民间,广泛采药。撰有传世巨著《本草纲目》,全书190万字,52卷,收录药物1 982种,附方11 096则,插图1 160幅,对每种药物都记有名称、产地、形态、采集方法、药物的品性和功用及炮制过程,为医药学界留下了一份宝贵的遗产。

张衡　　　　　　祖冲之　　　　　　僧一行　　　　　　李时珍

在民国时期和解放区,当时邮票中都有小全张发行,但没有发行过小型张。这套邮票不仅是中国发行的第一套小型张,而且是中国同时发行小型张最多的一次,即4枚小型张构成一组。

马克思和恩格斯是马克思主义的共同创立者,同为世界共产主义运动的革命导师。

恩格斯(1820—1895),1820年11月28日出生于德国八门市。青年时代,他接近激进的文学团体"青年德意志",并为其刊物《德意志电讯》撰稿。1844年,恩格斯在巴黎遇见了马克思。此后,两人开始了毕生合作。他们合写了科学共产主义的纲领性文件《共产党宣言》,恩格斯还写了《反杜林论》《自然辩证法》《家庭、私有制和国家的起源》《路德维希·费

恩格斯像

尔巴哈和德国古典哲学的终结》等重要著作，对创立马克思主义理论发挥了重要作用。马克思逝世后，他整理和出版了马克思未完成的著作《资本论》第二、三卷。1890年后，继续领导工人运动，同第二国际机会主义分子进行论战。

在恩格斯诞辰135周年之际，国家邮政发行纪念邮票2枚，邮图均为恩格斯肖像。

1955年，在邮票的方寸之间，留下了一个蓬勃向上的共和国形象。

1956年

1956年，是抗美援朝战争硝烟散去的第二个年头，又是1957年大规模的"反右斗争"的前夕。这是一个暂时平静的岁月。在邮票上留下纪录的第一件的"大事"，是中国共产党第八次全国代表大会在北京隆重举行。

天安门

1956年9月15日至27日，"八大"召开。除中国共产党的代表外，各民主党派、无党派人士的代表和58个国家的共产党、工人党、劳动党和人民革命党的代表也应邀参加了大会。这次大会在中华人民共和国由革命转为建设的历史转折关头适时召开，大会为探索一条适合我国国情的社会主义建设道路作出了重要贡献。虽然有许多正确意见和建议，由于当时对全面建设社会主义的思想准备不足而没能在实际工作中坚持下去，但在我党的历史上，这次会议仍具有一定的历史意义。为这次大会发行的纪念邮票，3幅邮图均为天安门；象征着工农的齿轮和麦穗环绕簇拥，闪烁着熠熠光彩。

伟大的革命先行者孙中山先生无论是在中华民国邮票上，还是在中华人民共和国邮票上，乃至在外国邮票上，都是频频出现的伟人形象。因为，孙中山先生是结束中国几千年封建帝制统治的领袖人物，他改写了中国的历史。而在邮票的方寸中，更是有着多次的缅怀与纪念。

中国第一套孙中山邮票，发行于1912年，题目为"中华民国光复纪念"，全套12枚，邮票画面均为孙中山像。

孙中山像及题词

中华人民共和国第一套孙中山邮票，发行于1956年11月12日，为孙中山诞辰90周年而发行。邮图是孙中山肖像与题词。这是第一次出现孙中山题词手迹的纪念邮票，题词为："今后之革命，非以俄为师，断无成就"。

此后发行了十余套纪念孙中山的邮票。其中唯一一套小型张邮票，是1986年11月12日为纪念孙中山诞辰120周年而发行。图案为靳尚谊先生创作的《孙中山先生》油画肖像。以靳尚谊先生作品为邮图的这枚纪念邮票,和他的同名画作双双荣获全国最佳邮票奖、全国美术展览金奖。

值得一提的是,在标有1956年邮票志号的一套邮票上,竟包含了3个年份的数字:邮票志号的"1956"年,邮图的右下角或左下角印有的票名,则标"1955"年,而邮票正式发行的时间是"1957"年,堪称"数字趣闻"。这是怎么回事呢?

原来,1955年10月2日至9日,全国第一届工人体育运动会在北京举行。参加比赛的运动员有1 700多人,比赛项目有田径、自行车、举重、篮球、排球和足球。这届运动会有10名运动员打破了4项田径、2项自行车、5项举重全国纪录。党和国家领导人毛泽东、刘少奇、朱德等参加了开幕式,并观看了比赛。

孙中山先生半身像

径赛　　　举重

在为全国第一届工人运动会发行纪念邮票时,因时间紧迫,改在1956年发行。后因故未能按时发行,最后推迟至1957年3月20日才正式发行。因此,邮票上才出现了年代的"多元"趣话。

旧中国体育邮票始终是个空白。中华人民共和国成立后,党和政府十分重视"发展体育运动,增强人民体质",这也体现在从20世纪50年代开始发行的体育邮票上。

1952年6月20日发行的"广播体操",是中华人民共和国第一套体育邮票。全套40枚,是1999年10月1日之前,中国邮票中枚数最多的一套,也是中国最早的异图相连邮票。

而后,凡全国性运动会均发行了邮票;此外,全国工人运动会、全国青少年运动会、全国农民运动会、全国冬季运动会等,也分别发行了邮票或邮资片。同时,为中国优势单项体育项

广播体操

乒乓球赛

顽强拼搏

目也发行了大量邮票。其中最多的是中国居于优势的"小球"乒乓球,还有排球。

为了全面反映中国体育事业的发展,邮票上还出现了"武术""发展体育运动""到大江大海去锻炼""少年儿童体育运动""从小锻炼为革命"等。此外,还有以中国古老体育传统为题的邮票,如"中国古代体育""围棋"等。

自中国成功申办"第29届奥林匹克运动会",直至成功举办了2008年北京奥运会,国家邮政发行了多套邮票纪念这一盛事。而此前,为参加或主办国际体育运动赛事发行的多枚邮票,也记录了中国走向世界体育强国的步伐。

中华人民共和国成立,古都北京重新焕发了青春。天安门几乎在同一时刻就出现在邮票的方寸之间。到了1956年,国家邮政特别发行了"首都名胜"邮票5枚。这套邮票分别以颐和园、北海、天安门、天坛、太和殿为图案。其中天安门邮图画稿表现的是天安门的黎明,旭日东升,光芒万丈;但邮票印刷效果不佳,上空祥云形成直射光,视觉效果不好,发行前就有异议。邮电部决定停止发行,收回此票,同套其余4枚邮票仍按原定发行日期发售。但江西、江苏、浙江等省个别邮局提前出

三节棍对双枪

踢小足球

弓　箭

颐和园

天安门

天　坛

售,使天安门的"放光芒"邮票仍流出大约六七百枚。而流出的"放光芒"邮票成为中国邮票中的又一稀罕珍品。1957年2月20日又重新补发了一枚"天安门"邮票。

继承了"伟大的祖国"系列邮票的创意,1956年又有彰显中国悠久文化遗产的"东汉画像砖"邮票发行。

东汉(25—220)的画像砖是嵌在墓壁上代替壁画和石刻的装饰品,直接在砖面上刻画出来的"画像砖"质朴、写实、生动,具有很高的艺术价值。汉代画像砖图案表现了战争、狩猎、车骑、宴饮、舞乐等生活场面,广泛地反映出当时的社会生活。

第一枚邮票图案为"井盐生产"。井盐生产在我国有悠久的历史,东汉墓出土的盐井图画像砖上刻有汲卤塔,四人用滑车汲取盐卤,再引入灶上的盐缸,另一人在烧柴灶熬盐。山前有人搬运盐包;山后有人打猎,以护佑平安。

井盐生产

第二枚为"住宅建筑",画面是东汉墓出土的庭院画像砖。

第三枚为"射猎农作",画面上部是射猎,两猎者在池塘边用箭猎取飞鸟;下部为农作,有五人在收割,有一人挑食盒送饭。

第四枚为"马车过桥"。一辆驾双马、单辕、有伞盖的车正驶过桥梁。

在中国邮票的发行中,中国传统文化与历史始终是一个丰富多彩的大主题,仅在中华人民共和国成立之后的8年中就发行了近10套。可见这一主题的生命力与感召力是何等的强劲。

射猎农作

1957年

1957年,在中国的历史上,这个年头往往会同大规模的"反右派"斗争联系起来。但这一年发行的邮票,却相反地有一条经济建设的红线贯穿着。原来,1957年是我国第一个五年计划完成的最后一年。从这一年发行的4套邮票上可见一斑。

中华人民共和国成立前,汽车完全依靠进口,车名竟达130多种,因而有"万国汽车博览会"之称。中华人民共和国成立以后,制造国产汽车成为一项重点工程。1956年10月1日,在国庆节游行队列中第一次出现了由我国自行设计制造的"解放牌"汽车。为纪念这一盛事,国家邮政于1957年5月1日发行了一套纪念邮票。

总装配车间

这套邮票共2枚。第一枚以长春第一汽车制造厂的热电站及两侧各主要生产厂为邮图。第二枚是汽车的"总装配车间"。总装配线上运行着几辆正在完成装配的解放牌汽车,并展示了各车间通往总装配车间的空中运输桥和地面运输道。

长江大桥(鸟瞰)

自古长江号称"天堑"。自武汉长江大桥横跨长江,"天堑变通途"。在武汉市的汉阳龟山和武昌蛇山之间修建的长江大桥,是我国第一座横跨长江的大桥。1955年9月动工,1957年10月15日通车,全长1 670米。武汉长江大桥的建成,把中国南北地区的铁路网和公路网联为一体,对经济建设具有重要作用。1957年10月1日发行的纪念邮票,从侧景和鸟瞰景两个视角,再现了武汉长江大桥的雄姿,特别是鸟瞰的大桥图:蓝色江水汇为邮图的主色调,大桥则如一条白练伸向远方;江中帆影点点,舟船竞渡,气势恢宏。邮图恰好体现出毛泽东当年为大桥所作诗词的意境:"风樯动,龟蛇静,起宏图,一桥飞架南北,天堑变通途……"

黄河是中华民族的母亲河,也是自古以来的一大水患。中华人民共和国成立后,治理黄河,变害为利,造福于民,成为中国人民政权的一个历史性的任务。治理黄河之始,"治理黄河"特种邮票发行。全套4枚,展示了这一宏大工程的前景。

示意图

灌溉

第一枚为"示意图",图示出黄河综合利用一期工程及远景规划。第二枚是"电力",邮图为黄河干流上第一座大型水电工程。第三枚"航运",展示了黄河通航的未来图景。第四枚以"灌溉"为题,描画了引黄河水灌万顷田的美好意境。

自古以来,土地是中国农耕社会最重要的载体。中华人民共和国成立之始,土地改革后,使农民"耕者有其田"。随后,在全国范围内开展了农业合作化运动。农业合作化就是以合作社的组织形式,把个体的、分散的、私有制的农业经济转变成为集体的、大规模的农业经济。从1952年组织农业生产合作社开始,到1956年底,已达一亿多户农民入社,占全国农户总数的近90%。

为此,1957年发行了"农业合作化"邮票4枚。

这套邮票的设计极富民族风格。邮图运用套色木刻技法,以简单的颜色、简洁的线条刻画了邮图主题,简练、单纯、明快和质朴的艺术效果,使这套邮票充满了动人的魅力。

"入社",以一位老农为主要形象。他饱经沧桑、须发皆白,但却洋溢着欢乐的笑容,紧攥着入社申请书,表现了他充满希望,拥护和信任农业合作社的心情。在以绿色为基调的画面上,远处点缀着的几面飘扬的红旗,又增添了红火活跃的气氛。

入 社

第二枚为"耕作"。一位年轻社员正用双轮铧犁耕地。这幅邮图色调明朗,充满朝气,突出了合作化后社员的劳动热情。在构图上,设计者采用仰视角度,使人物凸显在大地上。远处的人、马和树木使地平线有了起伏,强化了环境的真实氛围。

耕 作

以中国传统艺术构成的"起承转合"来看,"植树"一枚处于"转"的第三枚邮票的位置。这枚邮票清新且有活力,充盈着春的气息。从内容上看,又是农业生产之外的绿化活动,正是一个十分轻松的、与"生产"形成对比的优美的段落。邮图描绘了一个农村姑娘植树的情景。她的身姿和动作优美,洁白头巾上的柔和光线使其脸庞更加活泼生动。她正在给一株小树添土。小树挺秀,洋溢着活力。远处新绿的山冈使人仿佛嗅到春天的气息。画面的柠檬黄、绿和嫩绿组成的色调使这枚邮票充满了诗的意境。

植 树

这套邮票的最后一枚是"丰收"。邮图以多层次的形象构成了一个喜庆丰收的场面。前景是女社员正在脱谷;中景处,男社员们正将粮食装袋;远处背景则是堆积如山的丰收粮。饱和的金黄色调烘托出了丰收的喜人景象。

在大好的经济建设的气氛中,1957 年过去了。第一个五年计划超额完成了。而记录下这个具有历史意义的建设成就的邮票,则是下一个年头首先发行的。

丰 收

1958年

1958 年,在中国历史上是一个特殊的年头。"大跃进"的火热的运动,成为这一年一个人尽皆知的标志。但在这一年的邮票画幅上,已经留下了"大跃进"最初的履迹。一年过去,在下一年的邮票上,"大跃进"留下了更大的身影。不过,1958 年在邮票发行上也是一个"大跃进",一年发行 24 套邮票,这可是 1949 年中华人民共和国成立以来发行邮票最多的一年。

和平建设

1957年，第一个五年计划超额完成。1958年1月30日，中国邮政发行了"胜利超额完成的一个五年计划"纪念邮票。

1953—1957年的第一个五年计划的基本任务是建立工业的初步体系，5年基本建设计划投资为427亿元人民币，1957年，基本建设实际投资完成492亿元人民币。工业平均每年增长18%，农业每年增长4.5%，其中粮食每年增长3.5%。

这套邮票共3枚。第一枚题为"和平建设"，邮图以绿色背景与一只和平鸽伴衬着吊车和建筑工地，反映了"和平建设"的主题。第二枚题为"工业和农业"，邮图以红色背景衬出麦穗及起吊的钢条，表示了工业和农业生产的发展。第三枚题为"交通运输"，邮图是蓝天上的飞机，跨越大桥的火车，桥下有轮船航行，表现了中国交通运输业蒸蒸日上。

工业和农业

这一套邮票揭开了1958年一批以经济建设为主题的邮票的序幕。

社会主义建设总路线

全国工业交通展览会于1958年10月在北京举行。这次展览会是在中华人民共和国成立9周年之际，作为第一个五年计划超额完成以及工业"跃进"成果的一次检阅。展览会有冶金、机械、原子能、地质、石油、煤炭、电力、化学、森林、轻工、纺织、建筑工程、铁道、交通、邮电等15个展馆。这次展览显示了1958年经济建设的高昂形势，突出了这一年的一个热点与焦点，并且明确地践行了"社会主义建设总路线"。国家邮政于1958年10月1日发行了"全国工业交通展览会"邮票，第一枚就以"社会主义建设总路线"为题。邮票上印有周恩来总理题写的社会主义建设总路线："鼓足干劲，力争上游，多快好省地建设社会主义"的文字。其余两枚为"力争上游"和"生产大跃进"。

生产大跃进

1958年，一个全民兴建水利工程的热潮席卷全国。在北京，十三陵水库成为这场"大战"的"领军"工程。

十三陵水库，位于北京昌平明代皇帝陵区东南隅。1958年，北京人民组成40万劳动大军，日夜奋战，仅用半年的时间就建成了长627米、高29米的拦洪大坝。毛泽东、刘少奇、周恩来、朱德等国家领导人曾率领在京高级干部，在十三陵水库义务劳动。毛泽东还亲笔题写了"十三陵水库"5个大字。

1958年10月25日，特种邮票"十三陵水库"发行。2枚邮票中的第一枚为"修建"，以当时义务劳动者的口号"为水库早日建成多铲一锹土"为主题，描绘了水库建设工地紧张、热烈的劳动场面。

修建

第二枚为"全景",邮图为十三陵水库全景。枚图强调了水库的主体工程——拦洪大坝和发电站的高压线架。大坝护坡上刻写着毛泽东的题词:"十三陵水库"。大坝在奔涌的浪花和满山绿松之中高高屹立。

2枚邮票饰有同样花边。花边由抽水机、水田、轮船和鱼组成,使邮票在内容上更加丰富,形式上更加协调。

1958年,还有不少建设成就出现在邮花之上。

中国电报通信的总枢纽,全国规模最大、设备最先进的北京电报大楼于1958年10月1日正式启用。大楼内设通可全国的干线电报电路和国际电报电路,及自动电传机、传真电报机和多路载波电报机等新式设备。电报大楼的正式使用,使北京的信息很快传遍全国、全世界。为纪念电报大楼落成发行了2枚邮票,邮图相同,均为北京电报大楼。

全　景

北京电报大楼

原子反应堆是和平利用原子能的一个高科技的大型设备。回旋加速器是用来加速带电粒子的仪器设备。1958年6月,由苏联协助我国建成的第一座实验性的原子反应堆开始运行,同时建成了中国第一座回旋加速器并开始进行生产。同年10月,生产出33种放射性核素,这对中国的科研和经济建设都有重要的意义。

"我国第一个原子反应堆和回旋加速器"特种邮票共2枚。一为"原子反应堆",另一为"回旋加速器"。

原子反应堆

回旋加速器

在火热的1958年,还有令整个中国民心振奋的两件政治大事。

一是天安门广场中央的人民英雄纪念碑竣工。为此,国家邮政发行了中国第一枚小全张,即将全套邮票印在一张有装饰的大的印张之上。这枚小全张,是一枚一套的以纪念碑全景为图的红色邮票,邮票之外的印张的装饰,则是由周恩来书写、毛泽东起草的

"人民英雄纪念碑"小全张

"人民英雄纪念碑"的碑铭。人民英雄纪念碑是为纪念 1840 年到 1949 年间为中国革命牺牲的人民英雄而建。1949 年 9 月 30 日，纪念碑由毛泽东奠基。1952 年动工兴建，1958 年竣工。纪念碑由碑身、须弥座和月台三部分组成，共使用 17 000 块花岗石和汉白玉石，碑高近 37.94 米，碑基面积 3 000 平方米，四周围绕着两层汉白玉石栏杆，碑型庄严雄伟，具有民族风格。碑座四周镶嵌着 10 幅反映我国近百年来历史的巨大浮雕。

胜利归来

二是 1958 年 11 月 20 日发行的"中国人民志愿军凯旋归国纪念"邮票。1958 年 2 月，为促进朝鲜半岛和平统一，我国政府提出将中国人民志愿军主动撤出朝鲜。1958 年 10 月 25 日中国人民志愿军完成祖国人民赋予的光荣使命，全部撤离朝鲜，凯旋归国。

纪念邮票共 3 枚。每一枚均以迎风飘扬的红旗和两只展翅飞翔的和平鸽为背景，表达了中朝人民保卫世界和平的信念；各枚邮票在此背景下展现了"并肩作战""依依惜别""胜利归来"三个主题。

1958 年又是中国面向世界的多姿多彩的一年。

1958 年 6 月 1 日，国际民主妇女联合会第四届代表大会在奥地利首都维也纳举行。大会议题是：当前全世界妇女的作用和责任及国际民主妇联的任务。同日，国家邮政发行邮票以资纪念。

邮 电

世界人民团结起来保卫和平

为纪念 1957 年 12 月在莫斯科召开的社会主义国家邮电部长会议，1958 年 7 月 10 日我国发行了一套纪念邮票。

1958 年 7 月在瑞典的斯德哥尔摩举行了裁军和国际合作大会。来自五大洲几十个国家和地区的代表有一个共同愿望——和平。代表就制止军备竞赛、裁减军备、禁止使用和试验核武器以及加强国际合作等问题进行探讨，通过了一系列相关的决议和公告。为纪念这次会议的召开，我国发行了 3 枚邮票。

国际民主妇女联合会会徽

会 徽

1958 年 9 月国际学联第五届代表大会在北京召开。大会讨论了国际学生运动的发展，以及国际学联和学生组织对保卫学生利益和促进学生合作的贡献等问题。为祝贺这次大会的召开，我国发行了 2 枚邮票，图案相同。这套邮票原定于 1958 年 9 月 1 日发行，因票名误为"第五届世界学生代表大会"而停发。经改正后，于会议开幕之日的 9 月 4 日正式发行。而错版邮票存世罕见，已成为中国邮票中的又一珍品。

1957 年 10 月 4 日，苏联成功地发射了世界上第一颗人造地球卫星，开创了人类航天的新纪元。紧接着，在一年时间里，苏联又接连发射了两颗人造地球卫星，在国际上赢得了巨大的声望。一年后，1958年10月30日，我国发行了"苏联人造地球卫星"特种邮票3枚，分别题为"第一颗人造卫星""第三颗人造卫星"和"人造卫星环绕地球飞行"。

第一颗人造卫星　　人造卫星环绕地球飞行

1958年，在瞩目的经济、政治、国际的重大题材出现在邮票上的时候，有一套洋溢着民族传统艺术风范、精致美感的邮票存放在我的集邮册上。这是为关汉卿戏剧创作700年而发行的3枚邮票（另有1枚小全张）。

关汉卿，约生于金末，元代戏曲作家。大都（今北京）人。一生所作杂剧60余种，现存有《窦娥冤》《救风尘》《拜月亭》《调风月》《望江亭》等。他的作品大多揭露了封建统治的黑暗腐朽，表现了古代人民特别是青年妇女对苦难遭遇的抗争。他的杂剧人

关汉卿戏剧创作七百年

物性格鲜明，结构完整，情节生动，曲词精炼，对元杂剧和后来戏曲的发展起过很大的作用。

本套邮票共3枚，一为"蝴蝶梦"，邮图是剧中包拯睡梦蝴蝶情景；二为"关汉卿像"；三为"望江亭"，邮图中是谭记儿伪装成渔妇乘小舟来望江亭会见杨衙内的情景。图案均为明代万历年间版本插图，是明末版画家的精美代表作。这3枚邮票同时出现在精美的小全张上。

1958年，陈毅元帅曾有一首诗这样记述这个"灼手可热"的年代——"同志们，快参加伟大的社会主义建设！只要我们善于思想，只要我们辛勤劳动，只要我们有勇气不断革命，团结起来苦战几十年，共产主义的实现就在前面。"

1959年

"一山飞峙大江边"，有一座山，多次进入毛泽东主席诗词。这山，就是庐山。在中国的发展历程中，1959年，注定与庐山连在一起。毛泽东有诗云"暮色苍茫看劲松，乱云飞渡仍从容"，这是写庐山松的。而今回望1959年，回想那一年庐山会议上彭德怀元帅以丹心铁骨，为国为民"鼓与呼"，揭开1958年"大跃进"所带来的于国于民的弊病，以及他所遭遇的错误的批判，我们完全可以把那"乱云飞渡"中的"劲松"，视作是永垂不朽的彭德怀。

1959年，虽然有了对于"大跃进"的不同的声音，但在这一年发行的邮票中，却留下了1958年"大跃进"的身影。

1958年5月，中共八大二次会议通过了社会主义建设总路线，提出在主要工业产品产量方面用15年赶上或超过英国美国的目标。同年8月号召全党全民为争取当年钢产量翻一番，生产1 070万吨钢而奋斗，随之在全国开展了全民炼钢运动。

全民炼钢　　　土洋结合

1959年2月15日为1958年的钢铁生产"大跃进"发行了纪念邮票3枚。其一为"全民炼钢"。邮图上有毛泽东浮雕头像和鲜红的旗帜，下端写有"为1 070万吨钢而奋战"的口号。其二为"土洋结合"。邮图上既有专业的炼钢设备，又有土法上马的冶炼炉，反映了当年大炼钢铁的一个侧面。其三为"庆祝完成计划"。主图为天安门，两侧是高炉和转炉；鲜红的色彩强调了喜庆气氛，钢花又好似礼花开放在天安门的上空。这套邮票是当时一个特殊历史岁月的真实记录，具有史料文献价值。

接着，在1959年的4月，又发行了题为"1958年农业大丰收"的纪念邮票。那是1958年农业"大跃进"的一个记录。

1958年1月至4月，中共中央接连召开了中央政治局会议和中央工作会议，毛泽东多次批评了"反冒进"。此后，全国各行业纷纷提出"大跃进"目标。在"左"倾思想和"反右倾"潮流影响下，只能以弄虚作假和浮夸手段制造假的"繁荣"。事实是，1958年的大炼钢铁成为压倒一切的中心任务，各行各业都要大力支援；农村抽调大批强劳力去炼钢铁，农业生产受到严重影响。而1958年发行了一套展现农业大丰收的邮票，这套纪念邮票

1958年农业大丰收

由4枚邮票呈"田"字联印构成，每幅画面均以五星红旗为衬托，上面分别绘有麦、稻、棉花、大豆、花生、油菜，画面非常简单。邮票通体的红色显现出那个年头的时代色彩。

1958年3月，中共中央的成都会议上，毛泽东提出把小型农业合作社并为大社的意见。8月上旬，毛泽东到河北、河南、山东等省视察，多次谈到大社可以包括工农兵学商各行各业的构想，并提出"人民公社好"。随即全国掀起成立"人民公社"高潮。此后，中共中央政治局的北戴河扩大会议，通过了在农村建立人民公社的决议。不到两个月的时间里，全国农村便基本上实现了人民公社化。

按照当时的构想，"人民公社"是"中国劳动群众集体所有，农林牧副渔五业并举，农业、

工业、商业兼容的社会主义经济组织"，同时也是中国农村的基层政权。

1959年9月25日，中国邮政发行特种邮票12枚，从多个方面，概括了"人民公社好"。邮票主题有工、农、兵、学、商、食堂、托儿所、敬老院、卫生保健、文娱生活、工农兵学商相结合，以及第一枚"人民公社好"。

这套邮票画面比较质朴简洁，色调明朗，具有浓郁的民间色彩和民族风格。

食堂

工农兵学商相结合

人民公社好

1959年，又是中国人民一个欢欣喜庆的年代：这一年正值中华人民共和国成立十周年。为了庆祝这个节日，在邮票发行上创造了一个新的方式，即同一主题发行多组邮票。"中华人民共和国成立十周年"纪念邮票，共发行了5组，计19枚。

世界和平万岁

钢铁

农业

第一组，1959年9月28日发行。3枚邮票统一饰有一条"中华人民共和国成立十周年"的红色横标，将画面分成两个部分，并分别绘有毛主席与天安门，主题是"中华人民共和国万岁，毛主席万岁"；绘有马克思、列宁与克里姆林宫的钟塔，主题是"马克思列宁主义万岁"；第三枚"世界和平万岁"，绘有不同肤色的手护佑着地球与口衔橄榄枝的和平鸽，寓意向往世界和平的美好愿望。

举国欢庆

第二组，1959年10月1日发行。4枚邮票均为庄严的"国徽"。

第三组，1959年10月1日发行。8枚邮票以祖国建设为题，包括钢铁、煤炭、机械制造、交通运输、农业、水利电力、纺织工业、化学工业；这组邮票带有自1958年来"大跃进"的鲜明印记。

举国欢庆

举国欢庆

第四组，1959年10月1日发行。3枚邮票色彩绚丽，气氛热烈，生动地描画了"举国欢庆"的主题。邮图具有强烈的民族风范，且也有"大跃进"的时代痕迹。

第五组，1959年10月1日发行。庄重的紫红色调，精细的雕刻线条，再现了开国大典伟大的历史时刻。这是董希文名画《开国大典》在邮票方寸画幅上的生动再现。

在中华人民共和国成立十周年前夕，1959年9月13日，在北京隆重举办了中华人民共和国第一届全国运动会。毛泽东、刘少奇等党和国家领导人出席了开幕式。运动会共设36个比赛项目，有7人4次打破4项世界纪录，664人844次打破和刷新106项全国纪录。运动会于10月3日闭幕，周恩来、宋庆龄、邓小平等党和国家领导人出席了闭幕式。为纪念这次体育盛会，国家邮政发行了16枚纪念邮票。题为"运动场""跳伞""射击""游泳""乒乓球""举重""跳高""划船""径赛""篮球""武术""摩托车""体操""自行车""赛马"和"足球"。邮票展现了中国运动员奋进拼搏的精神风貌和发展中国体育事业的勃勃雄心。

运动场　　　　　　　游泳　　　　　　　径赛　　　　　　　体操

1959年还是中国体育事业在世界上崭露头角的历史性的一年。1959年3月至4月在联邦德国举行的第25届世界乒乓球锦标赛上，中国21岁选手容国团夺得了男子单打世界冠军。容国团第一次参加世界赛事，但他却以顽强的精神、清醒的头脑和变化多端的战术，连续击败南斯拉夫、日本及匈牙利选手，为祖国争得了荣誉，展示了中国乒乓球运动的巨大潜力。

乒乓球赛

这套纪念邮票共2枚，邮图相同；画面均为一位男选手挥拍扣杀、力重千钧，表现了我国运动员不畏强手、敢于拼搏的豪迈气概。

1959年，一个自豪与自省并重的年份。在历史上它所留下的这一段难忘的印迹，几乎在邮票的小小画幅中都有体现。留存下这些邮票，无疑是对过去岁月的一个重温，也为反思历史增添了一幅形象的"插图"。

第二本集邮册

"坎坷时刻"

（1960—1969）

提　要

　　1960年至1969年，这是中国的又一个10年。

　　上一个10年末期留下的"左"倾"疾患"，在这个10年初始显露，并衍化为一场危及整个民族的大的"浩劫"。

　　这个叫做"文化大革命"的运动，也整整持续了10年。印记着简称"文革"的这个年代，使1960年至1969年的10年成为中国的"坎坷时刻"。

1960年

俗话说"种瓜得瓜，种豆得豆"，经过1958年的"大跃进"，1959年的"反右倾"，国民经济濒临危机，造成了自1960年开始的"三年困难时期"。而这一年邮票上蓬勃向上的气象体现了中国人民面临困难的乐观的精神面貌。

这一年邮票中有为庆祝中华人民共和国成立十周年在首都北京兴建的"十大建筑"。此前就已发行了北京电报大楼、民族文化宫等新的建筑邮票，1960年又先后发行了全国农业展览馆、北京铁路车站和人民大会堂邮票；1961年又有中国人民革命军事博物馆邮票发行。坐落于天安门广场西侧的人民大会堂，是党和国家举行重要会议和重要活动的场所，是新建成的首都重要的标志性建筑。人民大会堂于1959年落成，从设计到竣工仅用了一年时间。大会堂内有容纳万人的会场和设有5 000个座位的大宴会厅，还有以全国各省市自治区命名的、富有各地特色的会议厅。这套邮票共2枚，一是"人民大会堂外景"，二是"大礼堂"。

在1960年的邮票中，依然可见经济建设成就的主题。1958年11月28日，中国制造的第一艘万吨远洋货轮下水。中国造船业历史虽然悠久，但近代船舶工业十分落后。这艘万吨货轮取名为"跃进"号，也显现了当时的时代特征。"跃进"号是大连造船厂建造的，配备了当时先进的自动化装备，总长169.6米，宽21.8米，载货量为13 400吨。

"中国制造第一艘万吨远洋货轮"邮票是中国发行的第一套

民族文化宫

全国农业展览馆

中国人民革命军事博物馆

北京铁路车站

人民大会堂

人民大会堂

远洋货轮

友好同盟

庆祝匈牙利解放十五周年

以船为主题的邮票,这套邮票1枚。邮图以蓝色为基调,画面为行驶的"跃进"号货轮破浪远行。

1960年中,国家邮政发行了多套国际题材的邮票,显示出蹒跚而行的新兴国度的开阔视野。

1950年2月14日,中华人民共和国和苏联签订《中苏友好同盟互助条约》,到1960年已十年。尽管当时中苏关系已经出现裂痕,但我国还是不忘苏联对于中国的援助,以大国风范纪念《中苏友好同盟互助条约》签订十周年。这套纪念邮票共3枚,题为"互助合作""友好同盟"和"保卫和平"。

此后,又有4套国际题材邮票问世:"庆祝匈牙利解放十五周年""庆祝捷克斯洛伐克解放十五周年""庆祝朝鲜解放十五周年""庆祝越南民主共和国成立十五周年"。

1960年,国家邮政发行了两大套特种邮票,这是中国邮票史上第一次以多枚大套邮票表现轻松的题材。

6月1日发行的12枚"金鱼"邮票,虽与儿童节无关,但12尾绚丽多姿的金鱼,却洋溢着天真的童趣。这12尾金鱼有着诗意的名字:"翻腮绒球""黑背龙睛""水泡眼""红虎头""珍珠鱼""蓝龙睛""望天鱼""红帽子""紫帽子""红头""花龙睛""红龙睛"。

庆祝捷克斯洛伐克解放十五周年

庆祝朝鲜解放十五周年

庆祝越南民主共和国成立十五周年

翻腮绒球

珍珠鱼

望天鱼

花龙睛

12月10日，是特种邮票"菊花"发行的日子，18朵菊花绽放在邮票小巧的画面上。自古吟咏菊花的诗词汗牛充栋，但18种菊花的名称本身就是一句句优美的诗与词："黄十八""绿牡丹""二乔""大如意""如意金钩""金牡丹""帅旗""柳线""芙蓉托娃""玉盘托珠""赤金狮子""温玉""紫玉香珠""冰盘托娃""墨荷""班中玉笋""笑靥""天鹅舞"。

绿牡丹

大如意

帅　旗

柳　线

温　玉

墨　荷

在1960年结束的时日，五色缤纷的邮花渲染了一派诗情画意，为本是维艰的年代注入了希望与生机。今天回望当年，那困顿不过是历史的一瞬；今天再观当年邮苑，更为中国人民那乐观的胸怀所震撼。

1961年

这是中国走入"三年困难时期"的又一个年头。综观1961年发行的邮票，可以非常鲜明地感受到革命传统、奋发上进的精神风貌。

这一年所发行邮票题材的主流，就是宣传革命传统，弘扬民族气节。

1961年发行的第一套邮票是纪念"巴黎公社九十周年"。1870年7月，在拿破仑三世发动的普鲁士战争失败后，法国资产阶级趁机夺取政权，成立了"国防政府"。次年3月17日夜，法国政府军向巴黎工人区进攻。3月18日，巴黎工人起义，夺取了政权，继而进行选举，3月28日宣布"巴黎公社"成立。公社宣布建立以无产阶级民主原则为基础的新型国家政权，将企业交给工人管理，颁布一系列保护劳工利益的法令。同年5月28日，"巴黎公社"终于在内外敌人联合进攻下失败了。但在历史上，"巴黎公社"是无产者建立的革命政府，也是世界上第一个无产阶级专政的政权。在"巴黎公社"90周年之际，我国发行2改邮票以资纪念。

宣布公社成立

第一枚为"在哲人堂升起红旗"。哲人堂是巴黎公社期间经常召开群众大会的地方。第二枚为"宣布公社成立"。画面上革命者的枪刺如林,红旗似火,表现了群众欢呼、庆贺新政权建立的壮观场景。

90年后的1961年重提"巴黎公社",不仅是一个例行的纪念,更是对于处在困难境地的中国人民的一个鼓舞。

从空间上看,"巴黎公社"是远在异国的激励;从时间上看,这一年是中国辛亥革命50周年,也是近在身边的一次革命精神的再弘扬。

1961年10月10日,中国邮政发行"辛亥革命五十周年"纪念邮票,全套2枚。第一枚"武昌起义",邮图采用镶嵌在人民英雄纪念碑基座中的浮雕"武昌起义",精细地刻画了辛亥革命先烈攻打湖广总督衙门的壮烈场面。第二枚是"孙中山像"。孙中山先生是辛亥革命的号召者和领导者。他深邃而敏锐的目光正关注着民族的前途和命运,凸显了这位民主革命先驱者的精神风貌。

武昌起义

1961年又是中国共产党成立40周年的重要纪念日,借此可进行广泛深入的革命传统教育,激发克服困难争取胜利的信心。为此特发行纪念邮票共5枚。

第一枚为"中共一大会址"。这座革命历史圣迹在上海兴业路108号(原望志路78号)。1921年7月,作为党员代表的13名同志在这里举行了中国共产党第一次代表大会。

中共一大会址

南昌"八一"大楼

第二枚为"南昌'八一'大楼"。邮图是南昌城内的"八一"大楼。这座当时的江西大旅社是1927年南昌起义的总指挥部。"八一"起义是中国共产党独立领导武装力量进行武装斗争的开始。

第三枚为"中华苏维埃共和国临时中央政府旧址"。从1929年开始,毛泽东和朱德所领导的红军,以江西瑞金为中心,逐步建立起中央革命根据地。1931年11月7日,在瑞金叶坪召开了第一次全国工农兵代表大会,建立了中华苏维埃共和国临时中央政府,毛泽东当选为主席。

中华苏维埃共和国临时中央政府旧址　　　　　　延安宝塔山

第四枚为"延安宝塔山"。邮图为延安宝塔山、延河水及架在河上的桥。1935 年，中国工农红军经过二万五千里长征，来到陕北。抗日期间，延安成了抗日救国的中心之一。中共中央在这里工作了近 14 年。

最后一枚为"北京天安门"。1949 年 10 月 1 日，毛泽东主席在天安门城楼上向全世界庄严宣告"中华人民共和国成立了，中国人民从此站起来了"。天安门成了中国的象征。

北京天安门

在庆祝建党 40 周年之际，在 1961 年这个特殊的年份，以邮票回顾党的艰苦奋战的革命历程，无疑是对亿万人民面对暂时困难的一个感召、激励和鼓舞。

接着，依然是在当年的 7 月，一套由 12 枚邮票组成的"革命圣地"普通邮票发行。邮图上出现了与中国革命历史相关的 4 个革命圣地——南昌"八一"大楼、瑞金沙洲坝、延安宝塔山和北京天安门。4 个邮图各由 3 种面值、3 种颜色印制。

南昌"八一"大楼　　　瑞金沙洲坝　　　延安宝塔山　　　北京天安门

1961 年，中国人又以高昂的爱国热情和高超的技艺在第 26 届世界乒乓球锦标赛中再创辉煌。

1961 年 4 月在北京举行的第二十六届世界乒乓球锦标赛上，中国选手以独特的近台快攻打法，一举拿下男子团体、男子单打和女子单打三项冠军。这一年，全国人民在极其困难的情况下，支持了这次世界大赛。而这次乒坛的重大胜利，也极大地鼓舞和增强了全国人民战胜困难的勇气和信心。中国人的这一胜利，在国外也引起强烈反响。为祝贺这次胜利，国家邮政发行了一套纪念邮票，共 4 枚，并同时发行了囊括这 4 枚邮票的小全张 1 枚。

"第26届世界乒乓球锦标赛"小全张

诗人郭小川在1961年吟咏道:"我用心血作酒浆,高举杯盏,祝贺我们的祖国,通过了又一次严峻的考验;我以胆汁当墨水,写下誓言,请求我们的时代,把更重的担子放在我们的双肩。"这几句诗表达的正是中国人民直面1961年艰难困苦的豪迈气概。

1962年

1962年,邮票发行得并不多,在仅有的十余套邮票里,没有更多的政治化的题材,反而有个鲜明的一"内"一"外"。从"内"彰显中国古老的文化传统,到"外"对于国际风云的关注,在邮票上塑造了一个清新明快、视野开阔的新的国家形象。

这一年邮票的领军题材要推"梅兰芳舞台艺术"。这套邮票不仅以其精美令海内外人士青睐,而且近半个世纪以来又是一套价值昂贵、增值突出的"龙头"邮品。

梅兰芳(1894—1961),中国京剧艺术大师。他出身京剧世家,8岁学戏,11岁登台,擅青衣、花旦、刀马旦各类剧目。在长期的舞台实践中,梅兰芳对唱腔、念白、舞蹈、音乐、服装、化妆各方面都有创造发展,形成独特的艺术风格,世称"梅派"。其代表作有《宇宙锋》《贵妃

梅兰芳像　　　　　　《宇宙锋》　　　　　　《游园惊梦》　　　　　《霸王别姬》

醉酒》《霸王别姬》《穆桂英挂帅》等。他曾多次去日本、美国、苏联等国家进行文化交流，与斯坦尼斯拉夫斯基、卓别林等著名表演艺术家有过交往，在美国被授予博士学位。

为纪念梅兰芳逝世一周年，国家邮政发行了"梅兰芳舞台艺术"邮票。全套8枚。第一枚为"梅兰芳像"，其余7枚均为梅兰芳在京剧中扮演的不同角色，有《抗金兵》中的梁红玉、《游园惊梦》中的杜丽娘、《霸王别姬》中的虞姬、《穆桂英挂帅》中的穆桂英、《天女散花》中的飞天女、《生死恨》中的韩玉娘、《宇宙锋》中的赵艳蓉。此外又发行了1枚《贵妃醉酒》的小型张，发行量只有3万枚，面值在当时也很高，为3元。这枚小型张，多年来价格一直上涨，已成为中国正式发行的邮票中的第一"珍邮"。

在观赏了融歌与舞于一体的京剧艺术之后，必会去翻检这一年发行的"中国民间舞蹈"特种邮票。

在中国民间广为流传、具有鲜明民族风格和地方特色的民间舞蹈，反映了中国各民族、各地区人民的生活、历史、文化及风俗。中国民间舞蹈风格独特、形象生动、内容广泛、种类繁多，且在载歌载舞、歌舞结合中，还带有武术、杂技等精彩动作。

这套邮票共6枚，有6种民间舞蹈进入"方寸舞台"——"汉族花灯舞""蒙古族鄂尔多斯舞""壮族捞虾舞""藏族弦子舞""彝族朋友舞""维吾尔族手鼓舞"。

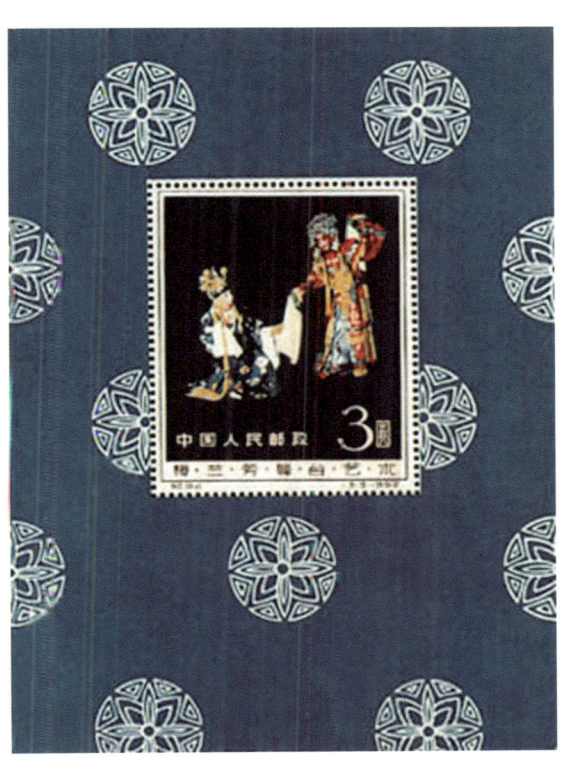

《贵妃醉酒》(梅兰芳饰杨贵妃)

汉族花灯舞　　　蒙古族鄂尔多斯舞　　　藏族弦子舞　　　维吾尔族手鼓舞

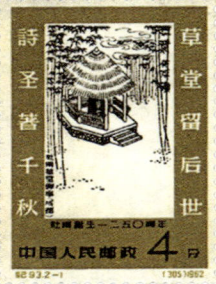 

杜甫草堂碑亭　　　杜甫像

这套邮票人物造型简洁，对舞蹈瞬间进行富于动感的"定格"表现。在色彩上，采用鲜艳的大红、玫瑰、粉、绿等颜色，在绚丽多彩中有一种欢快喜庆的气氛。这是"中国民间舞蹈"的第一组邮票，此后的1963年，又发行了两组。

1962年是唐代伟大的诗人杜甫1 250年诞辰。国家邮政为此发行了2枚纪念邮票。这套邮票精致典雅，一枚是成都"杜甫草堂碑亭"，票侧有联曰："草堂留后世，诗圣著千秋"，展示了后世对于杜甫的评价；一枚为杜甫画像，票侧有联："世上疮痍诗中圣哲，民间疾苦笔底波澜"，昭示了杜诗的创作特征和独特风骨。

同在1962年，又有"中国古代科学家"（第二组）邮票发行。这套邮票留下了4位古代科学巨擘的形迹。蔡伦与造纸，其中印有蔡伦画像的邮票将其生年多印一"前"字，错印为"公元前"年份，这少量错体票亦成珍邮之一。其他几枚是孙思邈与医药、沈括与地质、郭守敬与天文。

蔡伦像　　　造　纸　　　孙思邈像　　　医　药

  沈括像   地　质   郭守敬像   天　文

  这8枚邮票线条飘逸，色泽雅致，构图精美，颇具"工笔画"的艺术风范。

  桥是自古至今的水上交通要道。中国古代的造桥艺术就已非常高超，留下了至今令人惊叹的世界杰作。1962年，国家邮政发行了"桥"形的窄条形状的4枚邮票，分别展示了中国古代的4座桥梁杰作。

  第一枚邮图为安济桥，位于河北省赵县洨河之上，有"天下第一桥"之誉。第二枚邮图为宝带桥，位于苏州市东南葑门外，其桥孔多，桥身修长，造型优美，为中外古桥所罕见。第三枚邮图为珠浦桥，横跨于四川灌县岷江之上。其型壮观，设计简易，并就地取材，取西南产竹为材，显示了古代工匠的智慧和才能。第四枚邮图为程阳桥，坐落在广西三江侗族自治县城北程阳村。

  桥代表了沟通，不仅连接了交通，而且沟通了人与人、国与国的关系。在1962年所发行的邮票上，通过"桥"，我们再去认识我国与世界的沟通。

    安济桥   宝带桥

    珠浦桥   程阳桥

支持英雄的古巴

革命的社会主义的古巴万岁

古巴与帝国主义的斗争,在 20 世纪 60 年代始终是一个重要的国际焦点。中国和古巴同为社会主义国家,1959 年古巴共和国成立后,一直受到美国的军事包围和经济封锁,中国坚决支持英雄的古巴的正义斗争。

1962 年,就以"支持英雄的古巴"为题发行了 3 枚邮票。这是当年一套典型的"革命外交邮票"。这套邮票运用了红、绿、蓝 3 种颜色,配合 3 种不同身份的古巴人民、士兵、民兵,表现出古巴人民护佑家园、保卫国土的英雄气概。

庆祝古巴解放五周年

支持阿尔及利亚民族解放斗争

阿尔巴尼亚独立五十周年

伟大的十月社会主义革命四十五周年

此后,1963 年有"革命的社会主义的古巴万岁"6 枚纪念邮票发行;1964 年又有"庆祝古巴解放五周年"2 枚纪念邮票发行。

1962 年,我国还相继发行了"支持阿尔及利亚民族解放斗争""阿尔巴尼亚独立五十周年"以及"伟大的十月社会主义革命四十五周年"邮票,显示了我国对于国际事务,特别是社会主义国家的发展的关注。

"三年困难时期"在这一年发行的邮票上已经没有了踪迹,实际上,从这一年开始,中国走出"困难",又开始了新的征程。

1963 年

1963 年,毛泽东号召全国人民"向雷锋同志学习",参与新兴力量运动会、第 27 届世界乒乓球锦标赛,这一年的邮票选材,也充分展示了这些事件。

这一年，毛主席写下了"四海翻腾云水怒，五洲震荡风雷激"的词句，恰在1963年，在印度尼西亚首都雅加达举行了第一届新兴力量运动会。这是反抗列强国家的一次体育盛会，是新兴国家团结行动的标志。

1962年夏，第四届亚运会的东道国印度尼西亚拒绝中国台湾体育组织以"中华民国"名义参与，也拒绝以色列赴会。因此，国际体育组织一些人决定不承认第四届亚运会，并撤销对印尼奥委会的承认，不定期地禁止印尼参加奥运会。为了抗议这一决定，印尼总统苏加诺发起并举办了新兴力量运动会。这一倡议得到亚、非、拉和欧洲一些国家的广泛支持，有48个国家和地区的2 404名运动员参加了1963年11月在雅加达举行的这一国际盛会。中国积极支持这一倡议，并派体育代表团参加。中国代表队在贺龙副总理率领下，参加了这次运动会。中国在这次运动会上共获得百余枚奖牌，其中有66枚金牌；在田径、举重、射箭等项目上打破了世界纪录，许多国家的运动员也打破了其本国纪录。这次运动会促进了新兴国家之间的友谊和了解。

为纪念这次盛会，我国发行了5枚纪念邮票。其一为"新兴力量大团结"。邮图是不同肤色的各国运动员并肩前进，背景为椰树掩映中的仪仗队，以示新兴力量运动会在印度尼西亚召开。另外4枚分别为"足球""铁饼""跳水""体操"。整套邮票采用色线白描方式，线条简洁明快，色调素淡雅致，给人清新质朴、蓬勃向上之感。

新兴力量大团结

足 球

体 操

奖 杯

第27届世界乒乓球锦标赛于1963年4月在捷克斯洛伐克首都布拉格举行。中国选手共获得男子团体、男子单打和男子双打3个项目的冠军；同时获得2项亚军和5项第三名。为此，中国邮政发行了2枚邮票以示祝贺。其中第二枚为"奖杯"。邮图以乒乓球板剪影为背景，突出了3个奖杯：男子团体赛冠军杯斯韦斯林杯，男子单打世界冠军杯勃莱德杯和男子双打世界冠军杯伊朗杯。邮票以草席纹作底，分别敷以铁青色和棕色，朴素而雅致。

支持越南南方人民解放斗争

马克思诞生一四五周年

1963年,在仅仅发行的13套邮票中,连同上述两套为国际体育赛事而发行的邮票,共有5套为国际题材。1月1日元旦发行的"革命的社会主义的古巴万岁"、12月20日发行的"支持越南南方人民解放斗争"和5月5日发行的"马克思诞生一四五周年"均对这一年中国坚持国际主义的立场给予了鲜明的表达。

1963年的13套邮票还有一个特征,即13套中,有8套为题材优美轻松的特种邮票。如,"蝴蝶""儿童""中国民间舞蹈""熊猫""金丝猴""黄山风景""民间玩具"等,多达93枚。由此可见走出"困难"岁月后中国人民的一种宽松的心态。

儿 童

熊 猫

金丝猴

民间玩具

"蝴蝶"邮票一套达20枚,观之赏之,翩翩舞动的彩翼犹若霓虹,在晴云碧天之上描画着缤纷的线条与色泽。这20枚邮票,一枚一蝶,每蝶都有一个美丽的名字,如"青城箭环""粉绿燕凤""祁连红绢""云南丽蛱"等。而"黄山风景"邮票一套16枚,多视角精美细腻地再

青城箭环蝶

粉绿燕凤蝶

祁连红绢蝶

云南丽蛱蝶

现其峰、石、云、松、泉、瀑的奇绝丽景。徐霞客曾赞黄山曰:"登黄山天下无山,观止矣!""五岳归来不看山,黄山归来不看岳。"这套邮票的设计家孙传哲回忆道:16枚邮票"虽然不能穷黄山全貌,但取景忽仰忽俯、忽左忽右、忽朝忽暮、忽晴忽阴,粗勒细勾,淡妆提炼,甚有巧思,浓缩了黄山风景的多姿多态"。这套邮票采用了雕刻版和影写版结合的方式印制,使黄山入方寸画廊,更显秀丽壮美。

观黄山之峰,莫过于看看"天都远眺";赏黄山之石,莫过于看看"后海松石";瞻黄山之云,莫过于看看"石猴观海";望黄山之松,莫过于看看"迎客松";品黄山之神奇、神秘与神圣,莫过于看看"蓬莱三岛",三座参差不齐的石峰,峰上起苍松,峰中云缭绕,宛如"蓬莱"仙境。

天都远眺

后海松石

迎客松

石猴观海

蓬莱三岛

1964年

1964年,中国邮政发行了16套邮票。从邮票上,我们看到了几个特征。

这一年,有6套之多的邮票体现了国际题材,再次表明了一个新兴大国博大的胸怀。

1963年的元旦,有关古巴的6枚邮票发行;1964年的1月1日,又有"庆祝古巴解放五周年"2枚邮票发行。新年伊始，就有支持国际斗争的邮票发行，这表达出了何等鲜明的"国际主义"精神啊。

接着，1964年又有"庆祝非洲自由日"纪念邮票问世。

战 鼓

1958年4月，由加纳总理恩克鲁玛倡议，在加纳首都阿克拉举行了非洲独立国家会议。会议决定，把每年的4月15日作为"非洲自由日"。中国重视同非洲国家的友好关系，支持非洲的民族解放运动。每年的4月15日，中国都要举行纪念活动。1964年我国发行了"庆祝非洲自由日"纪念邮票。这套邮票共2枚，采用木刻作品进行设计。其一为"中非友好"。其二采用了当时广为流传的江忱版画"战鼓"。邮图刻画了一位黑人拍击战鼓的富于战斗气息的形象。

当时发行过多套的有关越南南方和阿尔巴尼亚的邮票，又出现在1964年的邮册中。包括"英勇的越南南方人民必胜"和"庆祝阿尔巴尼亚解放二十周年"。

英勇的越南南方人民必胜

庆祝阿尔巴尼亚解放二十周年

马克思、恩格斯、列宁、斯大林

全世界无产者联合起来

第一国际成立一百周年

"全世界无产者联合起来"是无产阶级解放运动的一个战略口号。1847年6月，共产主义者同盟第一次代表大会上，由恩格斯和威廉·沃尔弗参加拟定的《共产主义者同盟章程》首次写上了这一口号，用以代替正义者同盟的"四海之内，人人皆兄弟"的旧口号。这一口号表明：无产阶级要获得自身的彻底解放，需要全世界无产阶级联合起来。

1964年的5月1日，在欢庆"国际劳动节"的日子里，我国发行了以"全世界无产者联合起来"为题的纪念邮票。邮票以红与黑为基调，充满当时的时代特征。同在这一年，适逢共产国际（"第一国际"）百年诞辰，又发行一枚邮票加入纪念国际共产主义运动壮大的行列中。

1964年，走过国民经济暂时的困难时期，全国开始了"工业学大庆，农业学大寨"。这一年的邮票上还没有这个口号，但在工业题材上已有了"石油工业""化学工业""新安江水电站"邮票，从中不难感受到工业建设大势的热气腾腾。而在一套题为"人民公社女社员"

合成纤维

钻　井

拦河大坝

的6枚邮票中，可以看到当时人民公社中的农村妇女在社会主义建设中的重要作用。发行这套邮票的1964年3月8日，时任全国妇女联合会副主席的邓颖超同志，应《集邮》杂志的请求，为这套邮票题词："中国妇女在建设祖国、保卫祖国的各种岗位上，不断地发挥着积极性和创造性，越来越起着重要作用。"

拖拉机手

粮食丰收

早在20世纪60年代初期，毛泽东等人肯定了邢燕子、侯隽等知识青年到农村去的举动。国家邮政曾先后发行多套"知识青年在农村"题材的邮票。1964年9月发行的"知识青年在农村"特种邮票，是这一题材中的第一套邮票，也是反映第一批知识青年下农村的邮票。全套4枚，分别表现了收获、种植、学习、科学研究。其中第三枚邮图是3名学习《人民日报》的知识青年。其身后书架上摆放的书中有《雷锋的故事》，封面是雷锋像。这是我国邮票中第一次出现雷锋的形象。

收　获

学　习

在广阔天地里

在广阔天地里

20世纪六七十年代，知识青年上山下乡是作为一项"国策"推行的，同时也以不同方式出现在邮票上。如1970年发行的"革命青年的榜样"邮票，表现了知识青年金训华为抢救国家财产光荣献身的形象；1976年发行的"在广阔天地里"，6枚邮票反映了知识青年的精神风貌。

1964年正值中华人民共和国成立15周年，国庆前夕，"国花"牡丹上了方寸天地。这是一大套特种邮票，共有15枚加一枚珍贵的小型张。邮票上的牡丹，国色天香，溢于画外。"昆山夜光""二乔""醉仙桃"以及"状元红·大金粉"，使人犹若步入仙境牡丹园。

接着，中国邮政又发行纪念中华人民共和国成立15周年纪念邮票。3枚邮票连票印刷，再现出举国庆典红火热烈的节庆场面，其所用红色及金色，使这套邮票富丽堂皇。三联邮票之外又发行了至今弥足珍贵的同图小全张。

"状元红·大金粉"牡丹

"昆山夜光"牡丹

"二乔"牡丹

"醉仙桃"牡丹

中华人民共和国成立十五周年

1964年的10月,中华人民共和国的一件举世震惊的大事,就是我国自行研制的原子弹试验成功。从国庆邮票上我们可以感受到中国人民的喜悦与激动。1964年,中国沿着社会主义建设的道路前进着,与国际共产主义运动一起前行着,一个蒸蒸日上的国度正在起步。

1965年

1965年,毛泽东重上井冈山。回顾戎马征战的岁月,他写下了两首诗词,皆题曰《重上井冈山》:"犹记当时烽火里,九死一生如昨。独有豪情,天际悬明月,风雷磅礴。""三十八年过去,弹指一挥间"。这是领袖回望往岁的感慨,也似在构想"井冈山"式急风暴雨的又一革命的"蓝图"。

在毛主席重上井冈山之后,1965年7月1日,发行了"革命摇篮——井冈山"邮票8枚。

井冈山位于江西、湖南两省边境的罗霄山脉。1927年10月，毛泽东率领秋收起义部队来到井冈山，创立了第一个农村革命根据地。井冈山的斗争开辟了一条以农村包围城市，最后夺取城市的道路。毛泽东当年曾预言"星星之火，可以燎原"。

这套邮票共留下了井冈"茨坪""三湾村""茅坪八角楼""砻市""大井村""龙源口""黄洋界""井冈山主峰"八处胜境。

三湾村

砻市

黄洋界

井冈山主峰

这套邮票色彩明丽，印制精雅，画境开阔，意蕴深远。既有实景，又有写意，虚实双融，蔚然一体，很有艺术魅力。

在井冈山，共产党人有了自己的工农武装，这是人民的革命队伍，是第一支中国人民解放军。1965年7月1日党的生日那一天发行了"革命摇篮——井冈山"邮票；8月1日，为庆祝中国人民解放军建军38周年，又有一套题为"中国人民解放军"的邮票发行。

这套邮票共8枚，反映了解放军开展学习毛泽东著作、向雷锋同志学习、创建四好连队、争当五好战士和苦练杀敌本领等各项活动的真实情景。

在毛泽东《重上井冈山》的诗词中，有传之甚广的

向雷锋同志学习

名句"世上无难事,只要肯登攀"。巧合的是,这一年国家邮政又发行了"中国登山运动"邮票5枚。

登山在中国有着悠久的历史。春秋战国时代,孔子就有"登东山而小鲁,登泰山而小天下"的名言。现代登山运动在中国则出现较晚。1955年,中华全国总工会派4人赴苏联学习登山运动技术,并登上苏联境内的团结峰(6 773米)和十月峰(6 780米)。1956年以后,中国组织了多次攀登7 000米以上高峰的登山活动。1960年5月24日,3名中国登山队员王富洲、贡布和屈银华,从曾被英匡登山队称为"死亡路线""不可攀登的路线"——珠峰北坡,成功登上了珠穆朗玛峰,创造了人类首次从北坡征服珠峰的历史。为了纪念中国登山运动的迅速发展,我国发行了这套纪念邮票。这套邮票共5枚,计有"登上贡嘎山""登上慕士塔峰""登上珠穆朗玛峰""登上公格尔九别峰""登上希夏邦马峰"。这套邮票以白色为主调,给人素雅壮丽、玉洁冰清、玲珑剔透之感。

苦练杀敌本领

1965年在"只要肯登攀"精神的感召下,中国运动员又在乒乓球赛事中大获荣誉。第28届世界乒乓球锦标赛于1965年4月在南斯拉夫的卢布尔雅那举行。中国运动员在7个项目的比赛中,共夺得5项冠军、4项亚军和7个第三名,中国乒乓球队已是连续第三次获得男子团体世界冠军,庄则栋第三次夺得男子单打世界冠军。这套邮票以4枚连印形式制作,图案为绿色背景上身着红色运动服的运动员正挥拍进攻。画面单纯,色彩统一。

体育运动,就是"登攀",去登攀全国纪录,去登攀世界纪录。1965年9月,中华人民共和国第二届运动会在北京举行。参赛运动员7 395人,有24人10次打破9项世界纪录,有331人469次打破130项全国纪录。国家邮政于11月28日发行纪念邮票11枚。

中国登山队登上贡嘎山　　中国登山队登上珠穆朗玛峰

第28届世界乒乓球锦标赛

开幕式

邮票再现了第二届全运会的开幕式及足球、篮球、排球、自行车、体操、举重、跳水、射箭等主要比赛项目。

1965年国际风云变幻，邮票上也有体现。包括最重要的一项外交活动：中日青年友好联欢。

中国和日本自古是一衣带水的邻邦。发展长期稳定的睦邻友好关系，是中日两国青年的共同愿望，符合两国人民的根本利益。由中国

体　操　　　　　射　箭　　　　　欢　迎　　　　　会　徽

全国青年联合会、中国全国学生联合会和中日友好协会联合组织的中日青年之间的友好联欢活动于1965年8月在北京开始，当时中日两国尚未建交。参加联欢活动的第一批日本各界青年代表271人，于当年9月15日在上海结束联欢活动。第二批日本各界青年代表139人于同年11月15日抵达北京，党和国家领导人毛泽东、刘少奇、周恩来、朱德、邓小平、彭真等接见了全部来华参加联欢活动的日本客人。

为纪念1965年的"中日青年友好联欢"，我国发行5枚纪念邮票，计有"欢迎""团结反帝""友好""联欢""会徽"。

1984年9月，我国又发行"中日青年友好联欢"纪念邮票3枚。其一邮图采用了西安大雁塔和日本奈良的唐招提寺。大雁塔是唐代长安的著名建筑物，历史上日本多次派"遣唐使"研习中国的政治制度与先进文化。唐招提寺是中国唐代高僧鉴真大师历尽艰辛、东渡日本、传播佛学的见证。12只洁白的大雁乘着祥云，往返于大雁塔和唐招提寺之间，表示中日友好的关系自古不断。其二为"友谊之树"，其三为"欢庆友谊"。邮图中8名身着鲜艳民族服装的中日男女青年载歌载舞，气氛友好热烈，舞姿优美动人。

一衣带水友好邻邦

欢庆友谊

1966年

1966年，一个在中国历史上留下特殊印记的年代。一场历时十年的"文化大革命"运动，就从这一年开始。

在这一年的最后一天，中国人民邮政发行了一套邮票"纪念我们的文化革命先驱鲁迅"。在邮票的图案中，第一次以毛主席语录作为邮图的主体，展示了那个时代的风貌。

这一年，邮票的发行比往年要少，只有7套邮票发行。中华人民共和国成立以来，除1949年只剩两个月，发行邮票最少外，1966年是发行较少邮票的一个年份。

1966年第一季度，发行有2套邮票。一为"少年儿童体育运动"，8幅条形的修长邮图，纯真而轻松。二为"工业新产品"，也是8枚邮票，展示了中国的机械工业成就。截至1965年，中国试制成功的工业新产品达千余种。邮票上的8个新产品是高端的典型成果的一个"亮相"。

毛主席对鲁迅的评价

观览1966年的工业成果，表明经济建设依然是国家发展的重要方向。邮票上有"移动式变压器""电子显微镜""仿形车床""立式车床""齿轮磨床""自由锻造水压机""双柱铣床"和"静电加速器"。8枚邮图均采用写实手法设计，图案清晰细致，背景配有醒目底色，又在装饰效果中反衬出鲜明的图案主体。

踢小足球

跳橡皮筋

移动式变压器

电子显微镜

静电加速器

1966年第二季度，也有2套邮票发行。"服务行业中的妇女"表现了中国妇女在经济建设，特别是在服务行业中的重要作用。时任全国妇女联合会副主席章蕴为邮票题词："以毛泽东思想为武器，以一切工作都是为人民服务、一切工作都是为了革命为出发点。以各个服务行业岗位的先进人物为榜样，在平凡的工作岗位上，做出不平凡的事迹，成为毛主席的好学生、革命的好战士、人民的好勤务员。"这套邮票共10枚，分别命名为"一切工作都是为了革命""列车员""农村卫生员""保育员""清洁员""理发员""汽车售票员""背篓商店售货员""食堂服务员""乡村邮递员"，展现了在不同行业工作的妇女工作者的精神面貌。

这一季度另一套邮票是"亚非作家紧急会议"。1966年6月27日至7月9日，亚非作家紧急会议在北京举行，以郭沫若为团长的中国代表团参加了这次会议，通过并发表了《亚非作家紧急会议公报》。为"亚非作家紧急会议"而发行的邮票共2枚。第一枚邮图是"风雷"雕塑；第二枚邮图是"亚非作家紧急会议"徽章。

1966年发行了另外3套邮票，集中在这一年的最后一个季度。分别是"纪念孙中山百年诞辰"、纪念"文化革命先驱"鲁迅和"第一届亚洲新兴力量运动会"纪念邮票。

一切工作都是为了革命

第一届亚洲新兴力量运动会于1966年11月在柬埔寨首都金边举行，中国体育代表团共331人参加了这届运动会。在运动会上，两名中国运动员打破了两项举重世界纪录。这套纪念邮票共4枚。第一枚为"热爱毛主席"，邮图为身着红色运动服的中国运动

乡村邮递员

"风雷"雕塑

"亚非作家紧急会议"徽章

员高举《毛泽东语录》，簇拥着毛泽东画像欢呼；第二枚为"团结反帝"，邮图是亚洲人民并肩挽手，上方文字出自毛泽东《支持巴拿马人民反美爱国斗争的谈话》："全世界人民反对美帝国主义及其走狗的斗争一定会取得更加伟大的胜利"；第三枚为"增进友好"，邮图是各国运动员握手交谈的友好场面；最后一枚邮票为"互相促进"，邮图是中国运动员与各国运动员一起学习毛泽东著作、互相交流。这套邮票还体现出了当时体育运动注重政治、以"友谊第一，比赛第二"为宗旨的基调。

互相促进

团结反帝

1967年

《中国邮票史》一书有这样的记载："1966年5月至1967年4月，邮票虽然仍在继续发行，但是数量减少、品种单一、内容单调、刷色变红。"主管邮票工作的邮政总局和邮票发行局处于半停顿状态。

当时，邮政部门曾有过关于邮票发行"纪严特宽"的方针，也就是纪念邮票的发行要严格，特种邮票的发行可以放宽。在这一时期，没有执行。

1966年，中国的特种邮票在当年5月10日"特75"——"服务行业中的妇女"发行之后，取消了志号，停止发行。此后，中国人民邮政所发行的邮票，全为"纪念邮票"。到了1967年，延续了17年的"纪"字志号的纪念邮票也在发行3套之后，取消了邮票上的志号。

从1967年4月开始，邮票发行已经没有志号，一个新的邮票编号系列出现了，那就是在这段特殊时期过后，所设的"文"字志号，其意为"文化大革命"时期的邮票。

1967年共有10套邮票发行。前3套发行的邮票以"纪"为志号，一套是"毛主席的好战士——刘英俊"纪念邮票。1966年3月15日晨，解放军战士刘英俊驾炮车执行任务，辕马被惊，调头飞跑，此时正是上班上学之时，惊马拖着炮车冲向人群，前有6个儿童。千钧一发之刻，刘英俊猛拉马缰，翻倒马车。6名儿童得救，刘英俊光荣牺牲。为歌颂英雄刘英俊，1967年3月发行了6枚纪念邮票，再现了刘英俊生前努力学习、积极宣传毛泽东思想和拦惊

刘英俊同志像

为人民利益而死就比泰山还重

工业建设

农业建设

马救儿童的英勇场面。

另一套"纪"字志号邮票，题为"高举毛泽东思想伟大红旗 为实现第三个五年计划而奋斗"。当时，正值我国国民经济建设的第三个五年计划（1966—1970年）。第一枚"工业建设"，第二枚"农业建设"，将大庆工人、科技工作者、纺织女工、解放军战士、大寨农民和女民兵共青团员等工农兵形象置于邮票之上。

火光就是命令

第三套"纪"字志号邮票是"向32111英雄钻井队学习"。1966年6月21日，大庆油田突发井喷事故。32111石油钻井队员速至现场，扑灭大火，保住了新开的大气井。扑火中有6人牺牲，21人负伤。发行这套邮票旨在号召人们学习英雄。这套邮票共3枚。第一枚是毛主席语录："下定决心，不怕牺牲，排除万难，去争取胜利。"金字红底，气氛庄重。另二枚是"火光就是命令"和"公而忘私"，再现了32111英雄钻井队奋力灭火的场面。这套邮票是"纪"字志号取消前发行的最后一套纪念邮票。

自1967年4月开始，邮票票面上的志号取消，成为无志号邮票。但在邮票印制和发行部门内部，为了便于区分不同邮票，在整批包装上标有内部使用的编号，简称为"文"字邮票，并加以编序。从1967年4月20日至1970年1月21日，共发行19套80枚邮票。后来，这19套邮票就按照"文"字的称谓，编入了至今沿用的邮票目录上。这些"文"字邮票当年虽发行量很大，但由于几乎无人坚持集邮，大量邮票都在寄递流通中贴用消耗了，所以存世量极少，如今已成为中国邮票中的珍罕藏品。

毛泽东《沁园春·长沙》手迹

序号"文7"的邮票题为"毛主席诗词"，共14枚。邮图采用了毛主席的手书原迹，以白纸黑字的色调布局，边框为红色。这套邮票的第一枚，图案采用了毛泽

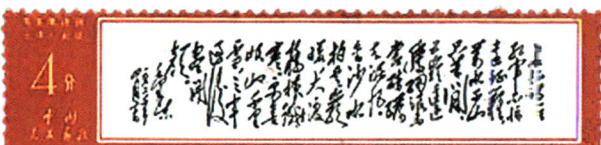

《七律·长征》

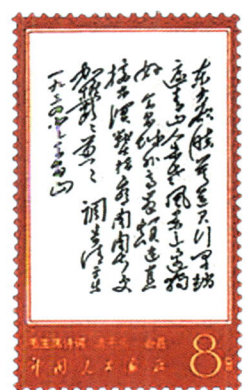

毛泽东《清平乐·会昌》手迹

东在飞机上写作的照片；其余 13 枚邮票图案均取自毛泽东诗词的墨迹手稿，依次为《沁园春·长沙》《满江红·和郭沫若》《沁园春·雪》《忆秦娥·娄山关》《七绝·为李进同志题所摄庐山仙人洞照》《采桑子·重阳》《七律·长征》《清平乐·六盘山》《七律·中国人民解放军占领南京》《浪淘沙·北戴河》《清平乐·会昌》《水调歌头·游泳》和《菩萨蛮·黄鹤楼》。

毛泽东主席是 20 世纪影响中国和世界历史进程的伟人。他不仅是革命家、政治家、军事家和理论家，还对中国历史和传统文化有着精深的造诣，也是当代杰出的诗人、书法家。毛泽东诗词在中国人民和世界人民中广为流传并深受人民喜爱。

1968年

1964 年至 1967 年，各地文艺团体创作并演出了一批有创新、影响大的现代题材的戏剧。京剧《红灯记》等 8 个现代戏在北京汇演后，便在全国得到迅速推广。这套反映戏剧的邮票共 9 枚。第一枚为"毛主席的革命文艺路线胜利万岁"。邮票图案是毛泽东思想光辉照耀下的革命文艺队伍奋步前进。其余 8 枚为 8 个"革命样板戏"：京剧《智取威虎山》《海港》《红灯记》《沙家浜》《奇袭白虎团》以及芭蕾舞剧《红色娘子军》《白毛女》和革命交响音乐《沙家浜》。

革命现代京剧《智取威虎山》

革命现代京剧《红灯记》

革命现代京剧《沙家浜》

革命现代芭蕾舞剧《红色娘子军》

1921年,中国共产党第一次代表大会在上海召开之后,毛泽东同志回到了湖南,创建中共湖南支部。当年,他到了安源,调查工人劳动和生活状况,启发工人的革命觉悟。经过考察,他认为,在安源路矿工人中,蕴藏着无限的革命潜力,具有开展革命活动的基础。以这段发生在毛泽东同志革命历程中的事件为题材,画家刘春华等人绘制了大型油画《毛主席去安源》,画面为青年时代的毛泽东身着蓝色长袍、挟红雨伞的形象。这幅油画问世后,在全国引起轰动,印行数量多达9亿份,成为这一时期具有代表性的文艺作品。

1968年8月1日,中国人民邮政发行了"文12"邮票,全套1枚,邮票图案采用了油画《毛主席去安源》。为适应油画的形态,邮票采用了大票幅的设计与印制。

毛主席去安源

1969年

1969年只有5套邮票发行。这是自1949年至今,发行邮票较少的年份之一。

接续着"文"字邮票的序号,1969年的第一套邮票是为"南京长江大桥"发行的。1949年以前,长江之上没有一座桥梁。中华人民共和国成立后,先后修建了武汉长江大桥和重庆白沙沱长江大桥;之后,又开始修建南京长江大桥。这座大桥是中国自行设计、施工及安装的双层钢架桥梁。从1960年1月动工,1968年10月铁路桥通车,1968年12月公路桥通车。它的建成,沟通了我国南北交通,促进了我国经济建设的发展。

这套邮票的第一枚是"铁路桥",第二枚是"公路桥",第三枚"大桥全景"(文14-3),第四枚是"庆祝建成"(文14-4)。

"南京长江大桥"纪念邮票早在1968年就已计划发行,但几经反复,这个编号为"文14"的邮票,却发行在"文15"之后。而且发行的时间竟有3个,因它们是分开发行的——前两枚于5月1日发行;第三枚在6月18日发行;8月26日发行了第四枚。这在我国邮票发行史上罕见。值

大桥全景

庆祝建成

得一提的是，在全部"文"字系列邮票中，"南京长江大桥"是唯一一套反映社会主义建设成就的邮票。

编号为"文 16"的邮票，题为"钢琴伴唱《红灯记》"。

《红灯记》是当年在全国流传很广、影响极大的一部现代题材京剧。1968 年，中国京剧团和中央乐团据此编创了钢琴伴唱《红灯记》。首演之后，引起很大反响。为此发行邮票 2 枚：一是"李玉和"，二是"李铁梅"。邮图上的这两位京剧三角形象，取自中国京剧团钱浩梁扮演的李玉和与刘长瑜扮演的李铁梅；而钢琴伴奏者的形象，则以中央乐团钢琴演奏家殷承宗为原型。

李玉和

李铁梅

自 20 世纪 60 年代开始，特别是在 1966 年之后，数百万城市学生响应毛主席的号召，上山下乡。知识青年在农村和边远地区的生产建设中发挥了重要作用，对于农村科学文化教育曾经产生了积极影响。1969 年，发行了"文 17""知识青年在农村"邮票 4 枚。这 4 枚分别题为"学习毛主席著作""劳动""向老农学习，搞科学试验"和"赤脚医生"。邮票图案融合了中国传统装饰性绘画技法，以朱红、桃红、湖蓝、柠檬黄、翠绿、青莲紫、煤黑等 7 种纯色，创造出色彩鲜明而又绚丽的基调，颇具特色。

1969 年正值中华人民共和国成立 20 周年。10 月 1 日这一天，共发行了 3 套邮票。一套题为"知识青年在农村"，第二套题为"用毛泽东思想武装起来的中国人民是不可战胜的"，还有一套是便于流通的邮资凭证普通邮票。

学习毛主席著作

编号为"文 18"的"用毛泽东思想武装起来的中国人民是不可战胜的"邮票共 6 枚。第一枚是"军民团结"，以海陆空战士和民兵的英雄形象，生动地表达了"军民团结如一人，试看天下谁能敌"的主题；最后一枚是"解放军边防骑兵战士"，这一枚竟迟至 1970 年 7 月 1 日才发行。另外是"保卫边疆"和"军民守海防"，则均有同图案异面值邮票各 2 枚："保卫边疆"一为 8 分（文 18-2），一为 43 分；"军民守海防"一为 8 分，一为 35 分（文 18-5）。

向老农学习，搞科学实验

广泛用于邮资凭证那套普通邮票，也在 1969 年 10 月 1 日开始发行。邮票题名"工农兵和革命圣地图案普通邮票"，编号没有设计，至今邮票目录上只是标了"普无号"。10 月 1 日这一天发行了 5 枚，前 3 枚是以极富时代色彩宣传画风格绘制的"工农兵"形象；后两枚为"延安"和"天安门"。这套普通邮票计划共发行 11 枚。此后在 1970 年分三次发行完毕。其中邮图有"遵义会议会址""人民英雄纪念碑"和"炼钢工人"。

军民团结

解放军边防骑兵战士

保卫边疆

军民守海防

工 人

解放军

农 民

天安门

遵义会议会址

人民英雄纪念碑

炼钢工人

第三本集邮册

"转折年代"

(1970—1979)

提　　要

　　1970年到1979年，这是一个"转折"的10年。

　　在这个10年里，"文化大革命"结束了。在这个10年里，中国第一代开国元勋毛泽东、朱德、周恩来，辞世了。在这个10年里，对于中华人民共和国成立以来的历史反思，开始了。中国改革开放的新的一页，正在揭开。

　　这是中国历史上的一个伟大的"转折"时期。

1970年

1970年初,最后一套"文"字邮票发行。这套邮票套题为"革命青年的榜样"。1969年8月15日,位于中苏边境的黑龙江省逊克县逊别拉河突发洪水,国防物资被冲到水中。插队的上海知识青年,奋力抢救国家财产,年仅20岁的金训华在洪水中壮烈牺牲。金训华的死,给知青的上山下乡运动注入了悲壮的色彩。

当时上海《解放日报》美术组急召画家陈逸飞和上海崇明农场学生徐纯中等人,连夜创作了金训华事迹的绘画作品。徐纯中当场构思绘制了水粉画,完稿后又由陈逸飞修改润色。1970年1月21日,以这幅画为邮票图案发行了"文19""革命青年的榜样"邮票1枚。这是编为"文"字的最后一套邮票。

1970年,主管邮票发行的交通部决定恢复邮票志号,采用了不分邮票种类、统一连续的编号方式。1970年发行的"现代京剧《智取威虎山》"邮票是恢复编号后发行的第一套"编号邮票"。"编号邮票"是指从1970年8月至1973年10月这一时期所发行的纪念邮票和特种邮票。

革命青年的榜样

现代京剧《智取威虎山》由上海京剧院创作,于1967年在北京汇演。剧中描写了中国人民解放军小分队在东北剿匪的战斗故事,塑造了富有传奇色彩的英雄杨子荣形象。这套邮票共6枚。一为"杨子荣",二为"穿林海",三为"胸有朝阳";这3枚邮票均以剧中主人公杨子荣的剧照为邮图。第四枚是"深山问苦"、第五枚是"发动群众",这2枚邮票表现了解放军小分队入深山老林、发动群众的场景。最后一枚为"胜利会师"。

"编号"邮票的第二套是"严惩入侵之敌"。在乌苏里江主航道中国一侧有一座属于中国的岛屿,名叫"珍宝岛"。1967年后,苏联边防军开始入侵珍宝岛。1969年3月,中国边防军进行了坚决的反击,将侵略者赶出国境。这就是被称为"珍宝岛自卫反击战"的一段史实。当时,为宣传"珍宝岛自卫反击战"的胜利,发扬爱国主义精神,发行了这套从名称到邮图都充满战斗气息的"严惩入侵之敌"邮票。

这套邮票有多种规格的齿孔。计有单弎齿

杨子荣

胸有朝阳

深山问苦　　　　　　　　　胜利会师　　　　　　　　严惩入侵之敌

度P10，P11.5；复式齿P10×11.5 和P11.5×10。这套邮票发行量很大，用邮量也大，存世量也很大。

1971年

1971年4月，在日本举行的第三十一届世界乒乓球锦标赛上，中国运动员庄则栋向美国同行伸出友谊之手。同时，美国、加拿大等国运动员表达了希望访问北京的愿望。毛泽东决定邀请美国乒乓球队访华。"乒乓外交"拉开序幕。借此，1971年11月在北京举办了"亚非乒乓球友好邀请赛"，并发行了邮票。从这套充满友谊的4枚邮票中，我们可以感受到中国的开放气息，也可以看出"乒乓外交"的又一延续。

"亚非乒乓球友好邀请赛"纪念章

"亚非乒乓球友好邀请赛"有亚洲和非洲的51个国家和地区的乒乓球代表队参加。比赛项目有男女团体、男女单打、男女双打、混合双打、男女少年单打和元老杯赛共10项。中国队获得女子团体、女子单打和男子双打3项冠军。周恩来总理出席了闭幕式。

这套纪念邮票的第一枚为"邀请赛纪念章"，邮图是绿地上凸现的一枚白、金两色的会徽，两个连写的A字组成象征亚非发展中国家的团结和友谊。第二枚是"热烈欢迎亚非朋友"。第三枚是"互相学习，共同提高"，邮图为各国运动员切磋球艺。第四枚是"亚非人民的友谊"。

1971年邮政部门共发行了6套邮票，从数量上看，也是属于发行较少的年份。但在这6套邮票中，国际题材就有3套。除了"亚非乒乓球友好邀请赛"外，还发行了"纪念巴黎公社100周年"和"庆祝阿尔巴尼亚劳动党成立30周年"两套邮票。

"纪念巴黎公社100周年"邮票共4枚。有"巴黎公社的旗帜""巴黎无产阶级和其他劳动人民举行武装起义""巴黎公社宣告成立"和"巴黎公社社员在国际广场上"。

"庆祝阿尔巴尼亚劳动党成立30周年"纪念邮票同为4枚，由版画家张克让设计。邮图

互相学习，共同提高　　　巴黎公社的旗帜　　　巴黎公社宣告成立　　　一手拿镐，一手拿枪

体现了当时的政治宣传色彩，如"一手拿镐，一手拿枪"。

1971年，正值中国共产党成立五十周年，中国邮政隆重发行了由9枚邮票组成的大套纪念邮票。邮图再现了中国共产党各个历史时期的具有代表性的建筑物，以此勾画出党的半个世纪前进的征程。

"中国共产党第一次全国代表大会上海会址"，描绘的是1921年7月1日中国共产党诞生地，是中国共产党发展壮大的起点。

"广州农民运动讲习所"，创办于1924年，毛泽东、周恩来、恽代英等人曾讲授有关农民运动的课程，进行军事训练和农村实习。在第一次国共合作时期对中国革命作出了贡献。

"井冈山"，1927年毛泽东等人创立的第一个农村革命根据地，也是中国工农武装的策源地。井冈山的斗争开辟了一条以农村包围城市，最后夺取城市的道路。

"遵义会议会址"，这次会议确立了毛泽东同志在党内的领导地位，结束了王明"左"倾冒险主义错误路线，为红军胜利完成二万五千里长征奠定了基础。

"延安"，巍巍宝塔山，悠悠延河水。1937年1月，中共中央进驻延安，延安成为全中国抗日战争的核心之一，宝塔山成为延安的象征。

"天安门"，新中国的象征。1949年10月1日，毛泽东主席站在天安门城楼上，向全世界庄严宣告"中华人民共和国成立了，中国人民从此站起来了"。

此外，还有3枚邮票连印，题为"沿着毛主席指引的方向奋勇前进"。

中国共产党第一次全国代表大会上海会址　　　广州农民运动讲习所

井冈山

遵义会议会址

延安

天安门

奋勇前进

奋勇前进

奋勇前进

除纪念邮票和特种邮票之外，1971年还发行了主题为"革命圣地"的普通邮票，共有9枚。与"庆祝中国共产党成立五十周年"纪念邮票的图案内容略有相同，计有"广州农民运动讲习所""古田会议会址""井冈山－茨坪""韶山""遵义会议会址""井冈山主峰""人民大会堂"

古田会议会址

韶山

人民大会堂

延安枣园

"中国共产党第一次全国代表大会会址（上海）""延安"。1972 年又在"革命圣地"系列中，再发行了 "延安枣园"和"天安门" 2 枚邮票。

1972 年

1972 年，首先隆重发行了"纪念《在延安文艺座谈会上的讲话》发表三十周年"邮票 6 枚。第一枚"座谈会会址"，图案是延安宝塔山下杨家岭的中央大礼堂。第二枚"高唱革命歌曲"，画面上人民战士在放声高歌。第三枚是"街头剧《兄妹开荒》"的演出情景。第四枚"文艺工作者深入工农兵，边劳动，边宣传"，描绘了八路军文艺宣传队在田间进行演出的场面。第五枚"深入农村为贫下中农演出《红灯记》"。第六枚"深入工厂、矿山为工人演出《红色娘子军》"。

座谈会会址

高唱革命歌曲

街头剧《兄妹开荒》

文艺工作者深入工农兵，边劳动，边宣传

深入工厂、矿山为工人演出《红色娘子军》

1972年，在重要的国际体育赛事方面，邮票也起到了纪念和宣传的作用。比如对于"乒乓外交"的延续，"第一届亚洲乒乓球锦标赛"于1972年9月在北京举行，31个亚洲国家和地区的运动员参加了这次锦标赛。中国运动员在锦标赛上获得女子团体、女子单打两项冠军。日本队获男子团体冠军、混双冠军。在男、女少年决赛中，朝鲜选手分别获胜。

我国在锦标赛开幕的当天发行了4枚邮票。第一枚是"锦标赛纪念章"，邮票图案以绿松与远山为背景，突出了各国运动员之间友谊长青。第二枚是"欢迎"，不是以鲜红而是以粉红为基色，衬现出少年儿童手持鲜花欢迎各国朋友的热烈场景。第三枚是"比赛"，以宣传画形式表现了运动员双打的竞技场面。最后一枚是"友谊"，画面为各国运动员在鲜花丛中畅叙友谊。整套邮票富有民族气息的装饰性，体现轻松氛围。

第一届亚洲乒乓球锦标赛纪念章

欢迎

友谊

此前，还发行了一组题为"发展体育运动"的邮票。5枚邮票反映了群众性的体育活动，包括广播体操、拔河、爬山拉练、江河中的跳水游泳等，都上了邮票的方寸"运动场"。邮票图案清新素雅，显得活跃、亲切、明快，令人耳目一新。

1972年发行的邮票有一个特点，就是经济建设题材开始走入邮票的画幅。这反映了一个事实：全国形势趋于稳定，经济开始回升。在1972年至1974年的编号票中，先后有5套反映

工人做广播体操

广大农民因地制宜地做"拔河"活动

解放军爬山拉练

青少年在自然水域里跳水、游泳

工农业和对外贸易的邮票发行,其中第一套就是 1972 年发行的"轮船"。

1972 年共三套邮票反映了经济建设成就。一是"轮船"邮票,全套 4 枚:第一枚邮图是上海造船厂 1970 年建造的 12 600 吨的远洋货轮"风雷"号迎着旭日出航。第二枚邮图是大连红旗造船厂 1971 年建造的 15 000 吨的"大庆 30"油轮,破浪前进在蔚蓝色的海洋上。第三枚邮图是上海沪东造船厂建造的我国第一艘 7 500 吨大型远洋客货轮"长征"号,出行在蓝天绿水间。第四枚邮图是上海江南造船厂 1971 年建造的 10 400 吨的大型自航耙吸式挖泥船"险峰"号。

"风雷"号远洋货轮

"大庆 30"油轮

"长征"号远洋客货轮

"险峰"号挖泥船

这套邮票在世界各国的船舶邮票中,以颇具中国特点的风格在"邮海"中乘风破浪,不失为船舶专题邮票中的精品之作。

"工业学大庆,农业学大寨"的口号,反映出大庆人和大寨人为祖国经济建设而艰苦奋斗的精神,可贵可敬可弘扬。1972 年发行的"中国工人阶级的先锋战士——铁人王进喜"邮票,实际上是通过一个普通工人彰显出我国大庆乃至整个工业领域的奋斗精神。

王进喜(1923—1970),1960 年春天,为了改变中国石油工业的落后面貌,他率领 1205 钻井队到大庆参加石油会战。他和他的队友们响应号召,艰苦创业,不怕牺牲,以"宁可少活二十年,拼命也要拿下大油田"的顽强意志和冲天干劲,苦干 5 天 5 夜,打出了大庆第一口喷油井。在荒原上建起的这座新的石油城,为中国的石油工业作

铁人王进喜在工作

出了贡献。由于他的"一不怕苦、二不怕死"的行为与精神,被群众誉为"铁人",称赞他具有钢铁般顽强的意志和毅力。这是中国邮政部门为辞世一年多的普通工人发行邮票的第一例。此后,他的形象又三次出现在邮票上,足见其影响力之大、历史地位之高。这枚邮票的图案是王进喜身着冬装,操作机器,其形象占据了几乎整个画面,突出了他作为工人阶级代表的高大形象。

在大寨精神鼓舞下,河南省林县为解决缺水困难,经过近十年的艰苦奋斗,修筑成了引水工程——"红旗渠"。它穿行在太行山东麓河南林县境内,总长 2 000 千米,使林县形成了引、灌、提结合的水利网,灌溉面积达 4 万公顷(60 万亩),一举改变了此地千百年来严重缺水的状况。这套反映"红旗渠"的邮票共 4 枚,分别为"愚公移山""青年洞""桃园桥""人间天河"。后 3 枚邮图反映了红旗渠工程的主要部分。

愚公移山　　　　青年洞　　　　桃园桥　　　　人间天河

"红旗渠"邮票采用了雕刻与影印结合的手法制作,以雕刻版的线和点,刻出松树山石的轮廓和主要层次,辅以影写版的色彩和细部变化,产生了精雅而又瑰丽的印刷效果。

1972 年发行的邮票在题材、手法与风格上清晰地记录了我国在转折中前行的足迹。

1973年

20 世纪 60 年代初期,著名戏剧家、时任文化部副部长、集邮家夏衍曾说过:"邮票的题材要广泛些,政治色彩不要太浓,花卉、珍禽异兽邮票要多出些,要把邮票办成'动物园''植物园''博物馆'。" 1973 年发行的邮票,丰富地展现了"动物园""植物园""博物馆"这些特性,小小邮图上多了些许久未见的可爱形象。

熊猫的憨厚身影再次出现邮票上。早在 1963 年就发行了 3 枚"熊猫"特种邮票。1973 年 1 月,为了宣传保护野生动物,邮政部门又发行了一套"熊猫"编号邮票。

大熊猫是中国特产的野生动物,历来被视为珍稀动物,是吉祥友谊的象征,是和平友好的

熊　猫　　　　　　熊　猫　　　　　　熊　猫　　　　　　熊　猫

使者。而今，作为国宝的大熊猫更被拥戴为动物明星，是全球野生生物保护的标志和旗帜。

1973 年发行的"熊猫"邮票全套 6 枚。邮图采用了画家吴作人 1972 年创作的水墨画作品《熊猫图》，原画上的题字和印章也完全保留，这在中国邮票设计史上是第一次。"装裱"这些水墨画的，是淡浅色的边框，6 种色调的套边，犹如绢绫装裱，精巧典雅。

这套邮票在为庆祝中华人民共和国成立 30 年举行的"最佳邮票评选"中获得最佳邮票奖。

由于这套邮票全部采用著名画家吴作人之作，设计印制精美，因此，具有很高的鉴赏和珍藏价值。

邮票中的"博物馆"的第一批陈列，就是珍贵的出土文物。中华人民共和国成立以来，考古发掘工作从未间断，一批珍贵的文物陆续出土。1973 年，一套以出土文物为题材的邮票正式发行，这套邮票共 12 枚，如此大套的发行同一题材的邮票，在当时并不多见，足见对于"国宝"面世的重视。

邮票上展陈了如下 12 件珍贵的历史文物。

"青花凤首扁壶"，1970 年在北京旧鼓楼大街豁口东元代窖藏出土。壶嘴凤头状，腹绘两翼，其下填以缠枝莲花。

"鎏金舞马衔杯银壶"，1970 年在陕西西安市南郊何家村唐代窖藏出土。外形仿皮囊样，腹两侧各有一马，马身涂金，颈系飘带，嘴衔一环，昂首扬尾，似作舞状。

"黑彩马"，1971 年在河南洛阳关林唐墓中出土。除马体局部着黄色外，通体皆为黑色。马前有一小驭者俑，反衬马体的高大雄健。

"泥俑"。女俑面部丰腴，眉清目秀，发髻高耸，两手合抱。腰间系带飘逸潇洒，形象殊为生动。

"石雕柱础"，1965 年在山西大同市东郊石家村北魏司马金龙墓出土。屏风柱座，上部高

青花凤首扁壶　　　　鎏金舞马衔杯银壶

　　黑彩马　　　　　　泥　俑　　　　　　石雕柱础

浮雕蟠龙和山形，下部浮雕忍冬云纹及使乐童子，座四角各雕使乐童子。柱础造型优美，雕工精细。

"天马"，1969年在甘肃省武威县雷台东汉墓出土。原称铜奔马，又名马踏飞燕。后经考证，该马所踏并非飞燕，而是古代传说中的风神龙雀，足见马非凡马，故正名天马。如今，这尊文物已成为中国旅游的标志性形象。

"鎏金镶嵌铜砚盒"，1969年在江苏省徐州市东汉墓出土。角兽可能是史籍中所说的"辟邪"。上下一剖为二，上为盖，下为砚盒。通体鎏金，镶嵌红珊瑚、绿松石和青金石。

　　铜奔马　　　　　鎏金镶嵌铜砚盒

"长信宫灯"，1968年在河北省满城县西汉墓出土。灯盘可转动，灯罩可开合。宫女右臂为烟道，宫女头部和右臂可拆卸，以便清理积尘。

"鸭纽盖铜鼎"，鼎盖鸭纽造型生动，鼎器精巧玲珑，一改殷商、西周鼎之沉重、威严、神秘、雄奇的风格。

"曾中游父方壶"，1966年在湖北省京山县郑家河水库出土。壶颈长，壶肩有伏兽衔环。盖上有莲瓣装饰。壶上有"曾中游父自作器"的铭文。

"青铜提梁卣"，1970年在湖南宁乡黄材公社出土。口部以犀角装饰，上有龙纹，下为虬纹，卣盖内和底部各铭一"戈"字。此器殊是神秘。

　　长信宫灯　　　　　鸭纽盖铜鼎　　　　曾中游父方壶

"彩绘红陶鼎",在山东邹县城南野店村原始社会晚期遗址出土,属于中期大汶口文化。陶器无耳,有三条鸭嘴形足,以作支撑,似用于炊煮架烧。陶鼎口外沿绘网状纹一周,犹鱼网的艺术再现。

观览这12枚邮票,真若入"博物馆"一睹"国宝"之精美,又感中华文明之璀璨。

青铜提梁卣　　　　彩绘红陶鼎

1973年,邮票题材丰富多彩还表现在舞蹈上。一套4枚的"革命现代舞剧《白毛女》"和一套5枚连印的"儿童歌舞",前者体现时代特征;后者以民间剪纸呈现汉族、蒙古族、藏族、维吾尔族、朝鲜族的歌舞,轻松欢乐的气氛跃然票面。

盼东方出红日　　　　八路军战士——喜儿

1973年10月15日,我国举办了第三十四届出口商品交易会。始于1957年的"广交会",又重新迎接各国客人。前来参加交易会的有世界各国贸易界人士及海外华侨同胞约2 000多人。为此,中国邮政发行了"中国出口商品交易会"邮票1枚。邮票图案以广州出口贸易交易会大楼为主体,树木、人群、红旗与主体建筑错落有致,层次分明;背景明丽的天空把交易会的气氛衬托得热烈而隆重。

秧歌舞(汉族)　　拉马头琴(蒙古族)　　哈达舞(藏族)　　手鼓舞(维吾尔族)

长鼓舞（朝鲜族）　　　　　　中国出口商品交易会

矿山新兵　　　　　　女委员　　　　　　海　燕

这一年，邮政部门还发行了一套题为"中国妇女"的邮票。邮图选用了3幅以"工农兵"为题旨的油画，"工"是"矿山新兵"；"农"是"女委员"；"兵"是"海燕"。尽管表现的是女性，但在阴柔之美中，也洋溢着刚强的气息。

1973年发行的邮票虽然不多，但题材的广泛和轻松显示出了一个新的时代正在到来。

1974年

1974年，在毛泽东的提议下，邓小平任中央政治局委员、国务院第一副总理、中央军委委员。1975年邓小平主持国务院工作，在毛泽东、周恩来的支持和叶剑英、李先念等的配合下，对被搞乱了的各条战线进行整顿。中国，在转折中跋涉着。

1974年12月，发行了题为"工业产品"的4枚邮票。其中包括了矿山机械的"露天潜空凿岩机"、动力机械的"十二万五千千瓦双水内冷汽轮发电机组"、农业机械的"机动水稻插秧机"、机床制造业的"万能外圆磨床"。其中，有根据毛泽东关于"不搞矿山就是无米之炊""农业的根本出路在于机械化"指示而开发的工业产品，也有着眼于发展国家工业必须搞好基础工业的指导思想而研发的工业产品。总之，这些工业上的成就反映了这一时期经济建设上的足迹。

这套邮票还是"编号"志号中的最后一套邮票。从1967年开始，邮票发行废除了纪念与

露天潜孔凿岩机

双水内冷汽轮发电机组

机动水稻插秧机

万能外圆磨床

特种邮票的志号系列，先后使用了票面上无志号的"文"字以及"编号"志号两种方式。到了1974年，邮票发行局的职能逐步恢复，为了规范邮票发行，决定自1974年1月1日起，恢复纪念邮票与特种邮票的志号。将1949年至1967年的以汉字标注形式，改为以汉语拼音的首个字母为标注形式，即纪念邮票为J，特种邮票为T。有趣的是，1974年1月1日已经发行了新志号为T的特种邮票，接着在5月又发行了新志号为J的纪念邮票。但依旧沿用"编号"这个旧志号的"工业产品"邮票，因设计与印制用了一年多时间，作为编号邮票的最后一套，却在新志号J、T出现之后的1974年12月23日发行。

1974年这一年的第一套邮票，也就是新的邮票志号的"开门"邮票，是1月1日发行的"体操运动"，一套6枚，朝气蓬勃、焕然一新的气息扑面而来。这套邮票开启了1974年这个深入转折的年代。

1974年共发行了14套邮票，数量较前几年增多，而且直接反映经济建设的题材也较前增多。这一年包括"工业产品"邮票，一共发行了4套经济建设题材的邮票，特别是"大庆红旗"和"大寨红旗"邮票的发行，反映了当时工业与农业上的成就。

20世纪60年代初期，以铁人王进喜为代表的大庆工人，艰苦创业，奋发图强，在大庆建成了中国现代化的石油化工基地。1964年，毛主席号召全国工业战线"学大庆"运动，大庆被树为工业战线上的一面红旗。1974年正值毛主席号召"工业学大庆"运动10周年，邮政部门发行了"大庆红旗"特种邮票5枚。邮票带有时代色彩，如

自由体操

鞍　马

"'两论'起家",指的是以毛泽东的《矛盾论》和《实践论》等著作为指导,创业起家。同时,这套邮票也有"科学管理"和"新型矿区"这种"纯"科学、"纯"经济的邮票图案。

"两论"起家

科学管理

新型矿区

1964年,在党的八届十一中全会上,毛泽东同志提出了"农业学大寨",大寨成为当时农业战线上的一面红旗。1974年,为了纪念"农业学大寨"运动10周年,中国邮政发行了"大寨红旗"特种邮票5枚。其中"科学种田""大丰收"等画面,体现了实事求是的科学精神。

科学种田

大丰收

1974年又一次发行了"中国出口商品交易会"邮票,显示出了转折年代对外贸易上的成绩。

这一年的邮票题材,除了这几套反映经济建设成就的,切实展现朴素朴实的"写实纪实"风格也异军突起。

"赤脚医生"邮票就是以朴素风格展现时代精神的一个缩影。1965年6月26日,毛主席发出"把医疗卫生工作的重点放到农村去"的指示。随后,全国各地农村涌现出了大批不脱产的基层卫生人员,即"赤脚医生",并普遍建立了农村医疗卫生防治网。这些医生都经过一定的培训,具有一定的医疗卫生知识和技能。他们对改变中国农村缺医少药的状况和农村落

中国出口商品交易会（新馆）　　　预　防　　　采草药

后的卫生面貌，对开展预防工作和促进农业生产起到了积极的作用。这套邮票是1974年6月26日发行的，采用的是旧的"编号"志号，这是"编号"志号和新的J、T票志号过渡时期交叉发行的又一套邮票。"赤脚医生"邮票，共有4枚：一为"预防"，二为"出诊"，三为"采草药"，四为"治疗"。这套邮票反映的是中国医疗扎根基层的特色，在设计上也有着鲜明的民间艺术风格和中国传统文化的风采。

此外，1974年，还有几套体现中国艺术风范的邮票发行。

中国杂技艺术源远流长，已有三千多年历史。中华人民共和国成立后，国家关怀和扶植杂技这门艺术，使杂技从江湖把戏发展为一门具有中国特色的民间艺术形式，并在国内外赢得了很高声誉。这套邮票共6枚，采用中国杂技的优秀传统节目作为邮图，包括"舞狮""叠椅""抖空竹""顶坛""转碟""蹬伞"。

抖空竹

1974年，还有6枚"户县农民画"邮票发行。户县位于陕西中部，秦岭北麓，渭河南岸。这里的农民有喜爱绘画的传统。他们的绘画有历史故事、民间年画、人物花鸟等，也有反映时代风貌的作品。"户县农民画"生活气息浓厚，民间色彩浓烈，画风朴素大方。"老书记"1枚，

舞　狮　　　转　碟　　　蹬　伞

老书记　　　　　　春　锄　　　　　　林茂粮丰

醇厚朴质地刻画了一位农村基层干部的形象。"春锄"有着浓郁的田园风采。"林茂粮丰"画的是秋天的金黄田野，以及蓝天、绿树和清澈的溪水，显现出一派丰收的壮观景象。

1974年是中华人民共和国成立二十五周年，为此共发行了两组纪念邮票。一组是1枚一套的题为"团结起来，争取更大的胜利"邮票，邮票图案是国徽红旗之下，人们汇融在欢庆的气氛之中；另一组是1枚一套的题为"工业学大庆""农业学大寨"和"神圣领土不容侵犯"的邮票，邮票图案中的工农兵形象满溢着时代色彩。

团结起来，争取更大的胜利

1974年所发行的邮票，从套数到枚数，显示出了这是一个"丰茂"的年代。因为各种措施的出台和实施，1974年也成为时代转折的重要一年。

1975年

中华人民共和国第四届全国人民代表大会第一次会议于1975年1月13日至17日在北京举行。周恩来总理在《政府工作报告》中重申了在20世纪内实现"四个现代化"的宏伟目标，大会选举朱德为全国人大常委会委员长，周恩来为国务院总理。

此前，第二、第三届全国人民代表大会均未发行纪念邮票。这一届大会发行了纪念邮票3枚。分别题为"全国各族人民大团结"，邮图是工、农、兵及各界代表欢聚人民大会堂。"新宪法诞生"，邮图是百花映托的《中华人民共和国宪法》，并有红旗背景和"中华人民共和国万岁""伟大的中国共产党万岁"口号。"夺取新的胜利"，邮图是在红旗下的工、农、兵向前奋进。

全国各族人民大团结

新宪法诞生

夺取新的胜利

1975年，邮政部门还发行了一套"乡村女教师"特种邮票。这套邮票是为了纪念"三八"国际劳动妇女节而发行。邮票选择了"乡村女教师"为表现对象。"认真看书学习"，邮图是女教师认真学习毛泽东著作和《人民日报》，并撰写心得体会；"巡回教学"的邮图是女教师深入牧区给牧童上课，背景有草原和小河及高压电线塔；"开门办学"的邮图是女教师正教学生珠算；"水上小学"的邮图是女教师在船上给学生上课，背景是湖水和泊船。这套邮票在"三八"国际劳动妇女节当天发行，也是对农村教育和乡村女教师不平凡业绩的肯定和讴歌。

认真看书学习

巡回教学

水上小学

这一年，体育活动在邮票上有突出表现。

1975年9月，第三届全国运动会在北京举行。比赛项目有成年组28项，少年组8项。另有民族传统体育、飞机跳伞、摩托车和水上摩托艇等表演项目以及幼儿体育表演。参加比赛的运动员是历届全运会最多的，为12 497名，中国台湾地区运动员也参加了比赛。比赛中，有6次打破3项世界纪录，2次平2项世界纪录，197次打破62项全国纪录，144次打破58项全国少年纪录。

认真看书学习

体育为工农兵服务　　发展体育运动，增强人民体质　　新生力量茁壮成长

运动会期间，23 000多人表演了团体操《红旗颂》，规模庞大，气势恢宏。

为这次运动会发行的纪念邮票共有7枚，分别为"认真看书学习""体育为工农兵服务""发展体育运动，增强人民体质""友谊第一，比赛第二""开展群众性体育活动""各民族体育运动蓬勃发展""新生力量茁壮成长"。每枚邮票均印有这次体育盛会的会徽。

1975年，邮政部门还为中国登山队再次登上珠穆朗玛峰发行了特种邮票3枚。

珠穆朗玛峰是世界上最高山脉喜马拉雅山的主峰，海拔8 844.43米，是世界第一高峰。"珠穆朗玛"为藏语"女神第三"的音译。中国登山队曾两次从北坡攀上峰顶。第一次于1960年5月23日，3名中国运动员王富洲、贡布、屈银华首次从北坡登上峰顶。第二次为1975年5月，中国登山队王富洲、贡布、屈银华三人再次从北坡登上珠穆朗玛峰顶。同年9月，中国登山队女队员潘多和8名男队员索南罗布、罗则、候生福、桑珠、大平措、贡嘎巴桑、次仁多吉、阿布钦，再次从北坡登上珠峰。这次登顶，创造了集体登上地球之巅人数最多的世界纪录，并首创了女子从北坡登上世界最高峰的纪录。

美丽的珠穆朗玛峰　　胸怀革命壮志　勇攀世界高峰　　五星红旗再次飘扬在地球之巅

3 枚邮票中一枚为"美丽的珠穆朗玛峰":邮图展现了珠峰的山形,连绵起伏,白雪皑皑,蓝天碧透;恰如美丽的神女,银装素裹,分外妖娆。第二枚为"胸怀革命壮志 勇攀世界高峰":邮图为中国登山队员,骄傲地屹立于世界之巅。第三枚为"五星红旗再次飘扬在地球之巅":邮图为运动员在世界屋脊高举五星红旗的形象;湛蓝的天空背景上,五星红旗分外鲜艳。

1975 年,还有一套优美轻松的"武术"特种邮票发行。

武术作为中华民族的传统文化,历史悠久,传承久远,并有强身健体、锻炼意志的作用。1975 年,国家制定了《必须把武术运动的挖掘整理工作抓好》的方针,推动了我国武术运动的开展。

"武术"特种邮票 6 枚,展现了中华武术中的 6 个精彩项目:刀术、剑术、拳术、枪术、棍术及三节棍对双枪。这套邮票设计精致,富于民族风格,并且在邮票印制的版式上采用了别致的"对倒"组合,使邮票在观览之中,更显明快活泼。

清新的"武术"邮票似在迎接一个新的具有历史意义的伟大转折年头的到来,那就是铭刻在历史上的 1976 年。

刀 术　　　　　拳 术　　　　　三节棍对双枪

1976 年

1976 年,一个大事云集、震撼天地的特殊年代,一个在中华人民共和国历史上充满"传奇"色彩的年代,一个在新中国前进途中出现重大转折的年代。

1976 年,巨星陨落。周恩来、朱德、毛泽东三位开国元勋相继辞世。

1976 年,山崩地陷。唐山大地震,一夜之间一座城市和它的人民消逝了。这是共和国的国殇之刻。

1976 年,又迎来了"江青反革命集团"的倒台,"文化大革命"自此结束。

一位诗人为悲过喜来的 1976 年曾经这样写道:"一举妖氛荡,再造山河壮。迎新旭,金星亮。百花争烂漫,四海齐欢畅。"

这一年的邮票发行,正处于历史的大转折,虽不可能记录下这个年代的种种足迹,但却留

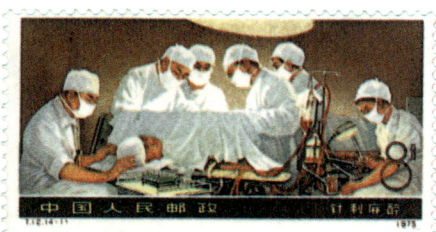
针刺麻醉

中西医结合小夹板治疗骨折

断肢再植

下了这一年的旧痕新彩,并现出了共和国新时期到来的晨曦。

"医疗卫生科学新成就"邮票的发行在一定程度上反映了中国传统医学的成就。

这套邮票共有4枚,反映了当时医疗卫生领域,特别是中医以及中西医结合的新的科学成就。邮票的名称,采用了医学的名词:"针刺麻醉""断肢再植""中西医结合小夹板治疗骨折""中西医结合针技术治疗白内障"。这些在今日还在采用或在发展的医疗方法,当时已经取得了治病救人的成果。这套邮票在选题和设计上,揭示了中国传统医学的深厚积淀,以及中西医结合的发展方向。

"带电作业"在当年是一个彰显工业成就的项目。这项工作指的是在带电的高压输电线路或电气设备上进行维修工作,目的是保证对工农业生产的不间断供电。这种操作在今日仍在保障安全的前提下使用。以邮票反映"带电作业",除带有技术层面的成果之外,还彰显了一种精神力量。这套邮票的发行,显示出重视经济建设,也注意了科学安全的生产。如4枚邮票以4种带电工作为图案,分别是"移动检换防震锤""更换直线绝缘子""机械检修导地线""检修变电油开关"。4幅图片上出现了多种带电作业工具,其中的绝缘手套、绝缘帽子、绝缘鞋、电位均压服等均为安全生产工具。

1976年,中国人民邮政隆重地发行了"胜利

更换直线绝缘子

检修变电油开关

完成第四个五年计划"邮票。这套由 16 枚邮票组成的纪念邮票，鲜明地反映出当时国家对于经济建设的关注。1976 年是执行第四个五年计划的最后一年。在 20 世纪 60 年代，周恩来等国家领导人力挽狂澜，坚持生产，于 1970 年制定了《第四个五年计划纲要》（简称《纲要》）。《纲要》提出，第四个五年计划要初步建成我国独立的、比较完善的工业体系和国民经济体系，促进国民经济新飞跃。到 1976 年，已经胜利完成了第四个五年计划。

为社会主义经济建设辉煌胜利而发行的这套邮票，在 16 个画面上，分别表现了"农田""灌渠""小化肥""纺织""钢铁""煤炭""水电""造船""石油""油港""铁路""科研""牧区小学""公社卫生院""职工宿舍"和"商业"。

这套邮票是 1976 年发行的第一套邮票，以如此多的枚数来表现经济建设，正预示一个历史转折的到来。

农　田

钢　铁

水　电

石　油

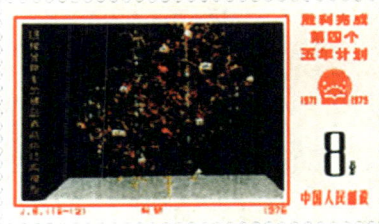
科　研

商　业

1976年9月9日，毛泽东辞世。这一年，在他的83岁诞辰之刻，中国人民邮政发行了一套邮票，以资纪念。这套邮票没有直接切入纪念毛主席的主题，而是以"革命纪念地——韶山"作为邮票主题，刻画了毛泽东故乡的风貌。

韶山毛主席旧居

韶山农民夜校旧址

韶山农民协会旧址

韶山火车站

韶山位于湖南省湘潭县。四周峰峦耸峙。相传虞舜南巡经过此峰，演奏韶乐，因而得名。邮票展现了坐落在韶山之麓的毛泽东故居、1925年毛泽东创办的农民夜校旧址和1927年毛泽东考察湘潭农民运动的旧址等遗址。多年来，全国人民怀着崇拜敬仰的心情，汇涌到韶山。为此，1967年修建了韶山铁路。

在中国历史进程中，1976年是难忘的风云际会的一年，是改变中国命运的一年。

1977年

40多年过去了，"十里长街送总理"的悲痛记忆仍令人们动容。总理周恩来在1976年逝世，在人民心中留下了永远的痛。1977年发行的第一套邮票，就是为敬爱的周总理发行的纪念邮票。

1977年1月8日，周总理逝世一周年，国家邮政发行了4枚一套的"中国人民伟大的无产阶级革命家、杰出的共产主义战士周恩来同志逝世一周年"纪念邮票。这套邮票以庄重的金色为饰边，以寓意深远的松柏、海涛、云霭为饰纹，将一代伟人的英姿和他与人民心连心的关系再现于方寸之中。

敬爱的周总理和大寨人在一起

朱德·毕生精力献革命

周恩来像

朱德·革命为老英雄

这一年的 6 月，又发行了"中国人民伟大的无产阶级革命家朱德同志逝世一周年"纪念邮票，也是 4 枚；设计的风格与纪念周总理的邮票同为一个系列。

1977 年的 9 月 9 日，是毛泽东主席逝世一周年的纪念日。这一天所发行的"伟大的领袖和导师毛泽东主席逝世一周年"纪念邮票，由 6 枚邮票构成一套，依然与纪念周总理、朱德委员长的邮票设计风格相统一。6 枚邮票概括了毛主席伟大的一生。同一天，还发行了"毛主席纪念堂"邮票 2 枚，记录了中国人民对伟大领袖的永久怀念。

1976 年，三大领袖人物相继逝世，政治风云巨变，于是在次年，也就是 1977 年，邮票发行的一个最突出的

毛主席永远活在我们心中

毛主席在陕北

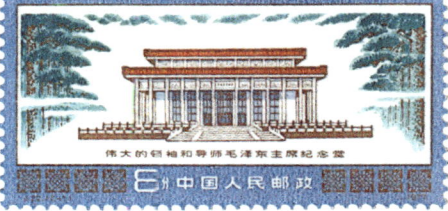
毛主席纪念堂

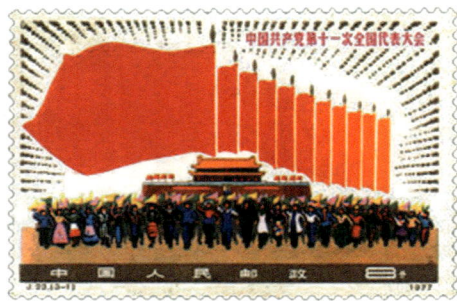
热烈庆祝党的第十一次全国代表大会胜利召开

永远高举毛主席的伟大旗帜

伟大的、光荣的、正确的中国共产党万岁

特点,就是为三大领袖人物发行了同样风格的逝世一周年的纪念邮票。

在1977年发行的邮票中,还记录了这一年的几件国家大事。如"中国共产党第十一次全国代表大会",3枚邮票最醒目的是林立招展的红旗。

1977年,共和国已经迎来了一个新的历史时期。一个正在时代转折中徘徊着前进着的年头,为共和国新的崛起展现着美好的前景。

*1978*年

1978年,这是中国历史上一个里程碑式的年头。这一年召开的党的十一届三中全会,确立了中国改革开放的大政方针。这是唱起"春天的故事"的一年;在这一年,人们看到春风又绿九州天。

1978年,尽管没有发行纪念这次历史性会议的邮票,但是,这一年所发行的25套邮票,已是中华人民共和国成立以来发行量最多的。

主持中央工作的邓小平提出的"科学技术是生产力"的观点,在这一年召开的具有深远意义的"全国科学大会"上得到鲜明的体现。

1978年3月,全国科学大会在北京召开。会上,以"科学技术是生产力"为纲,提出了科学技术现代化是实现四个现代化的关键,包括科技人员在内的广大知识分子是工人阶级的一部分。这次会议使科学、教育、文艺等各个领域的知识分子受到极大鼓舞,成为中国科技在新的历史时期腾飞的契机。时任中国科学院院长的郭沫若为此次大会写下了振奋人心的名篇《科学的春天》。

为全国科学大会发行的3枚邮票,第一枚以"科学的春天"为题,邮图上端为红旗、科技标志和宇宙飞船,下端为天安门,点明大会在北京召开,并象征这次会议将为中国科技的发展带来巨大的推动力。第二枚是"向四个现代化进军"。画面上为黄、蓝、绿、紫四色旗帜,每一旗上的图案象征着农业、工业、国防和科学技术的现代化。第三枚"努力攀登科学高峰"的图案,一面红旗绕地球飞出,穿过正中的科技标志,升向浩翰的宇宙,表达了中国人攀登世界科技高峰的信心。构图简洁、线条清晰、美观大方,具有宣传画的特色。

这3枚邮票,除了单枚印刷外,又以三联张方式发行了至今已属珍贵的小全张,在3枚邮票的下端印上了"全国科学大会 1978·北京"的字样,鲜明大方,点明了邮票的题旨。

全国科学大会 1978·北京

1978年发行的25套邮票中,有近10套邮票属于经济建设领域的,计有:"发展中的石油工业"6枚、"化学纤维"5枚联票、"全国财贸学大庆学大寨会议"2枚、"牧业学大寨,建设新牧区"3枚、"钢铁工业"5枚、"开发矿业"4枚。从能源工业,到财贸牧业,到资源开发,6套邮票描画出我国经济建设的蓬勃气象。

另外有3套邮票内容也属经济建设领域,但却以轻松明快的抒情笔调来表现。

"公路拱桥"由5枚邮票加一个小型张构成。早在1700年前,我国便建造了砖、石结构的拱桥。大跨度的现代拱桥常用钢材建成。这套邮票取材于1978年以前建成的5座公路拱

钻机整伍搬家

化学纤维

发展经济　保障供给　　科学养畜　　炼　钢

掘进尖兵

公路拱桥

桥，反映了富于中国特色的桥梁事业的发展。5枚邮票分别为"川西三号桥"（钢拱桥）、"无锡新虹桥"（双曲拱桥）、"丰都九溪沟桥"（石拱桥）、"川西六号桥"（箱形拱桥）、"三门上叶桥"（桁架拱桥）。桥是人类智慧的结晶，也是科学技术的丰碑，它们横空出世，使千山万水路路畅通。山水之间的拱桥犹若道道彩虹，勾勒出了中国的交通新貌。在一枚大票幅的小型张上更能看出拱桥的美感和力度。

"水乡新貌"邮票的5枚图案连印成五连张，邮图以江苏太湖流域为背景，采用水墨画创作技法，将江南水乡的景色浓缩于方寸之中。"机械插秧""喷灌""选种""五业兴旺""喜送公粮"5枚邮票上的村庄、水田、河流、小桥、湖泊、帆船等景物清晰可见，构成一幅完整的富有诗情画意的江南水乡画，显示了江南秀丽的风景，也反映了江南农业蓬勃发展的面貌。这幅水墨画取名"今日水乡分外娇"，并在每一枚邮票上有一方"水乡学大寨"的朱红篆印，既装饰了画面，也点明了主题。

水乡新貌

我国丰富的"药用植物"，不仅对于中国人民的健康作出了贡献，而且对世界植物分类也产生了重要的影响。1978年发行的"药用植物"邮票，从一个侧面反映了我国民族医药事业的成就与发展。这套邮票上的5种植物是人参、曼陀罗、射干、桔梗、满山红，均为人们所熟知的药用植物。这套邮票以黑色为底，映衬出药用植物秀丽多姿的外形和神秘神奇的内蕴。

曼陀罗

1978年涉及经济建设的邮票主题众多且独特，并在邮票设计上呈现了多样化的"开放"的态势。那种有"轻"有"重"的邮图风格，出现在改革开放的初年，令人耳目一新。

有了明显开放气象的1978年，邮票上还出现了绘画、工艺美术等所谓的"轻"题材。

绘画大师徐悲鸿的杰作，是他的水墨画奔马。其画作透出对马的神情动态做过长期观察研究。他笔下的马，于奔放处不狂狷，在精微处不琐屑，气势磅礴，神态各异，体现出一种雄健壮美的神韵，成为中国绘画的典型与象征。徐悲鸿也被誉为"天下画马第一人"。

1978年5月5日发行的"奔马"邮票，全套10枚、小型张1枚。邮图选取了徐悲鸿最具代表性的奔马画。"奔马"小型张用五色印制，并对照绫子调整墨色，使边饰的色泽效果和真绫接近，几可乱真，使人误以为小型张是用绫子印成的。这套邮票发行后，受到人们的喜爱。在1980年举办的中华人民共和国成立30周年最佳邮票评选活动中，"奔马"邮票和小型张都被评为最佳特种邮票。在邮票市场上，"奔马"邮票价格也一直飙升。

"工艺美术"邮票全套10枚，选择具有代表性的传统悠久的工艺美术品，反映了古往今来

奔 马

奔 马

奔 马

我国工艺美术的精湛水平。其中包括布玩具"大狮子",陶器"三脚羊提壶",漆器"犀牛""荷花圆盘黑天鹅盒",刺绣"小猫头",编织"绿花提篮",景泰蓝制品"孔雀壶",木雕"飞跃",玉雕"旭日东升",牙雕"奔向人间"。精美的小型张为壁画"飞天",全图富丽灵动,意韵动人。

三脚羊提壶(陶器)

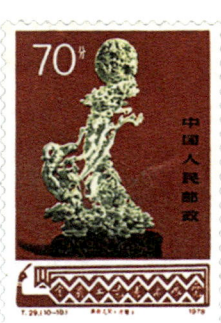

奔向人间(牙雕)

飞天(壁画)

1978年，25套邮票，从"大"主题到"小"内容，从"重"风格到"轻"色彩，一股春意盎然的清新直面而来。那是中国迈入新的里程碑的标志。改革开放的日子，从这一年开始了。方寸邮票虽没有直接点题，但体味与感受往往更切实地表达了一个新时代的到来。

*1979*年

1979年，一个改革开放的年代。这一年所发行的邮票超过了1978年，以28套之多，是30年之最。

这一年的重大事件几乎都出现在方寸之中。

中华人民共和国成立30周年，那是共和国的"而立之年"，纪念邮票出了5组。包括了共和国象征"国旗""国徽""国歌"以及"欢庆"的四连票，工、农、国防、科技"四个现代化"的4枚邮票，计有13枚之多。这枚"国歌"邮票使用了新改的歌词。

中华人民共和国第四届运动会邮票虽只一枚，但运用了纪念邮票少用的小型张形式，凸显了作为改革开放之始的这届运动会的重要性。

中国文学艺术工作者第四次代表大会，1979年10月30

国 歌

欢 庆

中华人民共和国第四届运动会

日在北京召开,邓小平代表中共中央、国务院在大会发表讲话。为这次大会发行的纪念邮票共2枚。一为"文化的春天"。邮图是落英缤纷的舞台,上置一个由调色板、竖琴、孔雀舞和彩带组成的大花篮,象征了文艺春天的到来。二为"百花齐放,百家争鸣"。邮图是篆刻的"百花齐放""百家争鸣"8个字。海外集邮者称其"体现了中国篆刻艺术的精美"。

百花齐放,百家争鸣

为伟大的新长征贡献青春

"五四"运动在1979年正逢60周年的纪念日,2枚邮票表达了60年后青年人所面临的历史任务,那就是"新长征"。其中一枚邮票题为"为伟大的新长征贡献青春"。

"新长征"就是从1978年开始的改革开放的重大使命。这不仅仅是青年的使命,也是全民的使命。沐浴着1978年全国科学大会的春风,在1979年又发行了有关发展科技的邮票,只不过这次的主题是青少年。

为了响应"向科学技术现代化进军"的号召,为了教育青少年从小养成热爱科学的良好风气,鼓励青少年的科技创造发明活动,1979年10月,在北京举办了"全国青少年科技作品展览"。展品种类繁多,选材广阔,构思巧妙新颖,显示了中国青少年的聪明才智和创造潜力。为此发行的1枚邮票,图案为展览会徽。画面正中的两个绿色芽瓣和根芽,象征着青少年正像茁壮成长的幼芽,孕育着无限的生命力。

会 徽

同一天,国家邮政又发行了一套特种邮票,由6枚邮票和1枚小型张组成,题为"从小爱科学"。

在1978年的全国科学大会上,邓小平同志指出,以科技为生产力,实现社会主义"四个现代化"建设,"这是我国历史上空前伟大的事业,是我国人民在半个多世纪以来梦寐以求的理想。为了完成这个事业,我们必须极大地提高整个中华民族的科学文化水平。"从"全国青少年科技作品展览",到"从小爱科学"的主题,都贯穿着科学技术从小抓起的指导思想。这套邮票的6个邮图涉及青少年科技的6个领域:航模、医学、天文、生物、气象、船模。而小型张则是一位少女在展开的书本前静静沉思。这枚小型张至今在邮品中弥足珍贵。

1979年,注重经济建设的邮票主题也频频出现。如"铁路建设"的3枚邮票将"电力机车""铁路新线""铁路大桥"尽收方寸之中。而"人民公社五业兴旺",更以美感的具象的画面将农、林、牧、副、渔五业书写于小小的邮资凭证上。

观览这一年的邮票,会有视野宽阔之感。古今中外,尽收眼底。其中,"今"与"中"之题材比比皆是,且已作了表述。只以"古"与"外"为例,这一年邮票中,"古"就有"中国绘

从小爱科学

电力机车

水乡牧鸭(牧业)

画·长沙楚墓帛画"邮票的发行。

长沙楚墓为东周时期楚国墓葬，出土文物数以万计，其中帛画《龙凤引魂升仙》和《人物驭龙》，是迄今所见最早、最完整的绘画作品，尤为珍贵。2 枚邮票以这两幅画为图案，笔触细腻，色彩古朴，充满艺术魅力。《龙凤引魂升仙》画有一侧身伫立妇女，其身着缀绣卷云纹的宽袖长袍，袍裾曳地状如花瓣，发髻

《龙凤引魂升仙》帛画

《人物驭龙》帛画

下垂，顶有冠饰。其头部前方有一硕大的凤鸟引颈张喙，双足作腾踏迈进状，动态似飞。画面自下而上又绘一条张举双足、体态扭曲向上升腾的龙。《人物驭龙》画有一侧身执缰男子，头盖高冠，身着长袍，腰佩长剑，正驾驭一条状似舟形长龙。龙首高昂，龙尾上扬，并站一只长颈仰天之鹤，龙首下部有一游动鲤鱼。

中国文学史上的古典"四大名著"，流传久远，深入人心。1979年，名著之一的《西游记》首次进入邮票之中。这是后来相继发行"四大名著"邮票的先声。"中国古典小说——西游记"以8枚精致的邮票组成一套，有"水帘洞""战哪吒""蟠桃园""八卦炉""打白骨""芭蕉扇""盘丝洞""取经路"。邮票设计吸取了京剧和动画片特点，运用民间年画的处理方法，工笔单勾，重彩浓染，略有夸张，使以孙悟空形象为主的邮图鲜明生动地再现了名著《西游记》的艺术魅力。

水帘洞

打白骨

取经路

爱因斯坦像

白求恩·鞠躬尽瘁

"外"之题材为数众多。如"纪念爱因斯坦诞辰一百周年""纪念'五一'国际劳动节九十周年""诺尔曼·白求恩逝世四十周年""国际档案周"等，均是涉"外"题材。其中，对于物理学家爱因斯坦的纪念，更是体现了当时对于科技的重视与尊重。

此外，这一年还专门为国际的集邮活动发行了特殊的很有分量的邮票。这也是一个大胆的开放性举措。

1979年8月，我国参加了意大利"里乔内第31届国际邮票博览会"，并发行了小型张。有趣的是，这枚小型张不是新设计、新印制的，而是在同年发行的"万里长城"小型张上加印"里乔内第31届国际邮票博览会·1979年"字样而成。这是我国第一枚加字小型张。

1979年11月，中华人民共和国邮票展览在香港举行，为此发行的小型张也是加字形式，即在同年发行的"山茶花"小型张上加印"中华人民共和国邮票展览·一九七九年　香港"字样。这两枚小型张现已成为集邮者收藏的珍品。

　　1979年的邮票发行，题材广泛，数量众多，展陈观览，一股清新之气扑面而来。这是改革开放之始欣欣向荣的新气象的体现。这一年是中国邮票发行历史上重要的转折点。

万里长城山海关

云南山茶花

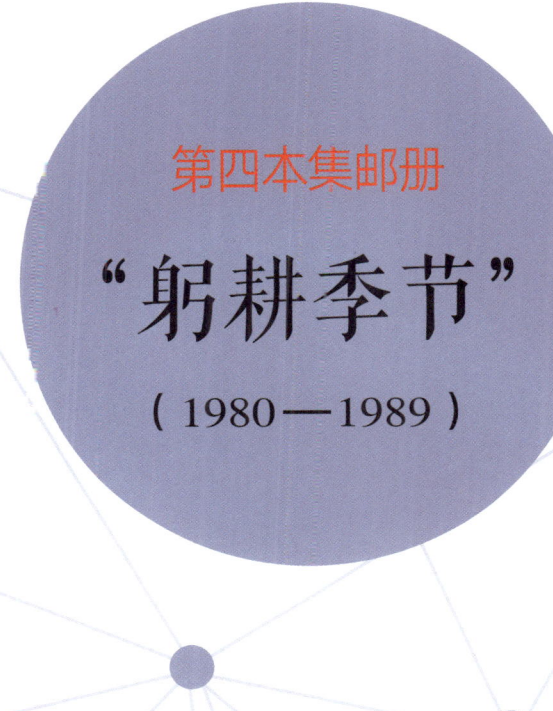

第四本集邮册

"躬耕季节"

(1980—1989)

提　　要

　　1980年到1989年，这是中华人民共和国一个奋进的"躬耕季节"。

　　这是一个咏唱"春天的故事"的年代。人们仿佛又回到了中华人民共和国创业初始的纯情岁月。不过，这时已有了完全不同的改革开放的大背景，已有了从未有过的市场经济新浪潮的大推动，已有了与世界并进接轨同行的大视野，已有了以"躬耕"实现强国之梦的大目标。

　　这10年在邮票的方寸之间，处处留下了在这样的大背景、大推动、大视野、大目标下"躬耕季节"的生动图景。

1980年

一枚面值仅仅8分的邮票，时隔近40年，其价格竟然上涨了数万倍。这样的升值速度，不仅在中国邮票史上绝无仅有，在世界邮票史中也难找到。这是一个"奇迹"。邮票市场价格的涨落，在这枚邮票上有了最鲜明的体现。

改革开放的一个重要标志，就是要建立和完善社会主义市场经济体制。有趣的是，这枚邮票恰恰是改革开放的早期1980年发行的，无疑人们可以将其视作那个年代"市场经济"的一个象征。

这枚生肖邮票"庚申年"是绘画大师黄永玉笔下的一只活泼可爱的小猴子。经过邮票设计师和雕刻师的精心创作，一枚精美的小"金猴"横空出世，其价格成为市场经济浪潮中"一个筋斗翻了十万八千里"的"传奇"，它也成为改革开放年代市场经济进入集邮市场的一个标志。

作为1980年邮票发行的一个"龙头"，这只眼睛炯炯有神的金猴，开启了生肖邮票的系列：从庚申年即猴年始，我国每一年连续发行生肖邮票，至今发行已进入第四轮。

金　猴

这一年共发行了24套邮票，数量虽不如前，但其中竟有一半是过去当作风花雪月的"轻"的题材。只要历数其名，便显见之。如"齐白石作品选""京剧脸谱""风筝""童话——咕咚""梅花鹿""荷花""桂林山水""苏州园林——留园"等。

其中，"齐白石作品选"有特种邮票16枚，给了一位中国当代国画大师以殊荣。

齐白石（1864—1957），湖南湘潭人。早年曾为木工，后结识当地文人，学习绘画、诗文、篆刻、书法，并以卖画、刻印为生。40岁后5次游历各地写生。整理游历所得，作《借山图卷》50多幅，是他早期山水画的重要作品。57岁后定居北京。在绘画上，齐白石融合传统写意画和民间绘画的表现技法，形成独特的艺术风格。其擅画花鸟鱼虫，亦画山水人物。篆刻则多取法汉代凿印，布局奇异拙朴，刀下劲辣有力，蔚成一家之风。齐白石一生共画4万多幅画，写诗1 000多首，治印3 000多方，为后世留下了丰富的艺术珍品。1953年他90岁生日时，被文化部授予"人民艺术家"的荣誉称号。1955年又荣获国际和平奖。他曾被选为中国美术家协会主席，并任中央美术学院名誉教授。

1980年1月15日，为展现齐白石伟大的艺术成就，邮电部发行了"齐白石作品选"大套特种邮票。邮图均采用齐白石60岁以后的作品，按顺序分别为"牡丹""松鼠葡萄""酒蟹图""蛙声十里出山泉""小鸡""荷花""红梅""翠鸟""葫芦""秋声""藤萝""菊花""虾""荔枝""白菜蘑菇""桃"。此外，还发行有一枚绘有画家肖像的小型张。

通过这套邮票中的一草一木、一鸟一石，让人们领略到齐白石艺术世界的无限风光。

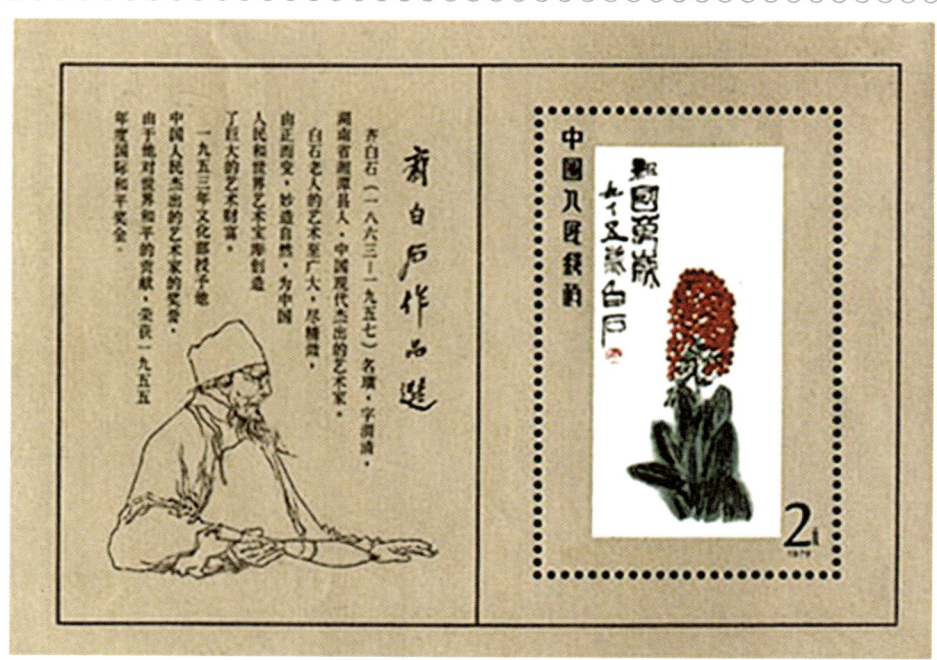

齐白石作品选

牡　丹　　　酒蟹图　　　荷　花　　　葫　芦　　　虾

　　中国传统戏剧中的脸谱是一门独特艺术。它不是面具,也不是单纯的化妆艺术,而是剧目中人物角色面部象征性特殊表达形式。以各种色彩勾画的多纹样图案,从面部体现出不同人物在性格、地位、行业乃至对其历史评价等方面的概括性的特征。各种人物各具特色的谱式和色彩,寓意爱憎褒贬,分辨善恶忠奸。在同一谱式中,人物不同,则各部位的线条勾画和色彩处理也不同。

戏剧脸谱迄今已有数百年历史。据考,最早从唐代乐舞的"代面"面具及参军戏的涂面演变而来。在宋元杂剧中,也有鼻部涂以白粉的丑角脸谱。现代脸谱主要用于净角、丑角。脸谱艺术在19世纪初京剧形成后有了很大发展。

京剧脸谱是以象征和夸张的手法表现人物角色,有极强的装饰感。就其运用色彩而言,红为忠勇,白为奸诈,黄、黑则分别表现彪悍和浑厚。京剧脸谱邮票8枚,展示了"孟良""李逵""黄盖""孙悟空""鲁智深""廉颇""张飞""窦尔敦"8种不同类型的角色,各具特色。

孟　良　　　　　李　逵

孙悟空　　　　鲁智深　　　　张　飞

孟良是宋朝爱国将领杨六郎手下的一员战将,其脸谱多用红色,表现他为人正直、忠勇及乐观性格。

李逵的脸谱构图式样为碎脸,有花鼻窝。黑色及暗色的运用使李逵这个人物显得勇猛凶悍、粗鲁豪放;耳边一朵红花又表现了他奔放不羁的江湖好汉气概。

孙悟空是中国古典神话小说《西游记》中创造的人格化的猴子。他的脸谱从真猴幻化而来,生动活泼,机智顽皮,于艺术夸张处显现逗人喜爱的性格。

鲁智深，眉似孔雀，前头后尾。面宽口阔，眉角有笑纹，象征其性格豪爽，心胸坦荡；眼窝下的智慧纹又透出其精明与细心。

"猛张飞"在京剧脸谱中为蝴蝶脸，表现了他粗中有细、豪放开朗的性格。

风筝又名纸鸢，是中国民间的传统游戏，又是一个美好的民俗活动。我国的风筝历史悠久，据传春秋时期有工匠鲁班，用木头做了一个木鸢用以窥探宋国景况，后以纸代木，称为纸鸢，一直流传至今。

北京的风筝有悠久的传统，其中最别致的是沙燕。其细分有肥燕、瘦燕、比翼燕、雏燕、半肥燕、半瘦燕等多种。由于骨架尺寸的变异，外观上表现出了不同的寓意。在北京的许多风筝中，最典型的制作是雏燕、肥燕、瘦燕和比翼燕这四个种类。

雏　燕　　　　　　比翼燕

1980年5月10日发行的"风筝"特种邮票，全套4枚。邮图均是北京的传统沙燕风筝，第一枚为"雏燕"，表现的是一只胖胖的可爱的小燕子。第二枚为瘦燕。第三枚为半瘦燕。第四枚为象征爱情的"比翼燕"。

留园是苏州四大古代名园之一，原为明朝徐时泰的东园。清朝嘉庆三年刘姓园主在东园旧址修建寒碧山庄，又称刘园。因刘、留同音，故又称留园。留园中部置水，临水建有假山、亭台楼阁和长廊；廊壁嵌有历代书法名家的石刻三百多方，被称为"留园法帖"。园东部为建筑群，极尽富丽，显出古代江南官宦的奢靡之风。园西部是假山，遍种枫树；园北部则是桃园，称为"小桃坞"。江南园林讲究山、水、楼、树的布局。留园以连绵不断的建筑把景物分开，但又通过窗樘沟通，与景物连成一体。中国古代美学认为，感悟自然美时，既要与景物隔开，又要将自己的心情、体会融于景物之中。留园堪称古代美学的典范之作。

"苏州园林——留园"邮票共4枚，展现的是留园四景，同时又兼以四时季节加以烘托。第一枚"春到曲溪楼"，第二枚"远翠阁之夏"，第三枚"涵碧山房秋色"，第四枚"冠山峰晴雪"。

春到曲溪楼　　　　　　　　冠云峰晴雪

1980年，改革开放刚刚开始不久，在邮票上仍可以看出这个年头对于科学技术和经济建设的重视。

中国科学技术协会第二次全国代表大会于1980年3月15日至23日在北京召开。这次大会的任务是：贯彻党的十一届三中全会以来的路线、方针、政策，动员全国科技工作者在中国共产党的领导下，更紧密地团结起来，同心同德，群策群力，为实现科学技术现代化，为把中国建设成现代化的社会主义强国而奋斗。这次大会确认了"科学技术协会担负着动员和组织广大科学技术工作者积极参加祖国四个现代化的伟大建设、广泛开展学术交流、普及科学技术知识，以及同世界各国科学技术群众团体进行科学技术交流"的性质和任务。

中国邮政为这次大会发行了纪念邮票。

这一年还发行了一套建设成就邮票："首都国际机场"。

为适应改革开放的交通运输需要，首都机场进行了扩建和新建，已成为当时中国规模最大、技术设备最现代化的民用机场。机场可以在复杂的气候下保证各种型号的飞机昼夜起落。新建的候机大楼壮丽雄伟，从空中鸟瞰，好像一架展翅欲飞的巨型飞机。首都机场有通往

飞 天

全国各地的航线和多条国际航线，它是中国民用航空的枢纽。

这套邮票共2枚。一为"机场大楼"，另一枚为"飞机跑道"。邮票设计者不以写实手法表现跑道与飞机起飞情景，而是通过富于现代感的艺术化语言反映了主题，具有很大的艺术感染力。

奥运会是中国人民的一个梦想。早在1980年，就有两套这一题材的邮票发行，足见我国与奥运渊源的久长。

1979年11月26日，国际奥委会恢复了我国的合法席位。1980年2月，在美国普拉德湖举行了第十三届冬季奥

飞机跑道

运会，中国体育代表团第一次派队参加。共派出28名男女运动员，参加了滑冰、滑雪、现代冬季两项等18个单项的比赛。

为此，中国邮政发行了纪念邮票。这套邮票共4枚。其一为"中华人民共和国奥林匹克委员会会徽"；其二为"速滑"；其三为"花样滑冰"；其四为"滑雪"。后3枚均为中国选手的参赛项目。

中华人民共和国奥林匹克委员会会徽

花样滑冰

1980年，正值中国重返国际奥委会一周年之际，中国邮政发行邮票以资纪念。

1896年，奥委会召开首届运动会，曾向中国发出邀请，因清政府闭关锁国，未予理睬。1922年，中国正式得到国际奥委会的承认。1956年，中华人民共和国中断了与奥委会的来往。1979年11月26日，国际奥委会通过表决，恢复中华人民共和国在奥委会中的合法权利与席位。

这套纪念"中国重返国际奥委会一周年"的邮票，设计新颖，具有浓郁的民族风格，手法近似中国古代的浮雕拓片。邮图以深棕色突出人体运动造型，背景衬以不规则的白色曲线，并着以艳而不俗的底色，使画面富于动感和力度。作为衬底的国际奥委会会徽——五环标志，则象征了中国运动员将发扬奥林匹克精神，创造出优异成绩。邮票全套5枚，画面分别为"射击""体操""跳水""排球"和"射箭"。这套邮票是我国体育题材邮票的代表作，充分反映了我国人民对体育的热爱和对奥林匹克运动的关注与期盼。

1980年，还有以中国与国际交流为题材的邮票问世，反映了开放的中国走向世界的英姿伟态。

体　操　　　　　　排　球　　　　　　射　箭

鉴真，中国唐代高僧。自幼出家，14岁住扬州大明寺，后到长安、洛阳游学深造。他宣扬"戒律"，精通"三学三乘"，对佛经有很深的造诣。26岁时，他开始讲授戒律，46岁即获"授戒大师"称号。唐朝时代，中国与日本文化贸易交流十分频繁。日本曾派遣唐使到长安学习中国的文化和先进的科学技术；唐朝也有志士仁人东渡日本，传授中国文化和文明，鉴真和尚就是其中最著名的一位。公元763年春，鉴真的日本弟子们为他雕塑了一尊与真人同样大小的干漆坐像。此后不久，鉴真逝世，享年76岁。

1980年，日本佛教界友好人士将供奉于奈良市唐招寺的鉴真大师像运回中国巡展。为了庆祝这一友好行动，中国邮政发行了这套"鉴真大师像回国巡展"邮票。

这套邮票共3枚。一枚为"扬州鉴真纪念堂"，表明中国人民仍怀念这位伟大的文化使者；另一枚为"鉴真大师像"；最后一枚为"鉴真东渡船"，重现了鉴真东渡日本的艰难情景。当时中国航海技术还不发达,东渡日本并非易事。据记载,鉴真东渡日本,11年里曾5次受挫,由于长期奔波,积劳成疾,双目失明,但他仍不动摇。鉴真和尚的坚韧意志和献身精神,成为中日文化史上的佳话。

20世纪的70年代,国际形势发生了巨大变化,中、美两国关系走向缓和。1972年2月,美国总统尼克松访华,并在上海发表《中美联合公报》,标志着两国关系开始了正常化的进程。1979年1月1日,中美两国正式建交。此后,两国关系在各个方面都取得了较大的发展。

1980年9月至12月,中华人民共和国展览会先后在美国的旧金山、芝加哥、纽约展出,借以介绍中国的经济、文化和历史。

当时,中国邮票总公司也派员参加了展览会,并在展览会内设了中国邮票馆。因此,"中华人民共和国展览会"作为一次中国官方在境外举办、参加的邮票展览而载入了中国集邮史册。中国展览会所到之处,受到美各界广泛欢迎。为纪念这一中国对外交流史上的重大事件,邮电部特于展览会开幕日发行了"中华人民共和国展览会"纪念邮票,全套2枚。

鉴真大师像

鉴真东渡船

邮票以具有浓郁中国民族特色的艺术手法进行设计。第一枚为"庆祝开幕"。邮图下绘雕梁画栋的展览会大门,门檐上悬挂三盏红色宫灯;邮图上有飞天女散花,这一形象借鉴了中国古代艺术宝库——敦煌壁画中的飞天女,线条飘逸,色彩绚丽,极富装饰美。邮图正中是主题文字"中华人民共和国展览会"。整个画面设计对称和谐,结构精巧,富于中国气派,具有很强的艺术感染力。

邮票的第二枚为"友好往来"。邮图正中是中国古代建筑——长城。四周饰以红色门框,外缘长方,内缘拱形,宛如雄伟的城门;从门中可望到万里长城。门框上端有金黄英文字CHINA(中国)。邮图背景是美国旧金山的金门桥、芝加哥的大理石大厦、纽约的世界贸易中心双塔。这些建筑作为三个城市的象征,又用中国喜庆的祥云连贯起来。宛转流逸、韵律优美的祥云,犹如一根美丽的彩带,寓意着中美两国以友谊的纽带相连接。祥云四围还点缀了鲜花,以映衬喜庆气氛。

庆祝开幕

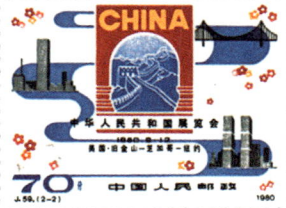

友好往来

这套邮票还印制了2枚小版张在美国的展览会上发售。因其印量较少,且又在国外发售,故在中国集邮界已是较名贵的珍品。

1980年，从金猴出世到邮花开到海外，这是中国走向开放的一年。从这一年开始，我们同样可以在邮票上看到一个朝气蓬勃的国家正在崛起。

1981年

　　1981年，邮票发行达27套，也是数量颇多的一个年头。而内容却集中在经济建设、对外交流、体育运动和传统艺术4个主题上。这4个主题正反映了改革开放最初年代的基本面貌。

　　"传邮万里　国脉所系"，邮政通信是国家经济建设的基础设施，直接关系到国计民生和国家的命脉。周恩来的题词深刻地揭示了邮政通信的重要作用。

周恩来同志题词"传邮万里　国脉所系"

　　1940年5月9日，周恩来在会见中华邮政总局驻西安第三军邮视察段总视察林卓午先生时，亲笔书写了这个题词。林卓午先生在抗战时期以少将军衔主管地方邮政，为改变国共通邮停滞状况作出了贡献。

　　1981年5月9日，邮电部为纪念全国人大发出的促进"国共第三次合作、完成祖国统一大业"号召，为纪念周总理题词41周年，发行了纪念邮票。邮图以周恩来的题词手迹为主体，白底黑字，对比显明，简洁庄重。

　　同在1981年的5月，中国邮政还发行了"世界电信日——电信与卫生"邮票。1865年5月17日，法国、德国等20多个国家在巴黎签订了《国际电报公约》，并成立国际电报联盟。1932年改称国际电信联盟。1969年联盟决定，将其成立日——5月17日定为"世界电信日"。每年此时，各会员国均开展纪念活动。

世界电信日——电信与卫生

　　这套邮票只1枚，邮图上方分别是国际电信联盟及卫生组织的标志，五彩交织的线条表现了这一年的世界电信日主题——电信与卫生，并恰好巧妙地构成"81"字形，点明了年代。图案在对称稳重中，以流畅的线条使画面静中有动。

　　在经济建设中，改善劳动条件、保护劳动者的安全和健康，是我国政府的一项重要政策，也是现代化企业管理的一个基本原则。为此曾颁布了一系列安全生产的法规和条例，并拨出劳动保护经费，推动了工矿企业的安全生产。1980年，由国家经委、劳动总局、建委、农委、公安部、卫生部、中华全国总工会等10个单位发起，在中国建立"安全月"制度。1980年5月，我国开展

矿山安全

农林安全

了首次"安全月"活动。为了配合一年一度的全国"安全月"活动，1981年邮电部发行了一套纪念邮票，分别介绍了基建安全、矿山安全、交通安全和农林安全。

在经济建设中，产品质量是衡量一个国家工业技术和管理水平的重要标志，也是判断人民生活水平高低的依据。国务院在1978年决定：每年9月在全国开展"质量月"活动，以树立"生产优质品光荣，生产劣质品可耻"的风尚。1981年9月是第四个质量月，邮电部发行了一套纪念邮票。

银质奖章

开放年代的对外交流日益频繁。这反映在1981年所发行的邮票中。

1981年10月，亚洲议员人口和发展会议在北京召开。出席会议的有约30个国家的议员代表团，近20个国际组织派观察员参加会议。会议的主要议题：研究亚洲地区人口、资源和发展的趋势、规划与政策。

亚洲地区人口约占世界人口的2/3。亚洲地区人口对世界有很大影响。因此，这次亚洲议员人口和发展会议，具有重大的现实意义和历史意义。

为"亚洲议员人口和发展会议"发行的纪念邮票，共2枚。一枚为"协调"。设计者用成人和儿童、麦穗、楼房、飞机的形象组合，代表了人们的衣、食、住、行，每种形象衬一底色，利用色彩重叠出五彩缤纷的效果，构成一个宛如细长花瓶的造型。上端有各色花瓣，象征着人口和发展协调并进的美好前景。另一枚为"启示"。邮图的卵形物表示生命，黄、橙、红三色，有扩大膨胀之感。容器中的液体用暗、重的冷色，表示收缩。画面中，由于重压，液体正溢于器外，象征着人口不协调的剧增对社会发展造成的巨大压力。2枚邮票的构思奇特，色彩瑰丽，以抽象的形式从正反两个方面表现了人口和发展必须协调一致的主题。

1981年，国家邮政还为在日本举办的"中华人民共和国邮票展览"和"国际残废人年"等国际性活动发行了纪念邮票。

在世界体育运动中，我国的一个"小球"和一个"大球"势拔头筹。那就是乒乓球和排球。

1981年4月，在南斯拉夫诺维萨德举行的第三十六届世界乒乓球锦标赛上，中国运动员

协　调　　　　　启　示　　　　　友谊之花　　　　国际残废人年

囊括了全部7项比赛的冠军，并获5个亚军，3个第三名，开创了乒乓球运动史上荣获金牌最多的纪录。在这届锦标赛上，中国运动员阵容强大、新手辈出，团结一致、奋力拼搏，终于为祖国争得了荣誉。

为此，中国邮政发行了"中国乒乓球队荣获七项世界冠军纪念"纪念邮票，全套7枚。邮票将"世乒赛"的7项冠军奖杯作为主图。在邮图右上角绘有第三十六届世界乒乓球锦标赛会徽：由4个乒乓球拍交叉构成方形，中心是一个乒乓球。这套邮票还将团体与单项奖杯分别制成两种版式，边饰及过桥副票中因含有运动员击球、我国国旗及本届会徽等多种乒乓球专题信息而深受各国集邮爱好者青睐。

1981年11月，在日本举行的世界杯排球赛上，中国女排以七战七胜的成绩，一举击败了各路劲旅夺得冠军。这次比赛牵动了亿万中国人的心，振奋了民族精神。

2枚一套的"中国女排获第三届世界杯冠军"邮票分别刻画了中国女排的"顽强拼搏"和"为国争光"。

1981年，中国的这个"新时代"处处洋溢着"春天"的气息。这股清新的气息也飞到了邮票的方寸天地之中。这一年，以中国传统艺术和自然风光等为题的邮票就发行有13套之多。

其中饶有特色的是一套"宫灯"，6枚邮票将秀丽精雅的宫廷花灯展现在了方寸画幅之上。这些宫灯均为紫檀骨架制作的饰有珠穗流苏的挂灯。

宫灯是我国特种手工艺品。由于长期为宫廷使用，除照明外，还要配以精细的装饰，以显示帝王的富贵和奢华。正统宫灯造型为八角、六角、四角形，画屏图案多为龙凤呈祥、福寿延年、吉祥如意等。宫灯用料极为考究，多是红木、紫檀木、花梨木、楠木等贵重木材，甚至用金银装饰，并以精细的雕、镂、刻、画全面技艺制作。

辛亥革命后，宫灯成了古玩。1915年北京宫灯首次送到巴拿马万国博览会展出，并获金奖，从而蜚声海外。

为国争光

花篮灯

牡丹灯

中国乒乓球队荣获七项世界冠军纪念

中国乒乓球队荣获七项世界冠军纪念

俗话说，"盆景小山水，山水大盆景"。中国是盆景艺术的发源地。从发掘出的新石器时代的陶片上可以看到刻有盆栽万年青的图案。此后，盆景兴于唐宋，盛在明清。

盆景是通过在花盆中培植花草树木，再配以适当的山石流水，构成一种自然景色的缩影，陈于室内几案或庭榭之中，供观赏之用。

盆景可分为树桩盆景和山水盆景两大类。"盆景艺术"邮票以树桩盆景为图。这套邮票共6枚，盆中景观各异，有的主干横卧，形如筏浮于水；有的主干亭亭玉立，冠如华盖；有的树木若临绝壁，成危然之势；还有的露根于奇石之上，颇具古朴典雅之风。盆景缩龙成寸，以小见大，将大自然丽景再现人前，于庭舍之间即可一览绝妙山水，被人们誉之为"无声的诗，立体的画"。

榔榆　　　　　　　　　　翠柏

中国陶瓷，源远流长。早在新石器时代先祖就已经制造和使用了陶器。陶瓷在宋代进入了蓬勃发展时期。磁州窑是北方最大的民窑体系，以制作瓶、罐、盆、碗、枕、盘等日用陶瓷为主，纹饰取材自当时生活，线条流畅、画面朴实。白底黑彩是磁州窑品的典型装饰方法。其风不仅具有中国传统水墨画的艺术效果，而且纹饰因罩釉层而不致磨伤。元磁州窑制品构图严谨、典雅古朴，且形象生动活泼，展现了宋元时期的社会风俗。

"中国陶瓷——磁州窑系"邮票共6枚，分别为"宋代双虎纹瓶""金代黑釉剔花瓶""元代双凤纹罐""元代龙凤纹扁壶""现代杏花双耳瓶""现代双虎耳樽"。从宋元时代直至1949年中华人民共和国成立的磁州窑制，纵贯千年，将磁州窑的发展脉络和代表作悉数现于邮花之上。

宋代·双虎纹瓶　　　　元代·双凤纹罐　　　　现代·双虎耳樽

《红楼梦》是中国古代优秀的长篇小说,也是世界文学宝库中的珍品。《红楼梦》一百二十回,百万余言,以贾宝玉和林黛玉的爱情故事为主线,描绘贾、史、王、薛四大家族的兴衰历程。作品中400多个人物,皆为独具个性、栩栩如生的艺术典型。除最具代表性的封建叛逆者贾宝玉和林黛玉外,还有一个包括林黛玉在内的女性艺术形象群体,那就是"红楼梦——金陵十二钗"。这套邮票共12枚,邮图上飘逸着"金陵十二钗"美丽动人的倩影。

这"十二钗"有"黛玉葬花""宝钗扑蝶""元春省亲""迎春诵经""探春结社""惜春构图""湘云拾麟""李纨课子""凤姐设局""巧姐避祸""可卿春困""妙玉奉茶"。"红楼梦——金陵十二钗"邮图采用了中国古典小说传统的绣像形式,设计者突出塑造了人物性格,并为"十二钗"安排了特定的环境加以映衬。

黛玉葬花　　　宝钗扑蝶　　　探春结社

湘云拾麟　　　凤姐设局　　　可卿春闲

这套邮票还配有一枚小型张,突出了《红楼梦》的主人公贾宝玉和林黛玉,题为"双玉读曲"。在花团锦簇的大观园,一对有情人在读情溢卷外的《西厢记》。

1981年,邮花簇簇,既厚重又清新,既浩阔又精细,映出了一个日益开放的国度欣欣向荣的新气象。

双玉读曲

1982年

  请看 1982 年的一个系列性的邮票选题——"国际饮水供应和环境卫生十年""九星会聚""中国人口普查""第二次联合国探索及和平利用外层空间会议""中国地质学会成立六十周年""世界粮食日"等。这些本不连贯的主题，其内涵是一个人类共同关心的课题。这些邮票从浩渺的宇宙到地球上的地质、饮水、人口与粮食，几乎囊括了生态链上的所有重要领域。也就是说，早在我国改革开放之初，在我们的发展中，已经关注到了人类与自然的和谐共存。尽管只是观念还没有实现，但从邮票上所反映出来的这些先进的观念，已经开始与国际接轨。

清水和儿童　　　　　九星会聚　　　　　中国人口普查

造福人类探索未来

中国地质学会成立六十周年纪念

世界粮食日

1982年，有诸多的中外名人走进了邮票的方寸天地。中国邮政为纪念中华人民共和国名誉主席宋庆龄同志逝世一周年，发行了2枚邮票。

宋庆龄同志在政协第一届全体会议上讲话

第一枚以1949年9月宋庆龄同志在中国人民政治协商会议第一届全体会议上讲话的照片为邮图。在这次会议上，她热情洋溢地说："让我们现在就着手工作，建立一个独立、民主、和平与富强的新中国，和全世界的人民联合起来，实现世界的持久和平。"

第二枚为"宋庆龄同志肖像"。邮票主图在一束盛开的黄色香石竹花背景下，宋庆龄慈祥而睿智地看着人们。黄色香石竹花是宋庆龄同志生前最喜欢的花，以其为衬，蕴含深意。

这一年还为中国杰出的作家、诗人、历史学家、剧作家、考古学家、古文字学家、社会活动家郭沫若诞辰90周年发行了纪念邮票。郭沫若一生才华横溢，著述等身，并为中国革命和社会主义文化建设作出了卓著贡献。

宋庆龄同志像

郭沫若早年的划时代诗集《女神》里有一首长诗《凤凰涅槃》，诗中借佛学中生死循环、不断升华的观念，写一对凤凰衔草自焚，以求自身的新生与完美。凤凰，是郭沫若对于祖国的美好比喻，也是他的理想的象征。因此，这套邮票的2枚邮图均在下边框绘有一对寓意深远的凤凰图案。邮票均为郭沫若的肖像。

为纪念人民音乐家聂耳诞辰70周年，国家邮政发行了1枚邮票。

郭沫若在工作

作曲家聂耳（1912—1935），中国现代音乐史上的杰出人物，

"国歌"作者。这套邮票就1枚,邮图为聂耳肖像。其右是被确定为中华人民共和国国歌的《义勇军进行曲》曲谱。邮票设计淡雅、匀称,肖像与曲谱有机结合,形成一个完美的整体。

聂耳像

1982年,"中国古代钱币"特种邮票发行。此前,中国最早的货币——天然海贝就跃上了邮图,那是1981年发行的"中国古代钱币"第一组中的一枚。

商周时代,海贝一直是重要的货币。随着金属冶炼技术的发展,金属货币取代了海贝。从西周至战国时期,金属货币主要有布币、蚁鼻钱、爰金、圜钱四种。秦始皇统一中国后统一了币制,这就是圆形"半两"钱。这种方孔圆钱奠定了中国封建王朝铜钱的基本形制,一直到清朝末年为止,沿用达两千多年。

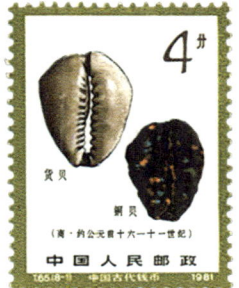

货贝、铜贝

1982年2月12日发行了"中国古代钱币"特种邮票第二组,选取的是战国时期的8种金属货币。

第一枚"鬼脸钱",为战国时期楚国仿海贝形铸造的铜贝形货币,俗称鬼脸钱。第二枚"'殊'布",为战国时期楚国使用的铲形货币。第三枚"'下专'布",为战国时期秦国使用的铲形货币,俗称三孔布。第四枚"'甘丹'布",为战国时期赵国在甘丹地方使用的铲形货币。第五枚"尖首刀",为战国时期燕国使用的刀形货币,改称尖首刀。第六枚"'明'刀",为战国时期燕国使用的刀形货币。第七枚"'晋化'刀",为战国时期赵国在晋阳地方使用的刀形货币,形制特小。第八枚"'賹六化'方孔圆钱",为战国时期齐国在賹地方使用的圆形货币,圆钱中有一方孔。

"中国古代钱币"特种邮票的发行,掀开了1982年邮票上传统文化亮相的帷幕。

扇面画是中国历史悠久的传统艺术品,在中国画中占据特殊的地位。明、清时期的扇面

鬼脸钱

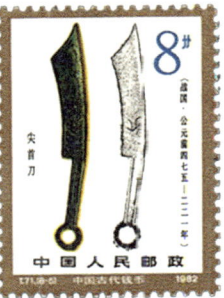

尖首刀

"賹六化"方孔圆钱

画高度地反映了这个领域的艺术成就,其中不乏传世佳作。

折扇扇面空间有限,且上宽下窄;画家命笔之时须精思巧构,方可一展技法,化有限为无限,创造出富有魅力的景象和意境。

这套邮票所选 6 幅扇面画皆为明清两代著名画家的上佳之作。既有山水、人物,又有花草鸟虫;既有水墨写意,又工笔细彩,可谓风姿各异。

沈周　秋林独步图

唐寅　枯木寒鸦图

第一枚"秋林独步图",作者是位列明四家之首的沈周。第二枚"枯木寒鸦图",作者唐伯虎。第三枚"竹雀图",作者是明代著名花鸟画家周之冕。第

周之冕　竹雀图

四枚"松下题诗图",作者为明代画家陈洪绶。第五枚"菊花图",作者为清代画家恽寿平。第六枚"梧禽紫薇图",作者为清代画家王武。

在邮票设计上,邮图鲜明,无多装饰,只用无华的白底衬托着丰富的扇面,突出了主体。其中第 3 枚"竹雀图"在 1982 年最佳邮票评选中,获得了最佳印刷邮票。

这一年还发行了"辽代彩塑"特种邮票。

辽代彩塑坐落在山西省大同市华严寺的薄伽教藏殿。此殿建于辽兴宗重熙七年(1038)。殿中佛坛有塑像 31 身,均为辽代精品。这些塑像是"三世诸佛,十方菩萨、声闻、罗汉、一切圣贤"。造像面容浑圆、服饰华丽、体态自然、表情动人,或立,或坐,或正,或侧,明显受晚唐风格的影响,细部装饰则具辽代特色,是现存辽代造像的代表作品。

"辽代彩塑"邮票每枚上方均有中国佛教协会会长赵朴初专为邮票题写的"辽代彩塑"4 字。

这套邮票还配发 1 枚小型张,图案是菩萨立像。这座造像是华严寺彩塑中最精美的佳作。菩萨头戴玲珑剔透的宝冠,璎珞满身,纱帔绕过双臂,

菩萨头像

菩萨坐像

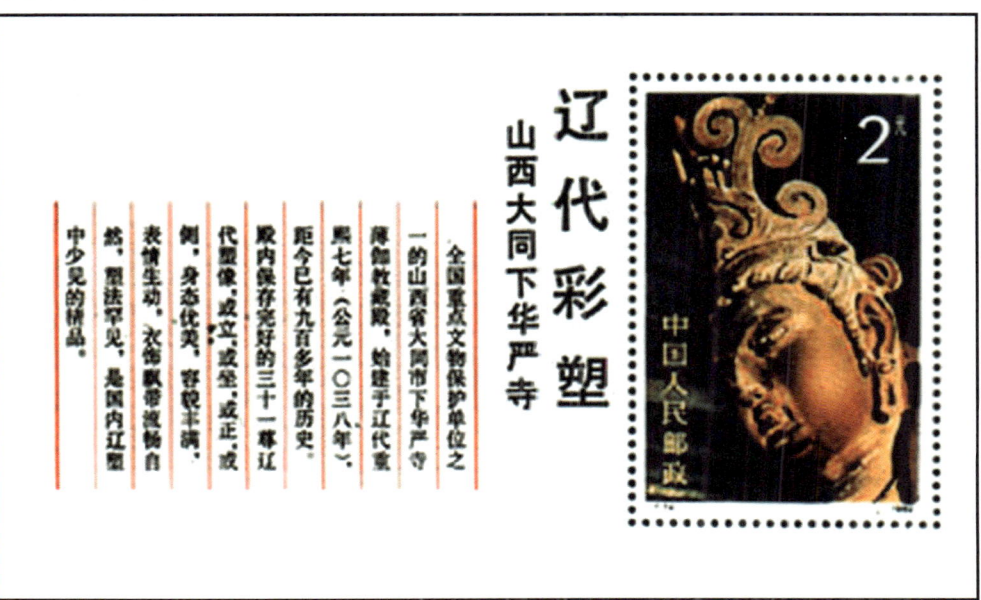

辽代彩塑

垂于足下,飘若风动。其身微倾,双手当胸合十,姿态优美。其面容柔雅,细眉修目,眼眸俯视,齿启颔首,表情含蓄娴静。这座塑像显示了辽代彩塑高超的艺术水平。

1982年,还有两个会议在北京召开。这两个会议,一个"大",一个"小"。

"大"会是"中国共产党第十二次全国代表大会"。

1982年9月,中国共产党第十二次全国代表大会在北京举行。邓小平提出的关于建设有中国特色的社会主义的思想,是"十二大"的指导思想,也是整个新的历史时期改革开放和现代化建设的指导思想。

党徽和"12"

这套邮票共1枚,邮图一改过去纪念重大政治事件运用浓重色彩加以渲染的画风,仅以天安门、党徽和用黄、绿线条组成的"12"字样为图,结构简洁明快,色彩淡雅清新,使主题鲜明突出。

"小"会是"中华全国集邮联合会第一次代表大会"。

中华全国集邮联合会第一次代表大会于1982年8月在北京开幕。会议通过了《中华全国集邮联合会章程》,发表了"致台湾集邮界同仁书"。常务理事会为台湾地区保留了一个席位。

为纪念这次集邮盛会,国家邮政发行1枚小型张。主图为甘肃省嘉峪关魏晋时期的墓室壁画——"驿使图"。

驿使图

中国古代有非常发达的信息传递制度，从最初的烽火传警到后来遍布各地的驿使制度，形式多种多样。这套邮票上骏马如飞、四蹄疾腾，刻画了驿使繁忙递信的情态。

1983年

1982年，中华全国集邮联合会第一次代表大会召开。一年后，中华全国集邮展览又在北京举行。这是自中华人民共和国成立以来第一次举办的全国性集邮展览。这次集邮展览规模大，展品多，一万多个贴片中有红印花"小壹圆"四方连、"稿"字四方连等国邮珍品，也有内容丰富、编排精巧的各类邮集。参加展览的集邮家与集邮爱好者达420多人，参观人数有13万人之多。

为此，中国邮政发行题为"中华全国集邮展览1983北京"邮票。邮图选取曾经发行过的邮票，加以装饰，以票中套票的形式，纪念这次以邮票为主题的盛会。

第一枚邮票中的邮票是1951年10月1日发行的"国徽"邮票。第二枚邮票的主图是陕甘宁边区邮政管理局1946年4月发行的"延安宝塔山"邮票。这两枚邮票的背景都采用我国古代"牡丹天鹿"图案作为装饰，用以象征我国集邮事业的蓬勃发展。

"国徽"票中票

1983年这一年所发行的邮票中有相当多的"会议"题材,这也反映了1983年中国在国内外政治活动的频繁,体现了新时代改革开放的局面。

1983年6月,中华人民共和国第六届人民代表大会第一次会议在北京举行。邮电部发行"中华人民共和国第六届全国人民代表大会"纪念邮票2枚。第一枚邮图采用了北京人民大会堂正门近景,描画了全国人大代表肩负人民重托,登上石阶、步入会堂、共商国是的情景。第二枚为"中华人民共和国国歌",采用了《中华人民共和国国歌》——《义勇军进行曲》的曲谱。在这枚邮票上恢复了原来的歌词。画面以温色衬底,上角装饰庄严的国徽,烘衬出肃穆雄壮的意境。

"延安宝塔山"票中票

1983年9月1日,国家邮政发行"中国妇女第五次全国代表大会"邮票1枚。邮图绘有20世纪80年代的中国妇女形象。背景衬以各行业的妇女形象。

人民大会堂

中国妇女

在中国妇女第五次全国代表大会上,全国妇联主席康克清作了《奋发图强,开创妇女运动新局面》的工作报告。邓小平、邓颖超接见了大会的代表。会议通过了《中华全国妇女联合会章程》,表彰了近万名全国"三八"红旗手和全国近万户"五好"家庭。

第五届全国运动会于1983年9月在上海举行。比赛项目有足球、篮球、排球、田径、体操、水球等25项。参加单位有各省、市、自治区及中国人民解放军等32个代表团。这届运动会有2人3次打破2项世界纪录,4人5次平3项世界纪录,创1项世界青年纪录,7人12次破9项亚洲纪录,64人38队142次破60项全国纪录。

为此,邮电部发行了纪念邮票。这套邮票共6枚。包括"会徽""自由体操""羽毛球""跳水""跳高""帆板"。

会 徽　　　　　　跳 水　　　　　　帆 板

1983年有1枚图为"铁锤和齿轮"的邮票发行。细观之,蓝色的基调上,突出了红色的铁锤和齿轮,背景又衬以厂房、烟筒、起重机、飞机、导弹,表现了中国工业战线生机盎然的气象。红色的铁锤和齿轮又构成了一个"10"字,标示着这枚邮票是为一个会议而发行的。这就是"中国工会第十次全国代表大会"。

铁锤和齿轮

1983年10月,中国工会第十次全国代表大会在北京召开。倪志福作了题为《在社会主义物质文明和精神文明建设中发扬工人阶级的主人翁精神》的工作报告。会议通过了《中国工会章程》,选举了中华全国总工会第十届执行委员会。中国工会组织历史悠久,其前身是中国劳动组合书记部。早在1921年8月11日,中共中央就在上海建立了公开领导工人运动的总机关——中国劳动组合书记部。现中华全国总工会是各地方总工会和各产业工会全国组织的领导机关。

中国传统文化始终是邮票设计的永恒性的选题。展开这一年传统文化邮题,有三大主题赫然在目。

"黄帝陵"邮票3枚。

传说黄帝生于山东寿丘,逝世于河南荆山,葬在陕西桥山。

一为邮图"黄帝陵"。巍巍帝陵与几座碑亭相对而立,一碑上书"桥陵龙驭"四字雄浑遒劲;另一石碑写有"古轩辕黄帝桥陵"字样,是清乾隆年间所立;还有一碑,镌刻"汉武仙台"四字,碑侧一座高土台,传说是汉武帝征讨朔方归来,在此祭祀黄帝,并筑台祭天。

二为"人文初祖殿"。传说黄帝是中原文明的创立者。"人文初祖"意为人类文明开创者，故筑殿于帝陵之内。

三为"轩辕柏"。帝陵四围，古柏成林，郁郁参天，其中最大的一株，高 19 米，下围 10 米，中围 6 米，上围 2 米；相传，这是黄帝轩辕氏亲手种植，故称"轩辕柏"。

黄帝陵　　　　　轩辕柏

中国历史一直以黄帝为正宗。邮票设计者以传统的国画技巧描画黄帝陵景观，具有浓厚的历史文化底蕴。

"秦始皇陵兵马俑"邮票 5 枚。

第一枚为"群俑"。远望之，犹似列兵布阵；俑虽无声，却若闻战声弥天，气势宏浩。

陶　俑　　　　　兵马俑

第二枚为"陶俑"。陶俑制作程序复杂：先要按俑部位分别用陶模翻出胎型，然后再塑五官、须发、铠甲、衣纹等细部。从俑体残留痕迹看，还施过朱红、玫瑰红、紫红、粉红、橘黄、淡黄等 23 种颜色。

第三枚为"兵马俑"。兵马俑形与真人真马同，造型威武、比例匀称，神态逼真，可谓千人千面，栩栩如生。其雕塑细腻，艺术风格拙朴豪放。

第四枚"兵马俑坑"。秦始皇陵陶土烧制的兵马群塑的出土之地。

另有小型张一枚，在兵马俑坑的背景映衬下，邮图为"牵马俑"。俑人俑马，稳重劲健，雕制精美，古风犹存。

秦始皇陵立于今陕西省临潼县城东 5 千米处。据史书记载，秦始皇即位后便在骊山营建陵墓，前后延续 30 年，至秦亡尚未竣工。

牵马俑

兵马俑是秦始皇的随葬物品之一，大小共 3 000 件。1974 年初春在陕西省临潼县秦始皇陵园外城东处被发掘出土。1987 年被联合国教科文组织世界遗产委员会评为文化遗产，列入《世界遗产名录》，被称为"20 世纪最重要的考古发现"，以及"世界第八大奇迹"。

"中国古代文学家"4 枚。

这套邮票表现了中国唐代的四大文学家——李白、杜甫、韩愈和柳宗元。

中国古代文学到了唐代，发展到一个全面繁荣阶段，文坛出现自战国以来前所未有的兴盛局面。其中，诗歌的发展，达到了成熟的黄金时代。李白、杜甫的成就更达到诗歌创作的高峰。在散文方面，也创作出许多独具机杼、富于浪漫色彩的传奇作品。其代表人物为韩愈和柳宗元。

这套邮票以国画的风格构图造像，再现出飘逸潇洒的 4 位古代文人的英姿。

李白（701—762）。其身着白衣，独立江边，眺望孤帆远影，似正酝酿诗句。观之，犹若步入了"清水出芙蓉，天然去雕饰"的深远境界。

杜甫（712—770）。只见诗人坐于湖石之上，提笔沉吟。颜面上的几条皱纹，隐喻着他坎坷际遇；沉郁的眼神，流露着伤时感世的心情。杜甫的诗多反映人民疾苦，其作思想深厚，境界广阔，切中时弊，有强烈的现实意义，后世称为"诗史"。杜诗具有独特的沉郁风格。

韩愈（768—824）。其思想上，力倡儒学，反对佛、道。文学上，主张恢复先秦两汉的散文传统。其文气势雄浑，论理透彻，情致充沛，被尊为"唐宋八大家"之首。邮图上，韩愈显现出为人正直、庄重严肃的形象。

柳宗元（773—819）。其倡导古文运动，诗文均为反映现实的力作。其文短小简洁，意味深远，语言犀利，风格峻厉。山水游记则文笔秀丽清新，极富诗情画意。邮图上的柳宗元正在溪边撰写诗文。

这套邮票的设计者为我国著名工笔重彩人物画家刘凌沧先生。其采用中国传统人物画

李白

杜甫

韩愈

柳宗元

像风格，笔下人物面部细腻，衣纹勾勒则较为粗放，饶具特色。

　　1983年正值刘少奇同志诞辰85周年。这位为中国解放事业和社会主义建设事业奉献毕生精力，在"文化大革命"中受到错误批判和林彪、江青等迫害的党和国家领导人，中国杰出的无产阶级革命家、政治家和理论家，一直受到亿万人民的敬仰和同情。1980年中共十一届五中全会为刘少奇恢复名誉，人民为他的85岁诞辰作了隆重的纪念。这套邮票共4枚。采用了刘少奇同志不同历史时期的照片为邮图，第4枚为"接见劳动模范时传祥"，尤为感人。时传祥是北京一名掏粪工人，刘少奇以国家主席的身份亲切接见时传祥，反映了党和政府对普通劳动者的尊重。

刘少奇同志像

刘少奇同志在陕甘宁边区劳动英雄大会上作报告

刘少奇同志接见劳动模范时传祥同志

1984年

　　在中国发展的岁月中，不是每一个年头都能让人深刻铭记的。不过，即使是一个普普通通的年代，也是这个国度前行的一段旅程。1984年就是这样一个年头。

　　这一年的邮票上有轰轰烈烈的建设场面。

　　题为"长江葛洲坝水利枢纽"的邮票一套3枚，把长江上的三峡工程的大"前奏"全方位地再现于邮图之上。第一枚是"大江截流"，第二枚是"主体工程"，第三枚是"船闸"。

　　长江葛洲坝水利枢纽工程位于湖北省宜昌市西约5千米处，是长江流域规划中的长江干流主体工程——三峡水利枢纽的一个组成部分。这个工程具有防洪、发电、航运、灌溉等综合作用。

大江截流

2 号船闸

邮票图案虽以工程为主，但也有长江三峡壮丽的景观为背景，既反映出现代化工程的浩大，又显示了水利枢纽工程给三峡增添的动人色彩。

这一年的经济建设邮票多与水有关系。继"长江葛洲坝水利枢纽工程"之后，又发行了"引滦入津"的特种邮票。

引滦入津工程是为解决天津市水源不足而修建的跨流域调水的大型城市供水工程，规划将位于河北省北部的滦河水引入天津。1982 年 5 月开工，1983 年 7 月提前竣工，全长 234 千米，同年 9 月 11 日正式通水。结束了天津市人民喝苦咸水的历史，对天津市的经济建设起了重大推动作用。

这套邮票共 3 枚。一为"甜水入津"。邮图以象征着滦水的蓝色和天津钟楼为背景，中间是立于天津海河三岔河口上的引滦入津工程纪念碑，刻着母亲怀抱婴儿沐浴甘露的雕像，意寓引滦入津造福子孙、功在千秋。二为"分水枢纽"。这是引滦入津工程的主要部分，画面展示了该工程的面貌。三为"凿洞引滦"。邮图是位于河北迁西县引滦枢纽闸近旁一山坡上的一座人民解放军战士的石雕像，背景为解放军开凿的引水隧洞，表现了巨大工程凝聚了千百万人的艰苦劳动。3 枚邮票分别表现了引滦河甜水入津，改变了天津市民饮用苦水的历史，以及引滦入津工程的分水枢纽及修建过程中开凿山洞的情景。

甜水入津

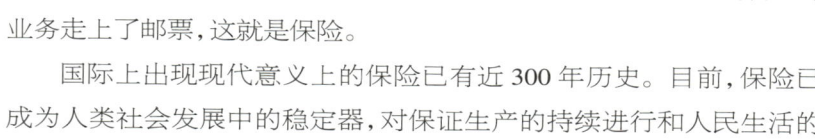

随着改革开放的进程，一种历史悠久的维护经济建设和人民利益的业务走上了邮票，这就是保险。

国际上出现现代意义上的保险已有近 300 年历史。目前，保险已成为人类社会发展中的稳定器，对保证生产的持续进行和人民生活的安定具有重要意义。中国保险业务也有一百多年的历史。中华人民共和国成立后，成立了中国人民保险公司，由国家集中统一管理和经营各项保险业务。20 世纪 50 年代末，中国停办了国内保险业务，直到 1978 年以后，才重新恢复。

"中国保险"邮票，画面是中国传统"青花瓷"模样的一只白底蓝花

凿洞引滦

的大花瓷瓶,瓶中插着一束绿叶衬托的白马蹄莲花。瓷瓶上画着一只只亭亭玉立的大小仙鹤,聚集在一个篆体"寿"字四匝引颈长鸣。马蹄莲花中有几只若隐若现的手臂,以金币投向瓶口。设计者以鲜花和花瓶寓意被保险者与保险者之间不可分离的密切关系:花瓶在旦夕之间可能花散瓶碎,但瓶子里积聚的金币,仍会使被保者有收益。邮票右方的金色葫芦,巧妙地运用了中国古代的民间传说,寓意保险业的神奇功效。

中国保险

犹若清新明快的"中国保险"邮票一样,这一年还有不少优美怡人的传统艺术和自然风光邮票问世。

如今在集邮界已较名贵的"中国绘画·唐·簪花仕女图"邮票,其实是在1984年发行的。

《簪花仕女图》是唐代的著名人物画家周昉的名作,在绘画史上具有重要的地位。画中反映的是唐代贵族妇女安详、逸乐的生活。

周昉出身贵族,曾做过越州和宣州的长史。以绘制仕女画、肖像画和寺庙壁画著称,是中唐末期继吴道子之后的一位重要画家。

《簪花仕女图》是一幅卷轴画,高46厘米,长180厘米,现藏于辽宁省博物馆。

这套邮票共3枚。其一为"图卷之一",画面是贵妇戏犬。画中小犬,其真名叫辇子,出产于亚洲北部的撒马尔罕地区。这种名贵的小犬只有王宫和贵族家庭才能豢养。其二为"图卷之二",画面是贵妇看花。贵妇右手拈一枝红花,左手拿一金钗,正思量把花插在头上的恰当的位置;画面左右分别为白鹤和执扇婢女,婢女似在沉思,茫然若失。其三为"图卷之三",画面是两位贵妇。一贵妇在花丛中捉到一只蝴蝶,正侧身回视小犬;另一贵妇人则双手拢袖,姗姗而来。

《簪花仕女图》是一幅工笔重彩画,线条工细,色彩浓丽;画中人物流动多姿、典雅含蓄,细劲而有气韵。在贵妇脸部和手部的勾画上,用笔准确、圆润,略带夸张而刻画细腻。贵妇身

簪花仕女图

着纱衫,线条流畅飘逸,质感极强;人物的肌肤和纹理隐隐可见。人物的体型丰腴健美,反映了盛唐时期的审美情趣。

这套邮票把《簪花仕女图》截成3幅而成,保持了原画特色。又同时发行堪为名贵的小型张,通过长型票幅将长卷的原画微缩到了邮图之中。

俗话说,山水如画。看一套"峨眉风光"邮票,就如观赏一幅幅图画。

峨眉山位于四川。因山势逶迤,如美女之蛾眉,故称峨眉山,素有"峨眉天下秀"的美誉。峨眉山还同普陀山、九华山、五台山并称为佛教四大名山,是我国著名的游览胜地。1996年被联合国教科文组织列入"世界自然与文化遗产"。

"峨眉风光"邮票共6枚,展现的是峨眉山的六大景观。

第一景为"峨眉山麓报国寺"。报国寺始建于明代万历年间,清康熙年间重修。寺内存有明永乐十三年彩釉瓷佛一尊。

绿阴笼罩雷音寺

第二景为"绿阴笼罩雷音寺"。据说进山的人可在此解脱凡尘,出山的人可在这里解脱险阻。雷音寺位置险峻,树木葱郁,环境幽雅。

第三景为"古木耸立洪椿坪"。洪椿坪既是地名,又是庙名,古称"千佛庵"。寺内有清末刻制的七方千佛莲灯1座,精雕细刻,殊为珍宝。庙周古木林立,并因有洪椿古树而得名。

朝霞初照洗象池

第四景为"朝霞初照洗象池"。洗象池相传是普贤浴象之处,海拔约2 100米,常有猴群出没,野趣无穷。

第五景为"云托雾漫卧云庵"。云雾袅袅于山影庵声之间,犹若闲云轻卧,幽静异常。

金顶宝光浮云海

最后一景为"金顶宝光浮云海"。峨眉山许多山峰都在海拔2 000米以上,云雾如带,缠绕峰腰。山峰则在云海中时隐时现,宛如仙境。峰巅之金顶,今已修葺一新,于朝辉夕照中宝光璀然。

这套邮票以影雕套印,色泽淡雅、线条流畅,颇为精美。

在绿色的世界里,美丽的生物维系着大自然的生命。走出"峨眉风光",迎面飞来了朱鹮。

朱鹮又名朱鹭、红鹤,其形似雁,长嘴向下弯曲,羽毛洁白，面部鲜红，红白相映，美丽动人。它营巢于乔木之上，活动在稻田和浅溪侧畔，被誉为"东方宝石"。朱鹮曾经数量较多，现今除日本笼养的3只外，野生鸟只在中国陕西洋县发现20余只，濒临灭绝。为此，邮电部发行"朱鹮"特种邮票，以宣传保护朱鹮。

翔

这套邮票共3枚，从不同侧面刻画了朱鹮的习性和姿态。

一枚为"翔"。刻画了蓝天下，朱鹮翱翔飞过田野和森林。

一枚为"涉"。描绘了朱鹮在山涧小溪里涉水。

最后一枚为"栖"。展示了两只栖息在乔木丛里的朱鹮，黄色背景衬出了朱鹮的洁白羽毛。

1984年，一位中国共产党的领袖人物两次出现在邮票上，他就是任弼时。

栖

任弼时（1904—1950），1922年加入中国共产党。曾当选为第五至第七届中央委员，第六、第七届中央政治局委员、书记处书

任弼时像

任弼时在长征途中

记。他的一生对中国共产党的组织工作、军事工作、土地改革和青年工作有着特殊的贡献。为纪念任弼时诞辰80周年，邮电部在1984年的4月和12月分别发行了两组纪念邮票，计4枚。第一组1枚，邮图为任弼时肖像；第二组邮图则表现了"任弼时在长征途中""任弼时在'七大'会上"和"任弼时在解放军检阅仪式上"。这两套邮票反映了任弼时一生的主要经历。

1984年还有两套邮票反映了国际交往的重大活动。

一是"第二十三届奥林匹克运动会"，另一个是"中日青年友好联欢"。

1984年7月，第二十三届奥运会在美国洛杉矶举行。140个国家和地区的运动员参加了这次体育盛会。中国派出由353人组成的体育代表团参加了奥运会。中国运动员参加了16个项目的比赛，共获得15枚金牌，获金牌数位居世界第四位。中国运动员许海峰在奥运会第一天的射击比赛中夺得该届奥运会第一块金牌，实现了中国在奥运会金牌榜上零的突破。

这套邮票共6枚，选取了中国运动员在这一届奥运会上实力较强的运动项目为图。包括了"射击""跳高""举重""体操""排球""跳水"。此外，还发行了一枚小型张，这枚是我国发行的第一枚奥运会小型张。这套邮票在设计上除运动员正面主图外，又辅以曲尺形黄色条带，将各种运动项目尽列其中作为映衬；并采用白底色，于素雅中现出变化。

　　射　击　　　　　　　体　操

　　排　球　　　　　　　跳　水

第二十三届奥林匹克运动会

中日两国是一衣带水的友好邻邦，两国人民有着两千多年友好往来的历史。自两国邦交正常化后，中日关系已进入一个新的发展时期。从1984年9月起，日本青年分四路来到中国，分别到西安、武汉、南京、杭州、上海参观，并于国庆节期间在北京聚集，同首都各界青年举行了友好联欢。

为此，国家邮政发行了"中日青年友好联欢·1984" 3枚邮票。

第一枚为"友好邻邦"。邮票以西安的大雁塔和日本奈良的唐招提寺为图案。两个古建筑，遥遥相对，顾盼有姿，并以祥云相接；又有12只洁白大雁乘祥云飞翔于大雁塔和唐招提寺之间，表示中日友好自古不断。

第二枚为"友谊之树"。一位中国少女和一位日本少女共浇一株小树，寓意着中日友谊万古长青。邮图还有日本的富士山和樱花以及中国的长城和梅花。12只和平鸽象征着中日邦交正常化12周年。

第三枚为"欢庆友谊"。8名中日男女青年在歌舞中营造友好热烈的气氛。大红背景下的青松、祥云和仙鹤，象征着"长寿如意"。6只仙鹤又

　友好邻邦　　　　　欢庆友谊

寓意《中日和平友好条约》签订6周年。全图色调富丽大方，具有浓郁的中国民族风格和装饰美。

这套邮票以优质的印刷获得1984年最佳邮票评选中的最佳印刷奖。

1985年

一套充满节庆气氛的"花灯"邮票，揭开了1985年的帷幕。

花灯又叫灯彩，它是我国传统的阴历正月十五日元宵节的"吉祥物"。每到这个日子，家家户户张灯结彩，并有手提灯笼闹元宵的习俗。人们说过了"正月十五"，才算过完了"年"，也就是春节。在历史上，宋代京城的元宵节，盛极一时。改革开放的今天，正是盛世时节，人们仍把元宵放灯作为喜庆丰收和抒发情怀的载体。

1985年的正月，发行"花灯"特种邮票为1985年迎来了一个"一年之计在于春"的吉祥的开头。这套邮票共4枚，邮图选用了中国当代民间工艺大师制作的4种花灯——"九莲献瑞""龙凤呈祥""百花齐放"和"金玉满堂"。这些花灯均选自不同省市，富有中国花灯的特征。

1985年的邮票中屹立着许多名冠古今的人物。他们犹若星汉，组成了令我们民族骄傲的历史天空。

一套邮票是为"郑和下西洋五八〇周年"而发行的。

郑和（1371或1375—1433或1435），我国明代伟大的航海家。他在28年间，先后7次率船队远航，到达30多个国家和地区，最远到达了非洲东海岸。他是和平的使者，开辟了中国与亚、

九莲献瑞

金玉满堂

非各国的政治联系；他是经济的纽带，促进了中国与亚非各国的经济和文化交流。郑和的远航比哥伦布、达·伽马的航行要早半个多世纪。

在郑和下西洋580周年之际，为纪念这一世界航海史上的壮举，邮电部发行了这套纪念邮票。

题为"伟大的航海家郑和"的邮图，绘有一位谦和、英武的壮年男子，他头戴内使乌纱，袍绣金色坐蟒，手持一卷航海图，目光投向远方，背后是风云海涛。

题为"和平的使者"的邮图，画的是郑和古里之行。据史料记载，郑和船队曾经到过印度不少地方，如古里（今印度科泽科德）等。画面展现了印度官员陪同郑和乘象游览、群众跳起印度古典舞蹈"波罗多

伟大的航海家郑和

和平的使者

贸易与文化交流

航海史上的壮举

舞的场面。

  题为"贸易与文化交流"的邮图，选择了与阿丹通商的景况。据记载，郑和船队曾到阿拉伯地区的"祖法儿""阿丹""尺方"等国。邮票设计者参考了日本出版的《阿拉伯帝国遗产》，真实表现了古代海上丝绸贸易的特点，甚至画面上的丝绸也细致地采用了"明代黄地缠枝花缎"的古代图案。

  题为"航海史上的壮举"的邮图，画面是郑和到达东非的场景。据史书记载，郑和船队曾到非洲地区诸国。这幅图案描绘了皓月当空的夜景之中非洲人民热烈欢迎东方使者的情景。

  这套邮票采用国画画法，以工笔重彩为基础，但用的是生宣纸，这就使得线条的勾勒、颜色的渲染更加生动。邮票印制得十分精美。

林则徐画像

  林则徐是中国近代史上伟大的爱国者，他的名字与禁烟和抗击外国列强连在了一起，其悲惨的际遇又反映了清政府的腐败与无能。他曾与龚自珍、黄爵滋、魏源等人提倡经世之学，任职中曾兴修水利、禁止鸦片，其虎门销烟之壮举流芳千古。

  为纪念林则徐诞辰200周年，国家邮政发行了纪念邮票2枚。其一为"林则徐画像"。邮图是中国革命博物馆馆藏的一幅林则徐写生像，背景为费孝通抄录的林则徐《赴戍登程口占示家人》中的两句诗："苟利国家生死以，岂因祸福避趋之"。其二为"虎门销烟"。邮图为人民英雄纪念碑上的《虎门销烟》浮雕。

  邮票上曾经出现过徐悲鸿的名作"奔马"。1985年适逢徐悲鸿诞生90周年，又有纪念邮票发行。

  徐悲鸿（1895—1953），中国现代的绘画大师，美术教育家。

徐悲鸿在作画

少时随父习画,后留学法国。他在创作的同时,长期从事美术教育工作。中华人民共和国成立后,任中央美术学院院长、中华全国美术工作者协会主席。徐悲鸿擅长油画、中国画,尤以画马驰名中外。其作融中西技法于一体,自成体系。

纪念邮票,一为"徐悲鸿自画像",二为"徐悲鸿在作画"。这枚邮票以徐悲鸿作画为主体图案,色彩较深;并以简明笔调,显出徐悲鸿所作的画。图右是一匹奔马,四蹄疾飞而来。邮图布局层次分明、错落有致,富有新意。

这一年,邮票上还留下了一位民主志士的身影。为"韬奋诞生九十周年"而发行的邮票,其中一枚印有周恩来总理的题词——"邹韬奋同志经历的道路是中国知识分子走向进步走向革命的道路"。

邹韬奋(1895—1944),进步的文化工作者。他曾以出版进步书籍等方式参与革命活动。在抗日战争和民主运动中,他在国民党统治区内口诛笔伐,无所畏惧,起到了冲锋陷阵的巨大作用。1944年7月24日邹韬奋病逝。中共中央接受其遗书中的申请,追认其为中共正式党员。

邹韬奋像　周总理为纪念邹韬奋题词

1985年,在国际上是一个"音乐"的年头。这一年被确定为"欧洲音乐年",欧洲各国以此为题发行了大量邮票,同时有不少非欧洲的国家也在1985年发行了邮票。有趣的是,这一年恰逢中国音乐家冼星海诞辰80周年,也在这一年,中国发行了"冼星海诞生八十周年"纪念邮票。

冼星海(1905—1945),中国音乐家。曾先后在岭南大学预科、北京艺术专门学校音乐系、上海国立音乐院及法国巴黎音乐学院学习音乐。回国后,参加抗日救亡音乐活动,并任延安鲁迅艺术学院音乐系主任。作品有《黄河大合唱》《到敌人后方去》《游击军》《在太行山上》等五百余首声乐曲以及交响曲《民族解放》、交响组曲《满江红》、管弦乐《中国狂想曲》等。他的作品对中国革命斗争起到巨大的鼓舞作用,毛泽东称誉他为"人民音乐家"。

冼星海塑像和乐谱

这套邮票为1枚,邮图为"冼星海塑像和乐谱"。在黄河的滔天巨浪背景下的乐谱是《黄河大合唱》。

1985年的国际题材邮票有"联合国妇女十年 1976—1985" 1枚。

1975年第30届联合国大会宣布1976—1985年为"联合国妇女十年"。其宗旨和目标是平等、发展与和平,并以此目标来开展各项旨

联合国妇女十年

在"提高妇女地位、维护妇女平等权利"的活动。10 年来,我国政府积极参加了"联合国妇女十年"的一系列活动。1995 年在我国首都北京举行了第四次世界妇女问题会议。

为纪念这项世界性的活动,中国邮政在"三八妇女节"当天发行了这套纪念邮票。邮图是"联合国妇女十年"的徽志:一只飞翔的鸽子,外缘为一圈橄榄绿,象征着圣洁与和平;鸽身有象征女性的符号"♀"以及象征平等的数学符号"="。这些符号与鸽子形象有机融合,准确而又含蓄地突出了主题。又有不同肤色妇女的手,柔和舒展地托扶着白鸽。四围彩色方块,象征无数面国旗或旗帜。邮票设计具有典型的装饰效果,构思新颖。

1985 年是"国际青年年",主题是"参与、发展、和平"。开展"国际青年年"活动,目的是调动各国青年的主动性和创造性,参与国家和社会事务,积极发展经济和维护世界和平。1985 年 2 月,联合国秘书长佩雷斯·德奎利亚尔发表文告,号召占世界人口约 20% 的青年联合起来,为全人类建设更加美好的未来。

为庆祝"国际青年年",中国政府邀请亚太地区数十个国家的数百名青年来华参加亚太地区青年友好的会见活动。此次活动的主题是"和平、友谊、发展",旨在促进亚太地区的和平、稳定和繁荣。同时还发行了 1 枚题为"国际青年年·1985"的纪念邮票。邮图上有 3 个青年乘坐吉祥大鸟在空中遨游,他们把希望的种子播向大地,用智慧的钥匙打开科学技术的殿堂,用勤劳的双手使生活丰富多彩。整个画面与"国际青年年"的主题——"参与、发展、和平"完全融合。图案线条跳跃流畅,色彩明艳绚丽,既充满浪漫色彩,又很富装饰效果,是一个极富创意的邮票设计。

国际青年年·1985

在 1985 年的邮票发行中,还有个一"动"一"静"的布局。

这"动",就是有两套全国运动会的纪念邮票:"第二届全国工人运动会"2 枚,一为"奋进",一为"腾飞";"第一届全国青少年运动会"2 枚,一为"女青年·田径运动",一为"男青年·篮球运动"。这 2 枚邮票突破了以往写实的形象设计,而以抽象变形的构图和浓重的色块,表现出青少年富有朝气的特点以及鲜明的时代气息,同时也反映了美术界新的艺术理念和创作手法。

奋 进

腾 飞

女青年·田径运动

男青年·篮球运动

这一年的那个

"静"，是为"故宫博物院建院六十周年"所发行的邮票。

故宫博物院成立于1925年10月10日，时称中国明清宫廷史迹及古代文化艺术博物馆。其址在故宫，即明清两代的皇宫。故宫建筑规模宏伟，气象森严。

邮票设计者从俯视的角度，沿故宫的中轴线展开画面。这套邮票共4枚。以四直连的票式将故宫从午门经太和殿、乾清宫、交泰殿至神武门一线的主要建筑逐一展现。

在用色上，以黄色为基调。在中国传统哲学的五行观念中，中央为土，土为黄色，故惟有独尊天下的皇帝独享黄色。

故宫博物院建院六十周年

第一枚"丹阙凌云"。邮图是故宫最南端的午门、金水河及太和门。太和门是外朝的入口。

第二枚"太和晴旭"。邮图是故宫建筑群的中心：太和殿、中和殿及保和殿。太和殿，俗称金銮殿，殿内居中是皇帝金漆雕龙宝座，显示出皇权至高无上的威严。

第三枚"乾坤交泰"。邮图为乾清宫、交泰殿及坤宁宫。这三个建筑构成内廷的中心。乾清宫，是明清皇帝的寝宫，也是皇帝处理日常政务的场所。交泰殿后的坤宁宫是皇后的寝宫。

第四枚"琼苑春晖"。邮图是御花园全景及神武门，表现了皇家园林草木葱茏及紫禁城神武门的威严气象。

1985年的邮票简约地勾勒了这一年风清日朗的开放年代平和、谐适的气象，以及对于历史与传统的深切回望。

1986年

在这一年所发行的19套邮票中，有9套是中国近现代著名人物的纪念邮票。

我们可以列一个这一年邮票上的"名人榜"——孙中山、黄兴、章太炎、朱德、董必武、林伯渠、贺龙、李维汉、王稼祥、茅盾。

为孙中山 120 周年诞辰所发行的邮票，是一枚以著名画家靳尚宜的油画作品"孙中山肖像"为图的小型张。大的票幅，以及凝重典雅的色调，将一代伟人的端容和人们的景仰之意揭示得深刻而动人。

辛亥革命
著名领导人物——孙中山

辛亥革命
著名领导人物——黄兴

辛亥革命著名
领导人物——章太炎

在"辛亥革命著名领导人物"的 3 枚邮票中，再次出现了孙中山。同时他的两位战友黄兴、章太炎也居于邮图的方寸之上。

继民主革命领袖人物之后的无产阶级革命家，则以每套 2 枚的整齐的方式发行。此后，均沿用了这种方式。这一系列邮票均为第一枚是人物的大幅肖像，第二枚是人物从事革命等活动的形象。

1986 年是朱德、董必武、林伯渠百年诞辰；是贺龙、李维汉、茅盾诞辰 90 周年；是王稼祥诞辰 80 周年。其间，为每位人物各发行了 2 枚纪念邮票。

这一年，还有两套以星辰及宇宙为题的邮票发行。

"1985—1986 哈雷彗星回归"邮票是为纪念 1986 年 4 月 11 日哈雷彗星时隔 76 年重返地球而发行。

朱德元帅肖像

董必武同志 1945 年在旧金山参加联合国制宪会议

林伯渠同志肖像

贺龙同志肖像

李维汉同志肖像

茅盾与《子夜》手稿

王稼祥同志肖像

哈雷彗星是以英国著名天文学家埃德蒙·哈雷命名的周期彗星。彗星与九大行星一样，是围绕太阳运转的行星。"彗"字在中文有扫帚之意，俗称"妖星""扫帚星"。中国在公元前7世纪对彗星已有观测。早在周武王伐纣时出现的彗星，就是公元前1057年回归的哈雷彗星。从"牧野之战"迄今的3 000年中，中国共有32次关于哈雷彗星行踪的记录。战国时期的《天文气象杂》帛书上绘有各种天象图250幅，其中彗星图29幅，这是迄今为止所发现的世界上最早的彗星图，邮票上选用了其中的第四幅。图案为哈雷彗星拖着长长的尾巴在飞行，下为呈弧形的地球。

哈雷彗星回归

20世纪50年代末，随着苏联第一颗人造卫星发射成功，人类活动领域从陆地、海洋、天空扩展到地球外层空间。航天技术的发展，为人类带来了全新的前景。

中国是火箭的故乡。中国古代人就有很多遨游太空的幻想。中国古代的科学技术是现代航天事业的基础，这是国际科学界公认的事实。

中国现代航天技术的发展到了1986年，已整整30个年头。30年中，中国有了发射人造卫星、大型运载火箭、同步通信卫星等一系列成果，充分证明了中国人民的聪明才智和无穷的发展潜力。

在中国航天事业发展30年的1986年，国家邮政发行了"航天"邮票共6枚。6枚邮票透视了中国航天事业发展的六个历史性镜头，记录了中国航天事业发展的足迹。

一为"乐声环宇"，表现的是1970年发射的第一颗人造卫星——"东方红"一号。二为"天外归来"，表现的是中国第一次控制卫星返回地面的情景。三为"雷霆海天"，表现的是1982年10月，我国自水下向预定海域发射运载火箭的壮观景象。四为"腾飞万里"，表现的是1984年4月，我国发射的第一颗地球同步通信卫星离地飞升的景象。五为"天地同音"，表现的是卫星的地面接收站。六为"玉宇明灯"，表现的是1984年4月发射的同步通信卫星的运行状况。

这套邮票除着重于航天器的刻画，还有对环境的渲染，如浩渺的宇宙、灿烂的朝霞、蔚蓝

乐声环宇——"东方红"一号卫星　　雷霆海天——潜射火箭　　玉宇明灯——同步通信卫星

的天空等。在对比、映衬中造成一种气势磅礴、空旷渺远的艺术效果。

1986年中国邮政第一次发行了"教师节"邮票。

中国的教师节几经变迁。早在1931年，中国老一辈教育家邰爽秋、程其保等就曾建议，把每年的6月6日定为中国教师节。当时的教育部没有批准。以后许多学校在6月6日自行举行教师节活动，故有"双六节"之称。1939年8月8日，教育部颁发《教师节纪念暂行办法》，规定以孔子诞辰纪念日——每年的8月27日为教师节。

中华人民共和国成立后，于1951年宣布改用"五一"劳动节为教师节，但这一决定也没执行。时隔34年，直至1985年第六届全国人大常委会第九次会议通过国务院关于设立教师节的议案，决定每年的9月10日为教师节。

教师节纪念邮票

这套邮票为1枚，邮票画面由黑板、鲜花、讲台组成。黑板、讲台寓意教师是一个神圣的岗位。鲜花，则表示学生及社会对于老师真挚的敬重与谢意。画面简洁、朴实，意境深远。

1986年12月发行的最后一套邮票是"中国古代体育"。

中国古代没有明确的体育概念。"体育"这个词汇是19世纪末从外国引进的。中国古代体育以练武、养生、娱乐为内容。中国古代体育源远流长，成为伟大的中华民族文化的一个重要组成部分。

这套邮票共4枚。

第一枚为"弓箭"。图为两个古代武士张弓发箭。据应劭《风俗通义》记载，远古人见乌鸦落到树上，压弯树枝，当飞起时，树枝反弹，打得乌鸦"哇哇"叫后，从中受到启发，创造了弓，取名"乌号之弓"。

第二枚为"围棋"。图为两位古人面棋而坐。围棋古称"弈"，雅号

中国古代体育·弓箭

"烂柯"。唐朝的棋盘已与今同，为 19 道、361 子。围棋在唐以前就传到了日本、朝鲜。

第三枚为"捶丸"，又名"打球"。它是中国古代众多的球戏之一，也是目前风行世界的高尔夫球的祖先。

中国古代体育·围棋

第四枚为"蹴鞠"。图为两女子进行蹴鞠比赛，它是我国古代的足球运动。蹴鞠起源于殷代的足球舞，汉代刘邦将蹴鞠引进宫廷。唐代的蹴鞠又有内胆充气、熟皮制球壳和球门的新的发展。

中国古代体育·蹴鞠

这套邮票吸取了中国古代画像砖拓片艺术，古朴、简约，富有装饰感。人物造型夸张，且为单一黑色，模仿了汉画石中的阳刻法拓片效果；人物和边框的绘制又追求一种拙朴的残缺美，使邮图古意盎然。

1987 年

1987 年以邮票纪念了两位著名人物，一位是民主革命先驱廖仲恺，一位是中国的开国元勋叶剑英。

廖仲恺（1877—1925），1905 年参加中国同盟会。辛亥革命后，任广东军政府总参议兼理财政。后协助孙中山确立"联俄、联共、扶助农工"三大政策。中国国民党改组后，被选为中央执委会常委，历任工人部长、农民部长、黄埔军校党代表、广东省长、财政厅长、军需总监等职。孙中山逝世后，坚持三大政策。1925 年 8 月 20 日被国民党右派暗杀。

1987 年适逢廖仲恺诞辰 110 周年，邮电部发行纪念邮票 2 枚。设计者是国画家何家英。作者采用了传统工笔绘画技法，线条简约，色彩淡雅，形象生动。邮图以中国 20 世纪二三十年代的人物照片的装帧样式，加椭圆线框，突出了民国初年的时代感。

第一枚为"廖仲恺像"。此图于工笔重彩中融有油画韵致，明暗协调，线条洗练，形神兼备，富有感染力。第二枚为"廖仲恺与何香凝"。何香凝是廖仲恺革命生涯中的患难知己和亲密战友，同上一枚邮票，这在中国邮票上尚属首例。背景上的梅花，既表明何香凝是一位画家，又象征着他们不畏强暴的高风亮节。

廖仲恺像　　　廖仲恺与何香凝

这套邮票以淡雅、清新、质朴、庄重的风格,给人留下深刻印象。

叶剑英(1897—1986),早年追随孙中山从事民主革命,曾任黄埔军校教授部副主任。1927年加入中国共产党。在南昌起义、广州起义以及在中央革命根据地的工作中发挥了重要作用。参加过长征。抗日战争时期,任八路军参谋长,协助毛泽东、朱德等指挥一些重大战役。中华人民共和国成立后,主持华南、中南地区工作。1955年被授予元帅军衔。1973年在中共十届一中全会上当选为中央委员会副主席。他在粉碎"江青反革命集团"、制定党的十一届三中全会路线和政策方面发挥了突出作用。后担任第五届全国人民代表大会常务委员会委员长,直至病逝。

叶剑英诞辰90周年纪念邮票共3枚,选用叶剑英在青年、中年和晚年三个时期的戎装形象为邮图。

峥嵘岁月　　满目青山

其一"峥嵘岁月",是叶剑英在红军时代的形象。其二"开国元勋",是叶剑英身着元帅礼服的肖像。其三"满目青山",为叶剑英晚年的形象。设计者取意于叶剑英的诗句:"老夫喜作黄昏颂,满目青山夕照明"。

1987年的邮票还有经济建设方面的题材。

"今日农村"特种邮票反映了党的十一届三中全会以后,"对外开放、对内搞活经济"政策使广大农民走上了劳动致富的道路,中国农村出现了繁荣景象。

这套邮票共4枚。邮图以富有民族艺术特色的农民画形式,从几个侧面反映了农村新貌。色彩热烈明快,线条纯真率直,构图严谨细致,人物风趣夸张,具有浓郁的乡土气息。邮票所用原画皆选自上海市金山县的农民画。

"江南小镇"和"喂牛"由农民画家张新英绘制。前者描绘了"鱼米之乡"江南村镇的生机勃勃景象:拱桥横陈、舟船游弋、瓦房栉比、河道远伸,消失在透视的焦点上。后者则是一位农夫夜饲耕牛的场景,表现出农民的勤劳致富。1996年2月,联合国教科文组织与中国民间文艺家协会还授予了张新英"一级民间工艺美术家"称号。

江南小镇　　　喂牛　　　　新菜上市

"新菜上市"由农民画家陈德华绘制。作品以三对大菜篮为主图,表现上市新菜品种繁多。这种放大局部的手法，突破了民间风俗画传统的平稳格局，从一个侧面反映了农贸市场的活跃和繁荣。

"看电影"由农民画家邵其华绘制。画面以浓郁的绿色为基调，以明亮的黄色作对比，烘托出看电影的热烈气氛。整幅图案清新活泼，揭示了广大农民对精神文化生活的渴求。

住房是一个国际性的关系着人们生活质量的建设项目。改革开放以来，计划经济年代的"分配"制正逐步向市场化转变。1987年是"国际住房年"，这不仅是中国参与的一个国际活动，其主题也正适合中国的国情。

看电影

"国际住房年"宗旨在于提请世界各国政府和人民集中思考住房问题，并为解决这个问题制定住房建设的总体规划、有关技术、经济政策和具体措施。世界上有130多个国家和1 200多个民间组织投入这项活动。中国政府积极支持"国际住房年"活动，提供捐款，设立中国委员会，开展了广泛多样的活动。

国际住房年

为此，发行纪念邮票一套1枚。邮图由红、白、灰三色组成，采用民间剪纸形式，以红色房屋为主图，灰色砖纹为背景，主图背景之间，配以白色屋形。红喜鹊剪纸造型又表达人们渴望舒适住房的美好愿望。整个画面朴实、雅静，设计新颖，简洁大方。

1987年有多套邮票以中国的传统文化为题。当然，这一年这一类邮票的"领军"者，当推"中国艺术节"。

中国艺术节

为促进中国艺术事业发展，扩大中国艺术的国际影响，自1987年开始举办"中国艺术节"。首届艺术节在北京举行。邮电部发行纪念邮票一套1枚。邮票主图选用中国北宋著名书画家米芾的行书"艺"字，避免了繁复的具体描绘，以一个汉字突出了主题，又在增强历史感的同时，表现了中国艺术的渊源流长。在设计上，以大红色作衬底，并以散金装饰，烘托出富丽吉祥的氛围，使这枚邮票的中国风格更加浓郁。

在"中国艺术节"的麾下，这一年有两套邮票彰显了传统艺术的魅力。

"曾侯乙编钟"以小型张形式刻画了一件宝贵的文化遗产。

曾侯乙编钟是1978年在中国湖北随县一座战国早期墓中出土的古代乐器。墓主是曾国君主乙。这套中国古代打击乐器共有65件，最大高153.4厘米，重203.6千克；最小高20.4厘米，重2.4千克，总重量为2 500千克。

这套乐器依照钟的形状大小和乐音高低排列，编成8组悬挂在3层钟架上。根据钟上的铭文和测音证明，这套编钟的每一件钟都能敲出两个相距小三度或大三度乐音。演奏时，由三个乐工执木槌，敲击出旋律。另外两名乐工，各执大木棒，敲击低音铜钟，构成和声。这套编钟音域宽广，音色柔和优美。

邮图下为曾侯乙编钟，上为竖排文字说明。图文辉映，似中国文人画卷中诗画一体的风格。整张邮票古朴典雅，布局精巧。

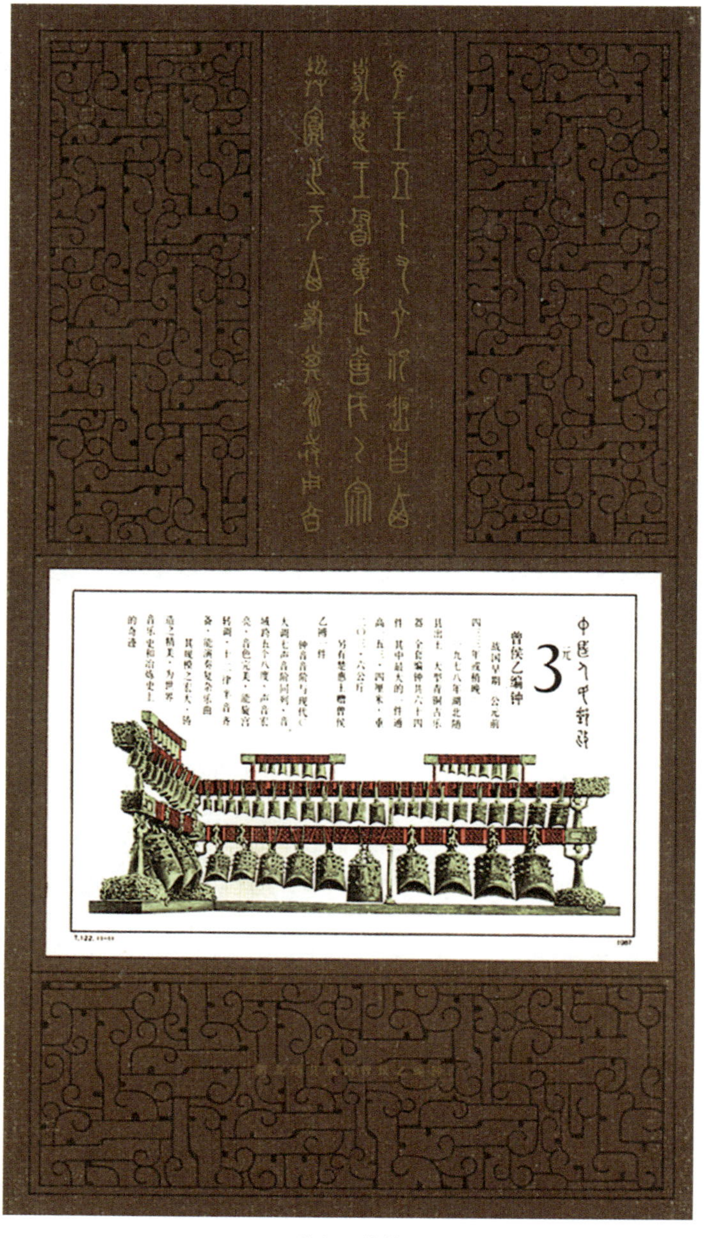

曾侯乙编钟

中国四大古典文学名著，不仅在国内家喻户晓，而且蜚声海外。1987年，继发行《西游记》《红楼梦》后，始发中国古典名著——《水浒传》邮票。

这套邮票是《水浒传》邮票的第一组，共4枚。

一为"史进习武"。史进是《水浒传》中出现的第一位梁山好汉，他在落难教头王进的指点下，刻苦习武，半年之中，十八般武艺样样精通。以后，他大闹史家村，最后归顺梁山泊。

二为"鲁智深倒拔垂杨柳"。邮图是鲁智深为震慑群小，将一株柳树连根拔起，赢得众人喝彩，揭示了鲁智深勇悍不凡的个性。

三为"林冲风雪山神庙"。林冲是京中八十万禁军教头，奸臣高俅为替其子夺林冲之妻，几欲置林冲于死地。在草料场的风雪之夜，林冲忍无可忍，杀死仇敌，走上梁山。画面以白雪为背景，林冲背身而立，夸张的动势和飞扬的红披风衬托出林冲愤怒至极，悲壮气氛直面而来。

四为"宋江义释晁盖"，说的是晁盖等人劫取大名府知府的祝寿礼被察觉，宋江飞马报告晁盖，使晁盖等人幸免于难。画面中刻画了刘唐的粗犷、吴用的精细、晁盖的豪爽与宋江的侠义，为水浒群英造像于方寸之间。

这套邮票还发行1枚小型张，题为"智取生辰纲"，刻画了晁盖、白胜等人设计醉倒杨志，智取生辰纲的紧张场面。

史进习武

鲁智深倒拔垂杨柳

林冲风雪山神庙

宋江义释晁盖

智取生辰纲

《水浒传》是施耐庵创作的一部鸿篇巨制,书中的故事情节和人物形象是集宋、元、明、清四代民间传说而成的文学作品。

"中国古典文学名著——《水浒传》"邮票分5组发行,共计20枚邮票和3枚小型张。分别发行于1987年12月、1989年7月、1991年11月、1993年8月和1997年12月,历时10年。其中最后一枚小型张以超大票幅将水泊梁山上的108将的形象均画于邮图之上,是一巧妙精美之作。

梁山英雄排座次

1988年

1988年，为了适应改革开放的需要，加速海南的开发建设，中国行政建制上将原属广东的海南岛，单独建省；这一年根据第七届全国人民代表大会第一次会议决议，正式设立海南省。为此，国家邮政发行了"海南建省"纪念邮票4枚。

"五指山"是海南的象征，它横亘于海南岛中南部，漫山原始森林覆盖，终年云雾弥漫，五峰伸出云端时，形同伸掌，故此得名。

"万泉河"风光旖旎，全长约160千米。它发源于五指山，横穿海南中部，在东海岸的博鳌港奔流入海。

五指山　　　　　　鹿回头

"天涯海角"位于海南三亚，海水共蓝天一色，沙滩耸巨石无数。石上有清代题刻"天涯""海角""南天一柱"。

"鹿回头"。海南省有少数民族七十余万，多为黎族。黎族有一个美丽的传说：很久以前，五指山有位勤劳的黎族青年，穷追一头小鹿三天三夜。小鹿到临海山崖处，无路可走，一回头变成了一个温柔的黎族少女对着猎手微笑。于是，他们结成夫妇，在此安居乐业。后人便把这里取名为"鹿回头"。

邮票的设计者将邮票题名"海南建省"四字刻成一枚海南省地图形状的随形印章，附于每枚邮票右上角，运用中国传统的篆刻艺术与主图构成一个整体，令人耳目一新。

为了表现改革开放以来的建设成就，自1988年始，国家邮政分组发行了特种邮票。这一年发行的第一组邮票，共4枚，有"秦皇岛港煤码头""齐鲁30万吨乙烯""上海宝山钢铁总厂"和"中央电视台"。

2008年发行的"中国电视事业暨中央电视台创立五十周年"邮票，又将20年后新建的中央电视台台址收入方寸邮花之中，显示了改革30周年建设成就的一个侧面。

上海宝山钢铁总厂　　　　　中央电视台　　　　　中国电视五十周年纪念

1988年又是一个人物云集的年头。这一年有8位名人位居邮花掩映之中。

以2枚一套的规格发行的邮票，有为无产阶级革命家陶铸、廖承志诞辰80周年和为彭德怀诞辰90周年发行的纪念邮票。这些邮票表达了人们对于革命先驱者的敬仰与悼念。

陶铸肖像

廖承志肖像

彭德怀肖像

彭大将军

这一年还有为著名教育家、学者蔡元培诞生120周年发行的纪念邮票，以及为中国现代科学家李四光、竺可桢、吴有训、华罗庚发行的邮票。为现代科学家发行邮票这只是第一组，而后又有多组发行。这批邮票反映了新时代对于科学技术的尊重与重视。

中国有"轻于鸿毛，重于泰山"的说法。这些在中国历史上留下英名的人物，就像泰山一样高高矗立在世人的心目之中。

蔡元培·人世楷模

1988年正好发行了"泰山"特种邮票，也为这些令人景仰的先驱作了寓意深远的"画像"。

泰山古称"岱宗"，因地处中国东部，故被称为中国五岳之东岳。又因为东方是万物交替、太阳初升之地，泰山又被誉为"五岳之长""五岳独尊"。古代帝王登基加冕或巡幸都要亲临泰山，祭祀天地，以求福佑。泰山还有历代文人墨客登临，留

地质学家李四光

气象、地理学家竺可桢

物理学家吴有训

数学家华罗庚

下诸多不朽名篇。

这套邮票采用影雕版印制，也为泰山留下精美的画幅。邮票 4 枚展现了泰山四大著名景观。

"岱庙晴雪"。岱庙在泰山脚下。雪后初霁，天地一色，在峥嵘古柏与晴雪银装的掩映下，岱庙玲珑剔透，气象不凡。

"盘道通天"。泰山尽处是南天门。那里，岩岭对峙，山道峻险，松涛灌耳；衣袂飘飘的游客在云间山中，如临仙境。

"大观雄峰"。大观峰位居岱顶，是一峻峭险隘。岩壁有碑，刻 996 字，为唐代开元十四年唐玄宗李隆基东封泰山时所书。字体雄浑，系书法中"唐隶"一派风格。近年又将碑文贴金加以保护，则更为壮观。

"云海日出"。唐代诗人杜甫有诗云："会当凌绝顶，一览众山小"。登泰山主峰下望，云蒸霞蔚，气象磅礴。晨立山顶之日观峰，可见旭日喷薄升于云海的奇观。

1988 年开始发行中国四大古典文学名著的最后一组邮票："中国古典文学名著——《三国演义》"。

《三国演义》全称《三国志通俗演义》，共一百二十回，叙写了东汉灭亡以后，魏国、吴国、蜀国三国君主为争夺中国的统治权征战的全过程。作者罗贯中在民间传说及民间艺人创作的话本、戏曲的基础上，依据《三国志》历史材料，创作了《三国演义》。书中塑造的人物形象如诸葛亮、关羽、曹操等，栩栩如生。

这套邮票的"桃园三结义"，展示的是刘备、张飞、关羽三人志趣相投，在桃园中结为兄弟。桃花象征结义的时间和地点；青龙装饰的太阳，寓意结义后将有阔远的前景。

"三英战吕布"。丞相董卓手下大将吕布骁勇善战，刘备、关羽、张飞三人合围吕布，使其败北。设计者采用俯视画法，描画了 4 位豪杰 4 匹马 4 种兵器杀在一起，气势逼人。

岱庙晴雪

盘道通天

大观雄峰

云海日出

桃园三结义

三英战吕布

凤仪亭

煮酒论英雄

"凤仪亭",展示大将吕布与歌伎貂蝉在凤仪亭私会的情景。

"煮酒论英雄"。东汉献帝为除曹操,密诏刘备讨伐。一日,曹操请刘备喝酒,席间,曹操说:当今天下,只有你我堪为英雄。画面上,曹操居正,昂首捻须,狂傲毕现。刘备则倍显窘态。

这套邮票中的小型张为"千里走单骑"。选自《三国演义》之二十七回"美髯公千里走单骑 汉寿侯五关斩六将"。

这套邮票与《水浒传》一样,都以工笔画法为基础,重线条、重传神,同时糅进夸张、写意技法,使人物形神兼备。画面则以赭黄为底,巧妙运用白绿,使画面清丽洒脱,颇具古典韵致。

1988年的邮票发行以"邮票中的邮票"作为结束。这"邮票中的邮票"就是1988年为"中国大龙邮票发行一百一十周年"发行的1枚小型张。

千里走单骑

1878年，清政府海关发行了我国第一套邮票——"大龙"邮票，标志着中国创办近代邮政的开始。数千年邮驿通信的历史将被现代邮政通信方式所替代。这套邮票共3枚，面值为一分银（绿色）、三分银（红色）、五分银（黄色）。先后分3期印制、发行。第一期为"薄纸大龙"，经考证为1878年7月24日至8月1日间发行；第二期"阔边大龙"，于1882年发行，其中"黄五分"为珍品；第三期为"厚纸大龙"，于1883年发行。

1988年7月2日，中国大龙邮票发行110周年纪念会在人民大会堂隆重举行；同日，"大龙邮票专题邮展"在中国邮票博物馆开幕，展出了许多珍贵的邮票和文物资料。

为此，国家邮政发行1枚小型张，邮图采用了"票中票"形式，将3枚大龙邮票作为邮票主图。龙票之上，为火焰簇拥金色宝珠；龙票之下，是明清常用的"海水江牙"装饰图案。设计者采用古代装饰绘画技法，追求庄重、和谐。

1988年就在大龙邮票的辉耀下迎接新的一年的到来。

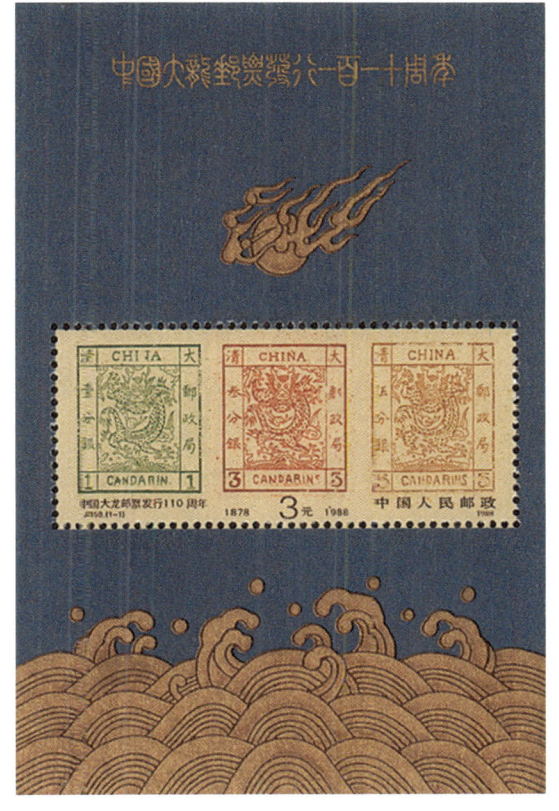

中国大龙邮票发行一百一十周年

1989年

在1989年的邮票中，人们看到了改革开放年代在科技领域的几项巨大成就。

其一是正负电子对撞机。北京正负电子对撞机是中国高科技领域继原子弹、氢弹、人造卫星之后取得的又一优异成果。

面对微观世界的基本粒子，人类不断探索揭示其结构的手段。对撞机就是观察微观世界的显微镜。1983年底，党中央、国务院将北京正负电子对撞机工程列入国家重点工程。1988年10月北京正负电子对撞机竣工。正负电子对撞机能加速正负电子束团使其对撞，并用大型探测器——北京谱仪做高能物理实验，同时还可以进行同步辐射应用实验。

国家邮政为此发行了一枚邮票。邮图选取了北京谱仪的外形和正、负电子对撞的象征性

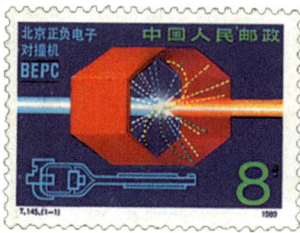

北京正负电子对撞机

的写意图案,下方配以"北京正负电子对撞机"的英文缩写BEPC的俯视框图。画面简明,色彩强烈,具有现代气息。

在中国国防现代化的进程中,"火箭"融高科技成果,取得了令世人瞩目的成就。中国在20世纪50年代中期成立了战略火箭研究机构。60年代中期,成功研制了中近程和中程战略火箭。1980年,新研制的固体潜地战略导弹水下发射成功。目前,中国已建立了能研制各类人造卫星、运载火箭、战略导弹的科研生产体系,在低温燃料运载火箭、同步卫星发射和卫星回收、测控技术等方面跨入了世界先进行列。

1989年国家邮政以"国防建设——火箭腾飞"为题发行了邮票。这套邮票共4枚,表现了火箭发射的基本程序——开进、检测、发射、飞行。

发 射

飞 行

1989年,我们看到了"华山"邮票的发行。在中国五岳之中,华山以险著称。

"自古华山一条路",从峪口到山顶,仅南北一线,逶迤曲折,艰险崎岖,印证着"华山天下险"之说。"华山"的4枚邮票,择取了华山四景观为图。

一为"西岳五峰"。有华山北、中、东、南、西五峰入画,其近景为北峰,远景为东、南、西峰,三峰环抱中为中峰。

二为"华山远眺"。白云缭绕的华山群峰尽收眼底。

三为"千尺幢"。在北峰山道上,有一条峻陡而遥长的石罅,左右挂有铁索,游人凭拉铁索登山,而在笔直的石壁上挖凿的260多级石阶,仅可容一足尖,其险惊人。

四为"苍龙岭"。岭长1 500米,宽仅1米,中间突起,形似鱼背,两侧是深谷。这是沟通南、中、东、西峰的唯一通道,因山形修长、山体青黑,如若腾空苍龙,故有"苍龙岭"之称。

溯源华山之名,说法很多。一般来说,其名总与华山形似莲花分不开;古语"华""花"通,如《水经注》所说"远而望之若花状",故名"华山"。

峻险之山刚刚展阅而过,一片静谧清新的碧波悄然涌来;那就是有"人间天堂"之誉的杭州西湖。1989年,"杭州西湖"邮票的发行为这一年送来了动人的平和气氛。

早在唐代,就有了"西湖"之称。宋代文人苏轼也写下过"欲把西湖比西子,淡妆浓抹总相宜"的诗句。可见,西湖早就因景色之美而载誉古今。历来,"西湖十景"其名如诗,其景如画。这"十景"其实是南宋画院画家马远、陈清波在所作西湖画卷上的题名——苏堤春

西岳五峰

华山远眺

千尺幢

苍龙岭

晓、平湖秋月、花港观鱼、柳浪闻莺、两峰插云、三潭印月、雷峰夕照、南屏晚钟、曲院风荷、断桥残雪。

这套邮票选取苏堤春晓、曲院风荷（注：此为清朝康熙皇帝改名）、三潭印月、断桥残雪四处景观为画面，再现了西湖春夏秋冬四季的不同风光。

"苏堤春晓"，西湖十景之首。这是纵贯西湖的一条长堤，从南屏山麓，直衔曲院风荷，绿荫席堤，与碧波相映，殊若入画。

"曲院风荷"，临湖的一间小小园林。院内种了荷花，夏来翠围红绕，馨香四溢。

"三潭印月"，在西湖毗邻小瀛洲的水面上。那是三个小石塔，塔身中空，有五圆孔。每当皓月当空，塔内点烛，洞口蒙上薄纸，灯光从蒙上薄纸的洞孔透出，宛如一个个小月亮。再与水天明月相映，景色宜人。

"断桥残雪"，位于西湖白堤东端。在民间传说《白蛇传》中，白娘子与许仙在此地相会，更为断桥蒙上了一层浓郁的浪漫色彩。

这套邮票还配发一枚小型张，画面为鸟瞰的西湖全景图，烟波浩渺，草木馥郁，山随水摇，意境深远。

在1989年，邮票上可以见到3位古今名人。

苏堤春晓　　　　　　　　　　　曲院风荷

三潭印月　　　　　　　　　　　断桥残雪

杭州西湖

  一代宗师孔子是伟大的思想家、政治家和教育家。其志欲改良时政，复兴周礼，创立儒家学派。又在晚年致力于教育与著述，整理了《诗经》《尚书》等古文献；删订《春秋》，阐释《周易》，审定《礼》《乐》，且有《论语》流传百代。孔子是中国传统文化的象征，他的影响遍及世界。

  1989年是孔子诞生2 540周年。为此，国家邮政发行孔子纪念邮票2枚。

  其一为"杏坛讲学"。杏坛在山东曲阜孔庙大成殿前，相传当年孔子曾端坐杏坛之上，

杏坛讲学

周游列国

辅导弟子读书。此幅杏坛讲学图,没有绘出杏坛,而只表现孔子讲学情景。

其二为"周游列国"。邮图描绘孔子历游宋、卫、陈、曹、郑、蔡、齐、楚等国的景况,再现孔子实施自己政治主张的顽强精神。

小型张图案则汲取历代孔子肖像精华重新画成,疏眉朗目,神采奕奕。边饰为六艺:礼、乐、射、御、书、数。

这套邮票以精美的印刷获得 1989 年最佳邮票评选中的最佳印刷奖。

时过境迁,1989 年,适逢中国马克思主义者、无产阶级革命家李大钊同志诞辰 100 周年。

李大钊(1889—1927),早年受西方教育熏陶,并受孙中山民主革命的影响。后接触社会主义思想,从事反对军阀的民主运动。俄国十月社会主义革命后,李大钊积极传播马克思列宁主义,发表了《庶民的胜利》《布尔什维克主义的胜利》等著名论文。1920 年初和陈独秀酝酿成立中国共产党,积极领导反对日、英帝国主义和军阀混战的群众斗争。1927 年 4 月被奉系军阀张作霖逮捕,28 日在北京英勇就义。

这套纪念邮票共 2 枚。一为"李大钊像"。肖像衬以一幅历史照片:在确定国共合作的国民党第一次全国代表大会上,李大钊与孙中山一起步出会场的情景。二为"大义凛

孔子肖像

李大钊像

大义凛然

瞿秋白

瞿秋白

然"。这是李大钊临刑前的一张照片,背景是北京万安公墓李大钊墓的碑文。

为中国革命事业英勇捐躯的另一位志士,是中国共产党早期领导人,伟大的马克思主义者,卓越的无产阶级革命家、理论家和宣传家,中国革命文学事业的奠基者之一——瞿秋白。

瞿秋白(1899—1935),出生在一个没落的官僚士绅家庭。1919年,"五四"运动时参加领导北京学生爱国运动。而后参加了李大钊等组织的"马克思学说研究会",并以北京《晨报》记者身份前往苏联。在苏联期间,写了大量通讯报道,汇编成《俄乡纪程》和《赤都心史》。在中共四大、五大、六大中当选为中央委员,并主持过党中央工作。

1935年6月18日在福建长汀英勇就义,临刑时镇静从容,高唱《国际歌》,高呼"共产主义万岁"口号,走向刑场。

1989年正值瞿秋白同志诞辰90周年,国家邮政发行了纪念邮票。

第五本集邮册

"春日辰光"

(1990—1999)

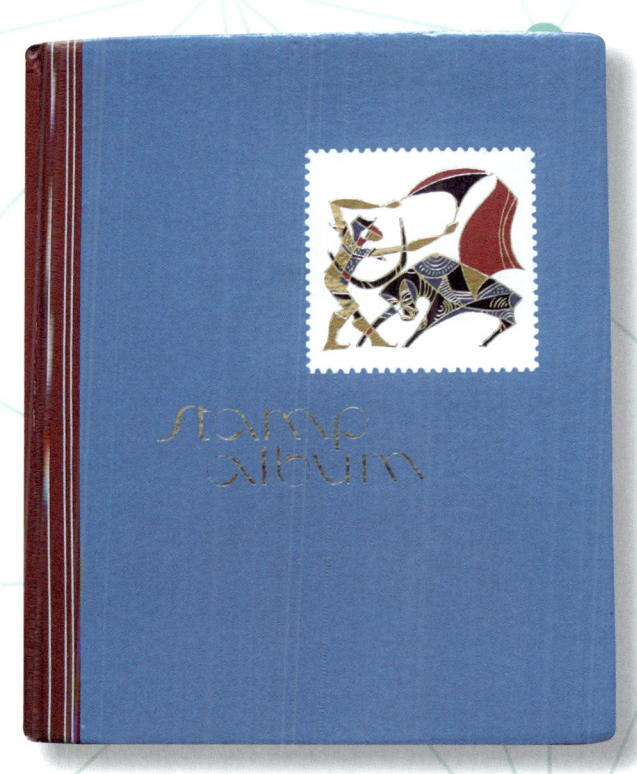

提　要

1990年到1999年，这是中华人民共和国的"春日辰光"。

改革开放十余个年头之后，又一个10年来到了。大改革、大开放，已经透出了大成效、大变化。特别是由于经济所有制多元化的布局，使一个古老的国度发生了前所未有的巨大变革。由此人们的思想、观念以及情感也有了根本性的转变；对于人的尊重，对于生命的敬畏，对于生活质量的追求，对于法则、规律的认同以及既务实又长远的眼光，使进入到"知天命"岁月的中华人民共和国充溢着春天般的生气。

这是一个继续走向改革开放的10年，这10年，祖国处处是"春日辰光"。这10年，在方寸邮票的天地间也染上了"春"的绿颜。

1990年

在北京人民大会堂，国家领导人参加的一年一度的春节团拜会上，席面上最引人注目的是绿莹莹的水仙花。它昭示了一年一度的春日的到来。

中国水仙花产于温暖的南方，尤以福建漳州为盛。主要有两种品系，一为单瓣型，花被六裂，称"金盏银台"；一为重瓣型，花被十二裂，称"三玲珑"。水仙花无土栽培，生于水中。新春岁首，水仙盛开，其花姿绰约、仪态万千，其淡雅素洁之秀色、幽馨芬芳之清香，令人心旷神怡，被人们称为"凌波仙子"。

多年来，人们给水仙花取了不少美丽的名字，如金盏、银台、俪兰、雅客、女星等。这些名字都有着关于水仙优美动人的民间传说和故事。据传，唐代武则天要百花同时开在她的御花园，福建的水仙花六姐妹也被迫西上长安。最小的花妹不愿独为女皇一人放蕊，只行至长江口，见江心有一块净土，便悄悄留在了崇明岛。所以，福建水仙五花一株开，惟崇明水仙一朵怒放。

在迎接1990年到来之际，与"马"年生肖邮票为伴，正月里发行了特种邮票"水仙花"4枚。"金盏银台"，绘了花形；"千瓣素影"，画了水仙之冰肌玉质；"瀑布迎春"和"玉蕊满堂"留下了整盆水仙景致。

金盏银台　　　　千瓣素影

这是一个绿色的年代。继"水仙"之后，又有绿染方寸。"绿化祖国"邮票与其说是表现祖国植被的繁盛，不如说是表达了一种人与生态和谐共存的时代理念。

目前，地球上的森林面积正在减少，生态环境日益恶化。植树造林，保护森林，增加国土的绿色植被，关注生态环境的改善，已成为当今世界引人注目的重要课题。

中国的森林覆盖率只有约13%，且分布极不均匀。为改变这种落后面貌，1979年2月，五届人大常委会第六次会议决定，将每年的2月20日定为"植树节"。

全民义务植树

为此，国家邮政发行邮票4枚。

其一为"全民义务植树"。邮图上有层层林木，深浅有致，表明提高森林覆盖率的关键是植树育林。

其二为"城市绿化美化"。邮图表现了现代城市置于林海之中，城市园林化是人类的追求。

其三为"建设绿色长城"。邮图描绘了西北、华北、东北防护

林茂粮丰

林建设对防范土地沙化所起的重要作用。

其四为"林茂粮丰"。邮图上是苍松翠柏,中有硕果累累,下衬层层麦浪,一派生态平衡的喜悦气象。

在1990年,先后发行了两种古代传统文化主题的邮票。其中有秦代的文物——"秦始皇铜车马"和唐代的名画《韩熙载夜宴图》。

秦始皇的陵墓在今陕西省临潼县境内,距西安35千米。1974年,发掘了秦始皇陵的兵马俑坑,轰动世界。继而1980年12月,又在秦始皇陵出土了两乘铜车马,被誉为"青铜之冠""国之瑰宝",也属稀世之宝。

铜车马是秦始皇生前车马仪仗的象征。前后两乘车名为立车和安车,均为双轮单辕,前驾4匹铜马,各有铜御官俑驾车。车、马和俑的大小相当于真车、真马、真人的二分之一。这套仿物的精心制作,真实地再现了始皇帝的车驾风采。铜车马主体为青铜所铸,一些部件则为金银饰品。其精湛的制造艺术,反映了两千多年前古代工匠卓越的创造力。

御官俑头像　　　　御马头

"秦始皇陵铜车马"特种邮票有2枚邮票和1枚小型张。一枚邮票是御官俑的头像,虽为铜质,却眉目如生,端相动人。另一枚邮票是御马头图,其为铜铸,且犹活物,似一鸣震天。而小型张则是两乘铜车马的全景图,观之,犹见车辚辚、马萧萧的始皇大帝仪仗队列的威武气象。

又越千年,一位五代大画家顾闳中笔下的《韩熙载夜宴图》脱颖而出。这幅画讲述了一段有趣的史实。

韩熙载曾任南唐中书侍郎、光政殿学士承旨等官职。当时江南少战乱,且风光秀丽、经济发达,官僚士大夫多奢侈贪糜,并时兴府邸蓄有歌伎。史书载,韩熙载家有歌伎四十余人。但其有政治才干,颇具艺术造诣,谙乐善舞,长于诗画。他痛心南唐国势日衰,深恶官宦争权夺利,隐居于市,不出山任相。韩熙载将内心郁苦寄托在夜宴之中。南唐后主李煜闻听韩熙载生活"荒纵",派画家顾闳中夜潜韩宅,窥其纵情声色场面,目识心记,画成"夜宴图"。

这套邮票以5枚连印,也称五连票。一个五连邮票将这幅3米长卷名作,精美地再现于小小的方寸画幅中。5枚相连的邮票恰与原画的5个段落相符,每一段画面均以屏风相隔。

第一枚为画之第一段"听乐"。这是全画中出场人物最多的一个场面。韩熙载头戴高冠,盘坐榻上,聆听乐伎演奏琵琶。邮票细致地描画了众人被美妙的音乐慑住心魄的姿态和神情。

第二枚为画之第二段"观舞"。韩熙载站立击鼓,亲为舞者伴奏。观者或击板,或拍掌,

秦始皇陵铜车马

五代·南唐 韩熙载夜宴图

迷醉于舞乐之中。

第三枚为画之第三段"休息"。韩熙载在夜宴间歇,悠闲地洗手,旁有诸女也在悠闲地言谈,此时管弦尽收,床帷敞开,以待休憩。

第四枚为画之第四段"清吹"。韩熙载夜宴至畅快淋漓之时,袒胸露腹、挥扇而坐,细听管弦。5名乐伎一字排开,各有动态,各有情致,细腻地刻画了夜宴高潮的情境。

第五枚为画之第五段"送别",描绘了宾客与乐伎欢语情状;韩熙载立于中,挥手向客人告别。

《韩熙载夜宴图》珍藏在北京故宫博物院,其用笔细润圆劲,设色浓丽,人物形象清俊、娟秀,栩栩如生,是今存五代时期人物画中最杰出的代表作。

1990年9月22日，第十一届亚运会在北京开幕。这是亚洲的一个隆重的体育盛会，其宗旨是：发扬奥林匹克运动会的精神，鼓励和引导亚洲国家业余体育运动的发展。

为祝贺这次运动会的召开，邮电部发行了"1990·北京第十一届亚洲运动会"纪念邮票。

邮票的6幅画面，采用了剪纸和撕纸相结合的手法，将运动员的动作夸张变形。剪过的挺拔轮廓、手撕的不规则缘面，带来一种动感，将"田径运动""体操""武术""排球""游泳"

田径运动

武　术

游　泳

亚运会吉祥物

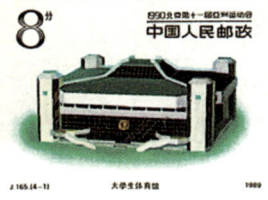
北京大学生体育馆

北京工人体育场

1990年北京第十一届亚洲运动会

"射击"6项运动生动别致地跃然于纸上,产生了独特的艺术效果。

为迎接北京亚运会的举办,从1988年起,每年发行一套邮票,分别是1988年的以亚运会会徽、吉祥物为图的第一组邮票2枚;1989年的以运动场馆为图的第二组邮票4枚,以及1990年发行的第三组邮票6枚。其中,亚运会开幕的这一年还发行了一枚小全张,将3组邮票共12枚全部囊括,印在一起,形成一枚精美的亚运会邮票的"大全",这枚小全张,布局均衡,主题突出,格调新颖,令人赏心悦目。

在对外开放走向深入的1990年,邮票上还有一批国际题材的内容开阔了人们的视野。

一枚国际题材的邮票是"国际扫盲年"。

1985年联合国教科文组织举行会议认为,在2000年前扫除文盲是一项紧迫的任务,它应成为整个国际社会和教科文组织的优先目标。在后来的大会上宣布1990年为"国际扫盲年"。

这枚邮票的邮图是"国际扫盲年"徽志,由日本美术家设计。徽志两侧是绿叶,中为一人举书,像一把钥匙,也像一个幼芽。它表达一个主题:知识给人幸福;知识打开心灵之窗;知识让人新生。四周以中、俄、英、法、西班牙和阿拉伯文字书写"扫盲"二字。

国际扫盲年

1990年有7位中外名人出现在邮票上。

诺尔曼·白求恩在中国

其中有国际友人诺尔曼·白求恩,这套邮票是为纪念其百年诞辰与加拿大联合发行的。同图异国的邮票联合发行方式,开启了一个开放性的新的系列,这也是只在开放年代才有的创新举措。

还有两位中国无产阶级革命家、中国开国元勋登上了邮票的方寸天地。

一是为"李富春同志诞生九十周年"而发行。

李富春,1922年加入中国共产党。曾任国民革命军第二军副党代表兼政治部主任,中共江西省委、江苏省委、广东省委负责人,中共江西省委书记。后参加红军的长征,到陕北后,任中共陕甘宁省委书记、自然科学院院长等。中华人民共和国成立后,曾任重工业部部长、国家计划委员会主任、国务院副总理、政治局委员、常委、中央书记处书记等职。

这套纪念邮票共2枚。一为"李富春同志肖像",二为"战争年代"。

另一套是为"张闻天同志诞生九十周年"而发行的2枚邮票。

李富春同志肖像

张闻天同志肖像

张闻天，1925年加入中国共产党，历任中共中央宣传部部长、中央政治局委员、书记处书记和中华苏维埃共和国人民委员会主席。长征途中，出席遵义会议，对确立毛泽东的领导地位起了重要作用。中华人民共和国成立后，先后任驻苏联大使、外交部常务副部长。1959年在庐山会议上受到错误批判，被撤职，转而从事经济研究工作。1976年1月病逝。

邮票第一枚是"张闻天同志肖像"；第二枚是张闻天身穿军装的半身像。

伟人犹若山岳，永远屹立在历史上，永远铭刻在人们的心目中。

1990年一套"衡山"邮票，既承载了中华风光的奇绝，也寄托了人们对于楷模的景仰。

衡山，位于湖南，绵延400千米，有峰72座。衡山除有宗教古建筑外，还有历代名士登临的胜迹和碑记石刻，更有神话传说为衡山留下颇具奇妙的人文景观。衡山其景可用势雄、景秀、境幽来概括，素有"衡山天下秀"之说。

这套邮票共4枚。

"大庙巍峨"。以衡山现存南岳大庙为图。大庙是中国五岳庙中规模最大、总体布局最完整的古建筑群。

"南岳如飞"。图中云雾弥漫于山峰，雾沉云移，山峦延伸如翼，有跃然欲飞之势。

"衡山独秀"。衡山势雄内秀，外刚内柔；山处亚热带，植物繁多，山峦叠翠，终年葱郁，有"五岳独秀"美称。

"祝融雄峰"。祝融峰海拔1290米，为衡山诸峰中最高一座。峰顶祝融殿，供奉火神。殿右有巨石，上刻"唯我独高"；殿西有望月台，峰顶下南山之上有观日台；邮图上祝融峰高耸于云海之上，峰顶融落日余晖下，于一派红色之中，显出雄伟之势。

开放的1990年过去了。1991年的邮票更有特色。

南岳如飞

祝融雄峰

1991年

"与国际接轨"是这一历史时期最常出现的一个词汇。这反映了开放初期人们的普遍心态，也是当时国家奉行的一个必要的举措。看20世纪90年代发行的一些邮票，亦可见鲜明迹象。

1991年就有3套邮票为国际题材。

一是"巴黎公社一百二十周年"纪念邮票，一枚邮票上的"公社墙"记载了百余年前的那段浴血的历史，而常青的花圈则寓意了"公社精神"千古不朽。形象的"语言"、简洁的构图蕴涵了深刻的思想，传递了丰富的信息。

巴黎公社一百二十周年

南极洲，是地球南纬60°以南的陆地与岛屿，总面积近1 411万平方千米。那里矿产资源、水生资源丰富，有重要的军事和经济发展前景。从20世纪初，英国宣布对南极一部分领土拥有主权后，阿根廷、澳大利亚、比利时、智利、法国、英国、日本、新西兰、挪威、南非、美国和苏联等12个国家代表于1959年12月协商签署了《南极条约》，有效期30年。条约主要内容是：南极地区只用于和平目的；科学考察自由，实行环境保护；科研人员和资料交换自由；禁止在南极建立军事基地，不准进行核试验、核爆炸和倾泻放射性废物等。1983年6月中国加入条约，于1984年11月组队首赴南极考察；并在1985年2月建立我国第一个南极科学考察站——长城站。1989年2月又建立了第二个中国南极考察站——中山站。

南极条约生效三十周年

1991年国家邮政发行"南极条约生效三十周年"邮票1枚。邮图以大面积白色绘制出南极地图，在"白色大陆"有南极的象征性生物——企鹅。邮票的色调以蓝白为主，刻画了南极世界的纯净无瑕、毫无污染、海天一色的自然景观，表明南极是地球上至今尚未被开发的人类最后的天然科学实验圣地。

另一套邮票是为在北京召开的"第十三届国际第四纪研究联合会大会"而发行的。

地质学家把几十亿年的地球历史划分为许多"纪"。第四纪是最新的一个纪，也就是大约240万年以来的地质时期。在第四纪的地球上发生过两件惊天动地的大事：一是地球两极出现大冰盖，故有"冰河"时期之称；二是地球上出现了人类。

第十三届国际第四纪研究联合会大会

早期人类是由古猿演变而来。所以，第四纪是人类生存和发展的时代。1929年，中国科学家裴文中在北京周口店发现北京猿人头盖骨化石，"猿人是早期原始人类"的概念渐被接受，达尔文的"进化论"思想得到有力的实物证明。这是我国科学家对世界文明进步的重大贡献。如今我们仍生活在第四纪时期。"第十三届国际第四纪研究联合会大会"，以"全球环境变化与人类活动的关系"作为议题，共同探讨有效保护全球环境。

这套邮票也是 1 枚。邮图以炭笔素描刻画北京猿人头像，神秘的远古历史跃然纸上；画面取黑、白、蓝色组合，冰河时期的原始氛围油然而出。在北京猿人为主图的设计中，以古老的猛犸象和犀牛以及喜马拉雅山冰川为背景。邮票色调和谐，构图严谨，形象生动，层次鲜明，概括了第四纪的重要生物与地貌特征。

1991 年的邮票"名人册"上包括以下名人。

陈胜、吴广，两千多年前的农民起义领袖。为其举义二千二百年而发行的邮票 1 枚，邮图为一尊凝固了历史情景的雕塑。

陈胜、吴广农民起义二千二百年

陈毅（1901—1972），无产阶级革命家、军事家、外交家，中国人民解放军的创建者和领导者之一，党和国家的卓越领导人。为"陈毅同志诞生九十周年"发行的纪念邮票，第一枚是其肖像；第二枚是陈毅 1960 年亲笔书写的诗句："大雪压青松，青松挺且直；要知松高洁，待到雪化时。"这首诗是陈毅元帅一生的真实写照。

辛亥革命时期著名人物徐锡麟、秋瑾、宋教仁也表现在邮票上。

陈毅同志肖像

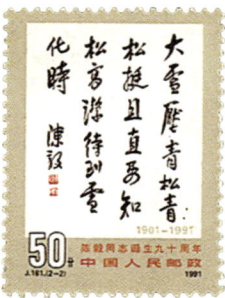

陈毅·《冬夜杂咏之一》

徐锡麟

秋　瑾

宋教仁

陶行知（1891—1946），中国近代教育家。毕生从事中国平民教育事业，百折不挠"为中国教育寻觅曙光"。抗战期间，提出教育必须为民族革命和民主革命服务。1946 年 7 月逝世，毛泽东为其写了悼词："痛悼伟大的人民教育家陶行知先生千古。"

为纪念"陶行知诞生一百周年"，国家邮政发行 2 枚邮票。一为"陶行知肖像"，一为"求真与做人"。邮图为陶行知于20世纪30年代所摄全身像,并以陶行知著名格言为背景:"千教万教教人求真,千学万学学做真人"。邮票以蓝色为基调,象征知识就是力量。

徐向前(1901—1990),无产阶级革命家、军事家。在工农革命武装时代,在抗日战争时期、解放战争时期,历任军事要职。中华人民共和国成立后,曾任中共中央军委总参谋长、中央军委副主席、全国人大常委会副委员长、国务院副总理兼国防部长等职。1955年被授予元帅军衔。纪念"徐向前同志诞生九十周年"邮票共2枚。照例第1枚为"徐向前同志肖像";第2枚表现了徐向前戎马生涯中的形象。

徐向前同志

陶行知·求真与做人

中国人民是坚不可摧的。中国悠久的物质和非物质的遗产也是久经考验的。

在2008年5月的四川汶川大地震中,千年古代水利工程都江堰没有被毁。这座水利"巨作"不仅经受了时间的考验,而且经受了大灾的洗礼,如今仍稳稳屹立在岷江之上。都江堰建于战国后期,相传由蜀郡太守李冰修建,至今已有2 240多年,如今仍发挥着"水利"之用。这是一座在世界人民心目中永远不倒的人类物质文化遗产。

1991年发行的"都江堰水利工程"特种邮票共3枚,邮图为都江堰的三大枢纽工程,即分水堤坝"鱼嘴"、泄洪、排沙和调节水量的"飞沙堰"和控制进水流量的"宝瓶口"。

鱼 嘴

宝瓶口

其实,一个民族的崛起很重要的是要有一种不屈不挠的精神。1991年发行的"第一届世界女子足球锦标赛"邮票,刻画了中国女子足球队可贵的拼搏精神。

足球被称为"世界第一运动"。1890年英格兰首次举办女子足球赛,到了20世纪50年代,世界女足运动才开始兴起。1924年,中国成立了第一支女子足球队。1986年,中国女子足球队首赴香港参加第六届亚洲女子足球锦标赛,并以4战4胜夺得桂冠。虽在中国广州举行的"第一届世界女子足球锦标赛"中,中国队获第五名,未能卫冕,但多

英 姿

年来中国女足的业绩与精神深为世人所钦佩。1995年中国女子足球队获得第二届女子足球世界杯赛的第四名。1991年至1997年中国队蝉联第八至第十一届亚洲女子足球锦标赛冠军。1996年7月在第二十六届奥运会上,中国女足获得亚军,实现了中国足球史上的一大突破。亚洲足球联合会秘书长维拉潘说:这不光是中国的荣誉,而且是亚洲的荣誉。

"第一届世界女子足球锦标赛"纪念邮票共2枚。一为"会徽",二为"英姿"。刻画一位女足运动员的健美英姿,生动地体现了巾帼气质,背景所衬绿底寓意着生命常青。

1992年

白 鹳

杉树·水杉

从这一年的邮票上看,这是一个充满春意的年代。1992年邮票的目录中有这样一些充满诗意的名字——鹳、杉树、近海养殖、昆虫、青田石雕等。

鹳的临水悄然玉立、杉树针叶与坚果的多彩、近海养殖的鱼虾贝和海带、昆虫轻盈斑驳的身影、青田石雕剔透多姿的造型,无不显示出一个轻松年代对于中国生态与文化的轻松表述。对于传统文化,邮票上总是给以浓彩重抹的表现。

近海养殖·海带

昆虫·七星瓢

青田石雕·高粱

这一年,在继续发行的"中国古典文学名著——《三国演义》"第三组和"敦煌壁画"第四组共9枚邮票中,有一枚小型张是"敦煌壁画"的唐代观音菩萨,造型端庄,气宇不凡。时隔一个月,又有以海上"观音菩萨"著称的"妈祖"邮票1枚发行。

妈祖,生于宋建隆元年。相传她自出生至满月不啼不哭,故名"林默"。她"幼而聪颖,不类诸女";8岁时从师训读;10岁时,"喜净几焚香,诵经礼佛";长大后,立志行善济人。民间流传着许多关于她救助渔民和商船的故事。宋雍熙四年（987）九月初九，年仅28岁的林默在湄州岛"羽化升天"，百姓即建"妈祖庙"奉祀。传说她仍飞翔在海上，显灵佑护船只，拯救海难。其后各朝对妈祖均有敕封，从"夫人""天妃""天后"直至"天上圣母"。

据统计，全世界共有1561座妈祖庙。邮票画面上的是矗立在湄州岛上的巨型妈祖石雕。这座雕像高14.35米，所雕妈祖头戴凤冠、冕旒，身着龙袍，外披斗篷、云肩，内饰霞帔，双手持如意状，双目远望，既庄严大度，又慈祥仁和，富有母爱情感。

1992年，对于生态的关注特别引人注目。一套"联合国人类环境会议二十周年"纪念邮票，展示了联合国人类环境第一届会议通过的著名的《人类环境宣言》宗旨。

"只有一个地球"是《人类环境宣言》（简称《宣言》）的主题。《宣言》呼吁："如果人类继续增殖人口，掠夺性地开发自然资源、肆意污染和破坏环境，人类赖以生存的地球，必将出现资源匮乏、污染泛滥、生态破坏的灾难。"

这套邮票的画面是一朵洁白的鲜花，它扎根于一片洁净的土地上；蔚蓝色的天空与白云中有鸟在飞翔，绿色丛林似传来美妙音乐；清澈的水中鱼在游弋。配以地球图形与经纬线巧妙组合，象征了一个人人向往的纯洁、美好、和谐的理想世界。

唐·观音菩萨

妈祖像

联合国人类环境会议二十周年

国际空间年

1992年被联合国定为"国际空间年"。这是旨在促进发展中国家空间技术的发展及应用,造福于人类的一个宣传活动。

"国际空间年"邮票的设计者对人与日月星辰及整个空间进行了大胆的构想。画面以中国古代火箭为主图,背景衬以整个银河系的外貌。深邃无垠的宇宙空间和运动中的红色火箭形成了物象的曲直、大小、疏密以及颜色冷暖的强烈对比,富于神秘感。图案包含了从微观到宏观、从古代到现代、从已知世界到未知世界的博大内容,诱发人们联想,并切合国际空间年的"开发、探险、教育"主题。

同样,在1992年还发行了纪念著名人物的邮票。其中有"党的好干部——焦裕禄""罗荣桓同志诞生九十周年""刘伯承同志诞生一百周年",以及"中国科学家"第三组——数学家熊庆来、微生物学家汤飞凡、医学家张孝骞、建筑学家梁思成。

党的好干部——焦裕禄

宪法,是国家的根本大法。它规定一个国家的社会制度、国家制度、国家机构、公民的基本权利和义务等。在一个国家的全部法律中具有最高的权威和最大的效力,也是制定其他法律的依据。

我国在1954年制定《中华人民共和国宪法》(简称《宪法》),其后,在1975年、1978年、1982年做了修改;1988年又对1982年《宪法》的

罗荣桓肖像

刘伯承肖像

数学家熊庆来

微生物学家汤飞凡

医学家张孝骞

建筑学家梁思成

个别条款做了修改和补充。为了纪念现行《宪法》颁布10周年,大力增强广大干部和人民群众的宪法意识,邮电部发行了"中华人民共和国宪法(1982—1992)"邮票,这是我国发行的第四套以宪法为内容的邮票。

这套邮票1枚,邮图居中是《中华人民共和国宪法》的封面,在黄、绿、蓝、紫的衬底上,一对金色凤凰环绕《宪法》飞舞。凤凰在中国古神话中是保护神,是和平幸福的瑞鸟。画面静中有动,"箫韶九成,凤凰来仪",表达了对国家繁荣昌盛、人民安居乐业的美好祝愿。

从1992年开始,中国邮票的编排志号又有了新的设置。由最早的"纪""特"到"文革"的无志号,再到编号志号;又到J、T志号,直至这一年新定为以发行年代及顺序编号。这个编号一直沿用至今。

中华人民共和国宪法

1993年

这几年邮票的发行套数有所减少。1993年只发行了17套,比80年代的有些发行近30套的年头,数量大减。但从选题上看,则更精彩也更典型了。

1993年的几件"大事"都反映于邮票之上。

第八届全国人民代表大会召开,简单的1枚邮票,以红色为基调,大有喜庆气氛。

还有第7届全国运动会开幕,也是1枚邮票,一改过去多枚邮票组合体育运动会邮票的结构,显出了简约与明快。

1993年5月在上海举行了第一届东亚运动会。这次运动会有东亚的8个国家和地区千余名运动员参加。为这次国际盛会发行的邮票也只有2枚。设计者采用了形式新颖的横连票构图,邮图画面开阔,表现了运动会的规模和气势。两连票居中的背景是上海体育馆;左侧,用轮廓线勾勒出抽象化的8个田径运动员冲刺

中华人民共和国第八届全国人民代表大会

身姿;右侧,出现了运动会的吉祥物小鸡"东东"。东东笑态可掬,形象活泼。横跨两枚邮票的上海体育馆的上方,浮现一抹淡淡霞光,标示了东亚是世界上最早迎接太阳升起的地方,寓意着东亚的崛起。

中华人民共和国第7届运动会　　　　运动员　　　　吉祥物

"第一届东亚运动会"邮票还获得1993年最佳邮票评选的最佳纪念邮票。

这一年的另外两件"大事",就是党和国家领导人毛泽东和宋庆龄百年诞辰。应当说,为这两位伟大人物发行邮票,没有采用过去的大套多枚方式,仍然是一套2枚,简简单单,只不过为毛泽东多加了一枚小型张。

为宋庆龄同志所发邮票,温馨轻盈;为毛泽东同志发行的邮票,凝重深沉。以中华人民共和国成立初期毛泽东肖像为图的小型张则亲切雅致。

还有一枚纪念名人百年诞辰的邮票,是为著名的爱国民主将领杨虎城将军发行的。

宋庆龄

毛泽东在中南海

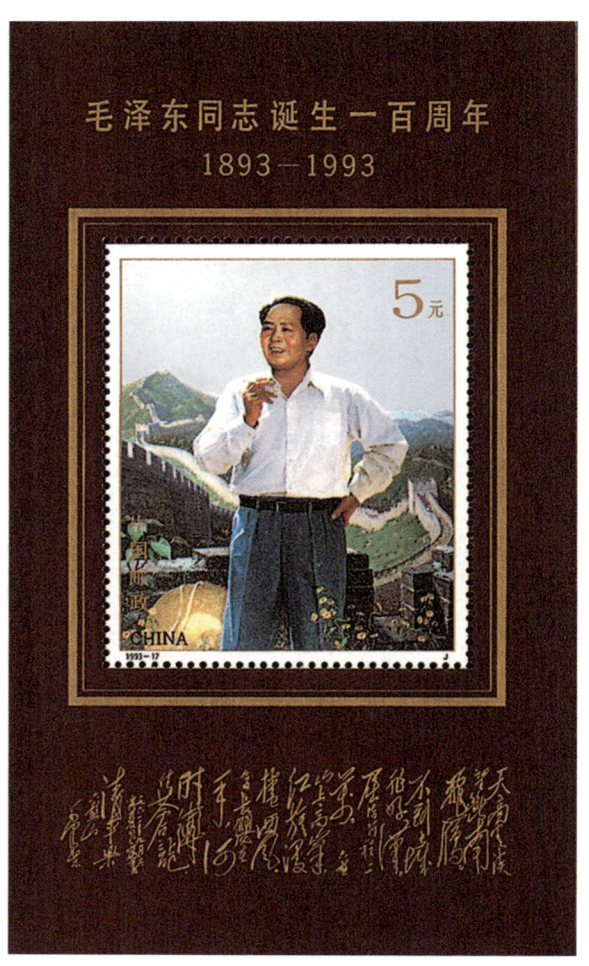

毛泽东同志诞生一百周年

杨虎城（1893—1949）将军，早年投身于孙中山先生领导的辛亥革命运动。"九一八"事变后，他主张抗日，反对蒋介石的"攘外必先安内"的政策。1936年12月12日，他和张学良将军共同发动了著名的"西安事变"，迫使蒋介石停止内战，促进了国共第二次合作，推动了全面抗日战争的展开。"西安事变"和平解决后，被迫"出洋考察"，抗战全面爆发后回国，被蒋长期囚禁，1949年9月被秘密杀害。

杨虎城诞生一百周年

这枚纪念邮票的主图为身着戎装的杨虎城将军半身肖像。背景衬以松影，象征他的高风亮节，以及不朽的历史功绩。

作为纪念爱国将领、民主志士题材，这枚邮票恰与同年发行的一套"爱国民主人士"邮票相衔。

这套邮票所纪念的爱国民主人士与中国共产党长期合作共事，他们经历了抗日战争、争取和平民主、推翻国民党统治和建立中华人民共和国这样的历史过程。这4位爱国民主人士如下。

爱国民主人士——李济深

爱国民主人士——沈钧儒

李济深，国民党军中的著名爱国将领，中国国民党革命委员会的创始人和主要领导人。

张澜，著名爱国民主人士，中国民主同盟的发起人和领导人。

沈钧儒，现代著名的法学家、社会活动家，进步团体"中国民权保障同盟"领导人。

黄炎培，著名的民主革命家、教育家。

爱国民主人士——张澜

爱国民主人士——黄炎培

邮票设计者特别注重人物面部的刻画，力求在形似中达到神似。画面现出了李济深先生的刚直、张澜先生的坚毅、沈钧儒先生的淳朴和黄炎培先生的和蔼。

从杨虎城将军到4位爱国民主人士，有文有武，构成了中国近代革命史上一道峰峦迭起的山脉。

说到峰脉，1993年还有一座在"五岳"之外的大山进入了邮票的方寸之间，这就是以自然奇观取胜的长白山。

长白山位于吉林东部，是鸭绿江、图们江和松花江的发源处。主峰海拔2 749米。奇特的垂直景观和火山地貌构成长白山独特的自然景色。雪山、林海、瀑布、温泉，以及在几小时内可使人领略从温带到寒带的完整的自然生态，使人如入仙境。联合国教科文组织曾将长白山归入联合国"人与生物圈"系统。

这套邮票共4枚。

"长白山天池",位于主峰火山锥体的顶部,由火山口长年积水而成。

"高山苔原",长白山火山锥体的植物以灌木及多年生草本、地衣、苔藓之类为主。

"长白山瀑布",其位于天池北侧、乘槎河尽头,是高达68米的中国东北第一大瀑布。

长白山天池

长白山瀑布

"针阔混交林",在海拔500至1 000米区域,是长白山植物生长最繁茂的地带。

邮图以装饰与写实结合的手法,在4枚邮票中,将图案色调逐渐变冷;将明快的水粉、水彩让位于偏暗的丙烯色颜料;将画幅渐次放宽,形成1∶2的比例关系。此刻,邮图画面渐变沉静,就连瀑布也似静止,从而在整体上突出长白山雄浑壮阔的气势及冷峻神圣的面貌,传达出"大自然不能随意侵犯,生态环境不容破坏"的观念。

1993年的邮票叙说,将在两件举世瞩目的中国文化遗产中结束。

龙门石窟,坐落在河南洛阳。造像开创于公元193年北魏孝文帝迁都洛阳时代,历经东魏、西魏、北齐、北周、隋、唐和北宋诸朝,尤以从北魏至唐代150多年大规模营造的最为辉煌。据统计,现存窟龛共2 100多个,佛塔40余座,碑刻题记2 700余品,全山造像10万余身,是中国最大、最丰富的石雕艺术宝库。邮票选取龙门石窟最具代表性的艺术精品入画,共4枚邮票和1枚小型张。

"唐·奉先寺卢舍那大佛",选石雕局部,以佛的头像特写构图。角度的确定,光线的布局,将大佛的慈祥、端庄表现得传神,且有立体感。

"北魏·宾阳中洞释迦牟尼",意在表现释迦牟尼佛的亲切、安详与和蔼。

"唐·奉先寺天王足踏药叉",天王完整的身躯位于画中,头微侧,表情庄重,颇具石雕质感。

"北魏·古阳洞左胁侍菩萨",力求表现菩萨的文静、飘逸,由于造像年代久远,风化严重,五官、衣饰留下残缺之美。

小型张则用了龙门石窟最为精彩的"唐·奉先寺卢舍那大佛"全景图。这一造像高居山腰,气象恢弘。主体大佛端庄大气,据说是仿照武则天而雕塑。

唐·奉先寺卢舍那大佛　　北魏·宾阳中洞释迦牟尼　　唐·奉先寺天王足踏药叉　　北魏·古阳洞左胁侍菩萨

唐·奉先寺卢舍那大佛

2000年，龙门石窟已被联合国教科文组织列入《世界遗产名录》。

郑板桥（1693—1765），清代著名书画家、金石家、诗人。他与当时聚居扬州的另7位画家一起，切磋画艺，开一代书画之风，并称"扬州八怪"。郑板桥作品中，诗、书、画、印有机融合。其书法吸收真、草、隶、篆书体所长，创造了隶、楷参半，自称六分半的新书体。邮票6枚，以郑板桥书画为图。

"竹石扇面"。此幅竹石，以石为景，竹藏石后，仅以两三竹枝旁逸斜出，竹叶数片，疏密有致。

"兰花册页"。两丛兰草，聚于右上，余皆为白。画上可见郑板桥将书法融入画中的高超笔墨修养。

"兰竹石大中堂"。匠心构思中，上置一丛兰，下点一杆竹，其余皆满布石

 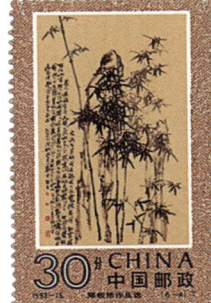

竹石扇面　　　　　兰竹石大中堂

瓶菊册页　　　　　　　　　书法扇面

岩,配置精妙和谐。此图书画各半,以线勾勒山势,再随山势布局题跋,高低大小,任其自然。

"竹石图轴"。画中竹瘦削,石道劲。竹以密取胜,竹间无一交叉,立竿、添节、画枝、点叶,极富个性。

"瓶菊册页"。板桥笔下的兰竹石,惟此幅为一水盂柿花,勾花点叶,极富情趣。

"书法扇面"。汉隶与楷书相参,书写布局,疏密相间,被后人称为"乱石铺街",不落窠臼,别具一格。

"郑板桥作品"邮票设计,以古色古香、暖调绫子作衬底,透显古朴典雅。在邮票排列上,中心是竖幅立轴,两边则以册页、扇面对称,富于节奏感。

1994年

1994年,距1978年那个春风吹动的年代已16个年头了,改革开放的观念已经深入人心,改革开放的成果更引人注目。

这一年邮票上的一个亮点就是经济建设的成就。

如果说,三峡工程还没有全面展开,那么,邮票上的"长江三峡"无疑是新的三峡在这里预展的一幅蓝图,又是一个遥望前景为人们留下的美好记忆。观赏这套邮票,不仅仅当作景观,更要遥想未来的建设工程。6枚邮票和1枚小型张,这是一个很大的篇幅,它囊括了即将消失的三峡诸多的丽景。

"白帝城",位于四川奉节,因东汉公孙述自号"白帝"而得名。传说三国时刘备托孤于此。

"瞿塘峡",以雄奇险峻著称。峡西入口,断岩壁立数百丈,江面窄处只有50米。

"巫峡",峡长谷深,山奇水秀,云腾雾绕,奇景接踵。

"神女峰",江峰中最纤丽奇俏的一座。峰若亭亭玉立的少女,被人们视为神女的化身。

"西陵峡",长江三峡最长的峡谷。峰峦夹江而立,奇石飞泉古树雪浪,激人登舟竞发。

"屈原祠",在湖北秭归县,又称"清烈公祠"。大殿为明代木构建筑,殿后的屈原墓为后世营建的衣冠冢。小型张以横长的票幅纳进长江三峡的全景图。

1994年12月,国家邮政发行了一套"经济特区"邮票。

经济特区是我国特有的称谓。它是国家在其领土内划出的、为外国投资者提供减免关税等优惠条件的区域,是一种对外开放、对内实行不同于国内其他地区管理方式并适当隔离的

瞿塘峡

巫　峡

神女峰

西陵峡

长江三峡

特殊经济区域。

　　党的十一届三中全会后的 1980 年 5 月，中共中央、国务院决定在广东省的深圳市、珠海市、汕头市和福建省的厦门市各划一定区域，试办经济特区。作为我国社会主义市场经济体制的试验场，经济特区在中华人民共和国的编年史上已经成为中国改革开放和经济发展的示范窗口。

经济特区——深圳

经济特区——珠海

经济特区——汕头

经济特区——厦门

经济特区——海南

这套邮票以五连票印刷形式将深圳、珠海、汕头、厦门和海南分别展现出来，反映出一派生气蓬勃的建设气象。

改革开放就是竞争与上进。这和运动会的宗旨相一致。1994年，第六届远东及南太平洋地区残疾人运动会召开。为此，我国发行了以其会徽为图案的纪念邮票1枚。

远东及南太平洋地区是指巴基斯坦以东的亚洲国家和地区，以及国际日期变更线以西的大洋洲国家和地区，包括中国、日本、澳大利亚、缅甸、新加坡、朝鲜、韩国、新西兰、汤加、斐济等40多个国家和地区。

第六届远东及南太平洋地区残疾人运动会

远东及南太平洋地区残疾人运动会的宗旨是通过体育运动，增强体魄，并向社会展示残疾人自尊自立、顽强拼搏的精神和能力，提高残疾人的社会地位，增进残疾人与健全人之间的相互理解，推动社会文明进步。这个残疾人体育盛会，历来受到各国政府重视，并为世界瞩目。

我国于1984年正式加入远南运动会联合会，并组团参加了多届运动会，取得优异成绩。目前，残疾人的体育运动已融入国际奥林匹克系列，成为世界竞技体育的一个组成部分。

国际奥林匹克委员会于1894年6月23日成立，共有49个体育组织和12个国家的79名代表参加在巴黎举行的成立大会。

国际奥委会是一个非政府性、非营利性和永久性的国际体育组织。它是领导奥林匹克运动和决定有关奥林匹克运动问题的最高权力机关。国际奥委会的宗旨是：鼓励组织和发展体育运动和体育竞赛；在奥林匹克思想指导下，鼓舞和领导体育运动，从而促进和加强各国运动员之间的友谊；保证按期举办奥运会。

在国际奥林匹克委员会成立百周年之际，我国发行1枚邮票以资纪念。设计者运用电脑设计了这套邮票。这是新中国第一套由电脑设计出的邮票。邮图以极为简洁的直线和圆线构成，线条中现出100周年的数字；奥运会的五环，化为了五彩直线的跑道。

国际奥委会成立一百周年

爱国民主人士——陈其尤

对于为创建中华人民共和国而作出贡献的仁人志士，人们一直缅怀。这一年又发行了一组"爱国民主人士"邮票4枚。

陈其尤（1892—1970），中国致公党领导人。

陈叔通（1876—1966），全国工商联主要领导人。

马叙伦（1885—1970），著名教育家、政治活动家，中国民主促进会、中国民主同盟主要创始人。

许德珩（1890—1990），九三学社主要创始人。

爱国民主人士——陈叔通

爱国民主人士——马叙伦

爱国民主人士——许德珩

1994年是黄埔军校建校70周年。

黄埔军校是孙中山先生在苏联和中共帮助下创办的中国第一所新型军事干部学校，全称"中国国民党陆军军官学校"。1924年6月16日军校开学。因校址设在广州黄埔长洲岛，故称"黄埔军校"。黄埔军校诞生于国共第一次合作时期，国共两党都选派要员任职。孙中山先生兼任校总理，蒋介石任校长，廖仲恺任国民党党代表，中国共产党人周恩来、熊雄先后担任军校政治部主任。

黄埔军校走出来的著名人物，对于中国近代历史起到了推动作用。人民解放军的十大元帅中有2位出身黄埔军校，10位大将中也有3位，对于中国革命乃至世界格局产生了重大的影响。

在黄埔军校建校70周年之际，国家邮政发行纪念邮票1枚，图案为黄埔军校的大门。军

黄埔军校建校七十周年

校大门相当朴实,洁白粉墙连着尖顶校门,简单挂上一块题写校名的横匾。校名"陆军军官学校"由清末才子谭延闿先生所书。

1994年还有两套优美的邮票问世。那就是"武陵源"和"武夷山"。

武陵源位于湖南。按地质学的说法,景区地处云贵高原隆起区与洞庭湖沉降区之间,加上喀斯特岩溶地质的构造,形成这种高低悬殊、奇峰林立的地貌。同时,这也是极为独特的一种自然景观。

4枚邮票和1枚小型张再现了武陵源的一派绝佳之景。自然天成的"南天门",朦胧秀雅的"神堂湾",险峭神绝的"天下第一桥",若水犹墨的"御笔峰",以及小型张上清盈淡雅的"十里画廊",无不引人入神仙一般的意境。

天下第一桥

南天门

神堂湾

御笔峰

武夷山位于福建省西北部,景区面积约70平方千米。亿万年大自然的鬼斧神工,形成了奇峰峭拔、秀水回绕的典型丹霞地貌。古人云"水有三三胜,峰有六六奇",被誉为"奇秀甲东南"。

武夷山有36峰、72洞、99岩及109个景点。不仅四时有景,四季不同,而且在阴晴风雨、晨昏迭幻中,其景更为瑰丽。福建武夷山1988年被列入世界生物圈保护区网。1999年12月被列入《世界遗产名录》。

特种邮票"武夷山"共4枚连印,将玉女峰、九曲溪、挂墩、高山草甸几大景致连成一幅由邮票齿孔分隔的山水长卷。

十里画廊

武夷山玉女峰

武夷山九曲溪

武夷山挂墩

武夷山高山草甸

1995年

这一年国际题材的邮票勾勒出开放年代广阔的视野。

"社会发展　共创未来"邮票所展示的是国际上对于"社会发展"议题的关注。

1994年10月，社会发展国际研讨会在北京举行，交流各国社会发展经验，探讨社会发展问题，加强国际交流，为社会发展世界首脑会议文件的起草做了实质性贡献。

1995年3月，联合国社会发展世界首脑会议在丹麦首都哥本哈根召开。这是全球和联合国历史上第一次举行有关世界社会发展问题战略的最高规格会议，标志着社会发展问题已成为联合国工作的重要领域。

"社会发展 共创未来"纪念邮票，全套1枚。邮图以象征性的徽志性构图，以充满希望的蔚蓝色，给人留下美好、清新的印象，激发人们对于未来社会的期望和信心。

1942年1月1日，美、苏、中、英等26个国家为建立统一战线，共同打败法西斯侵略者，在美国首都华盛顿发表了一个共同宣言。根据当时美国总统富兰克林·罗斯福提议，该宣言名称为《联合国家宣言》。自此，"联合国"从1945年开始作为一个国际组织的名称正式使用，并沿用至今。

联合国宗旨为：维护世界和平与安全；发展各国间的友好关系；促进国际合作；协调各国行动。

在联合国成立50周年之际，我国发行纪念邮票2枚。1枚邮图是联合国旗帜和联合国大厦，另1枚邮图是联合国成立50周年纪念标志。

社会发展 共创未来

联合国旗帜和联合国大厦

联合国成立五十周年纪念标志

1995年还有许多经济文化的活动也出现在邮票之上。

中国和韩国海底光缆系统是由中华人民共和国邮电部电信总局和韩国通信部共同投资建设的具有国际先进水平的五次群海底光缆通信系统，分别在中国青岛和韩国泰安登陆。全长550千米，1995年4月动工，1995年底投入使用。它由两个560兆比特／秒系统构成，其设计容量为15 120条数字电话，已开通7 560条电路，不仅提高了中韩两国之间的通信能力，而且也提高了其他地区经由中韩两国的经转通信能力，成为国际通信网的重要组成部分。

为此，我国邮电部发行"中韩海底光缆系统开通"纪念邮票1枚。

1995年9月，国际邮票、钱币博览会在北京举行。这是中国首次举办这类收藏品的国际性盛会。

中韩海底光缆系统开通

国家邮政发行1枚小全张，邮图采用了当年4月发行的"桂

国际邮票、钱币博览会　北京·1995

花"4枚特种邮票的图案,小全张的边饰加印了"国际邮票、钱币博览会　北京·1995"文字。这枚小全张还发行了有齿孔和无齿孔两种版式,其中无齿孔版式较为名贵。

改革开放以来,我国邮政部门和许多国家的邮政部门协商,以一个共同主题在同一天发行画面相同的邮票,开始联合发行邮票。

自1990年我国和加拿大、1994年我国和美国联合发行邮票后,1995年9月,我国又和澳大利亚联合发行了"珍稀动物"特种邮票,全套2枚。

这套邮票选用了我国的野生保护动物大熊猫和澳大利亚的考拉为图,设计家精雕细刻,用白底色加上栩栩如生的动物主图,使两种动物形象鲜明突出、十分可爱。

考拉颇似玩具熊,是澳大利亚最受欢迎的动物。其学名为树袋熊,是树栖动物,看似笨重,在树上却很灵活,惹人喜爱。考拉享有澳大利亚"国宝"之称。

1997年是香港回归的年份。1995年这一年当香港还受英国殖民统治的时候,我国就发行了邮票,这是在为香港的回归作着铺垫。

"香港风景名胜"特种邮票,是我国第一套以香港为题材的邮

考　拉

熊　猫

票，全套4枚，介绍了4处香港的风景名胜。

"维多利亚港湾"，位于香港岛和九龙之间，是个深水良港，以英国维多利亚女王名字命名。"中环广场"是香港岛标志性建筑。

"香港文化中心"，位于九龙海滨，是融现代科技与文化于一体的建筑。

"香港浅水湾"，素有"天下第一湾"和"东方夏威夷"之称。沙滩宽阔，沙粒细绵，滩坡平缓，海水碧清。

维多利亚港湾　　　　　　　　　　　香港浅水湾

从香港北望九州，北京与之遥遥相望。有趣的是，这一年又发行了"北京立交桥"邮票，这也算是一道北京的"风景线"吧。

1995年6月，展示北京现代化城市面貌的"北京立交桥"特种邮票发行，全套4枚。立交桥是城市发展的重要标志。党的十一届三中全会以来，北京市现代化立交桥建设成就显著，令世人瞩目。

邮票图案分别是在建筑上各有特点的四元桥、天宁寺桥、玉蜓桥和安慧桥。邮图用装饰性素描绘制，每图均用两个视角透视景物，构图新颖，充满现代气息。

四元桥　　　　　　　　　　　　　玉蜓桥

1995年，现代气象与传统文化在邮票上融合起来，构成一个丰富多彩的方寸世界。

唐代开元天宝年间享有盛名的杰出画家张萱的名画《虢国夫人游春图》，画的是杨贵妃的姐妹虢国夫人以及秦国夫人、韩国夫人一行七人游春。贵妇人们观赏春光的喜悦，游玩时悠然自得的神情，在画中表现得生动逼真；作品反映了皇族贵胄骄奢颓靡的生活。画作重人物内心刻画，通过精细的线描和色调的敷设，浓艳而不失秀雅，工整而不板滞。这是在当时"唐

"尚新题"风气影响下的一幅取材自现实生活的杰作。

邮票采用了双连票的形式，再现了原画的风貌。

这一年还发行了一套别致的"中国皮影"邮票。

皮影，是我国民间工艺美术与戏曲巧妙结合而成的独特艺术品类。皮影戏是通过白色布幕，观看由平面偶人表演的影像。平面偶人以及场面道具景物，是由民间艺人用手工、刀雕、彩绘而成的皮制品，故称之为皮影。皮影戏的演出装备轻便、唱腔优美、表演动人，深受人们喜爱。

皮影戏多见于北方农村以及四川、湖北、湖南等地，在长期流变中，皮影戏形成不同的地方流派，风格各具特色。

虢国夫人游春图

陕西东路皮影人物　　河北滦县皮影人物　　山西孝义皮影人物　　四川大邑皮影人物

"中国皮影"邮票一套4枚，分别展示了陕西东路、河北滦县、山西孝义、四川大邑4个地区不同流派不同风格的皮影人物。

皮影戏所用的幕影演出原理，以及皮影戏的表演艺术手段，对近代电影的发明和现代电影美术片的发展也都起过先导作用。有趣的是，1995年又恰逢电影诞生100周年，"二影"（皮影、电影）入邮，相映成趣。

1895年2月，法国的奥古都·卢米埃尔和路易·卢米埃尔兄弟发明了电影摄制和放映设备，同年3月22日，他们拍摄了人类

电影诞生一百周年

鼎湖山·沟谷雨林

九华山·肉身宝殿

嵩山·少林晴雪

历史上的第一部电影《工厂的大门》。在过去的一百多年中，世界电影事业的发展，丰富了民众的文化生活，深刻地影响了人们的精神世界。

为纪念世界电影诞生100年，也为了配合中国电影问世90周年，1995年10月，中国邮政发行了"电影诞生一百周年"纪念邮票2枚，分别表现了"黑白电影"和"彩色电影"。

1995年，还非常集中地发行了"山水"邮票。仅这一年，就有四山一水入方寸。

这"四山"是鼎湖山、九华山、嵩山和三清山，总计有18枚之多。其中，既有鼎湖山的沟谷雨林、九华山的肉身宝殿，又有嵩山的少林晴雪、三清山的观音赏曲。丽景多彩，幽境醉人。

这"一水"就是美丽的太湖水。这套邮票由5枚邮票和1枚小型张组成。邮票有"洞庭山色""鼋头春涛""蠡湖烟绿""寄畅清秋""梅园香雪"，只听其名，诗境画意便油然而至；而那枚小型张的大幅邮图，则将烟波浩渺的太湖风光尽收眼底。

三清山·观音赏曲

太 湖

1996年

1896年，清政府结束海关办邮政的历史，正式开办清朝邮政。1996年正逢中国邮政开办100周年。以邮话邮，国家邮政发行了一大套纪念邮票。

其中4枚纪念邮票，以清代天津邮政津局旧址、民国时期北京邮务管理局旧址、解放区的中华苏维埃共和国邮政总局旧址以及我国目前最大的邮件集散和处理中心北京邮政枢纽为图，运用不同时代的邮政建筑，展现了中国邮政百年历程。

天津邮政津局旧址

北京邮务管理局旧址

中华苏维埃共和国邮政总局旧址

北京邮政枢纽

此外，还发行1枚小型张，邮图采用了1896年清代邮政局成立后发行的第一套邮票——8枚一套的红印花加盖票。当时因来不及设计印制新的邮票，便将上海海关库存的60多万枚"红印花"取出，加盖上各种用途不同的面值，即"当　圆"及"暂作洋银　分"字样，作为清代首套邮票发行。在这8枚邮票中由于加盖出错，留下了多种举世闻名的中国珍邮。这枚小型张将这8枚邮票以票中票形式悉数印出，而齿孔外的边饰则衬以当年清帝准奏成立邮政的手书奏折文稿。4枚邮票和1枚小型张，形象地写占了中国邮政百年发展的完整历程。

这一年还有一个"以邮话邮"的纪念邮票发行，那就是1996年在北京举办了"第九届亚洲国际集邮展览"。这是中华人民共和国成立后第一次举办的国际性的集邮展览。为了纪念这次邮坛盛会，国家邮政发行了1枚小型张，邮图是中国古老的青铜器——鼎。这是我国赠送给联合国的"世纪宝鼎"，以此象征着东方文化的悠长与深远，以及中国走向世界的广阔胸怀。同时还为世界

中国邮政开办一百周年

第九届亚洲国际集邮展览

集邮者发行了印数较少的同图无齿小型张。

这一年还有多个国际性的活动在中国举行,显示出我国国际威望的提高。

1996年10月在北京举行了第四十七届国际宇航联合会和各国空间局局长论坛会议。来自世界50个国家和地区的1 200名代表参加了本次大会。

国家主席江泽民在开幕式上强调,中国政府和人民愿为和平利用空间资源和扩大空间应用范围,为人类的文明进步作出更大的贡献。国务委员宋健作了题为"扩大空间技术应用,促进社会进步发展,开创21世纪的航天时代"的主题报告。

这届大会对日益发展和进步的国际宇航事业产生深远影响,对我国航天科技工业生产和对外开放也产生重要影响。

国际宇航联合会成立于1951年,现有近300个成员组织。中国宇航学会于1980年加入该组织。

国家邮政为这次国际会议发行了纪念邮票2枚。1996年在北京举行的还有"第三十届国际地质

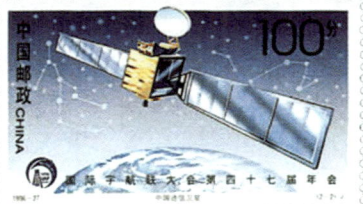
中国通信卫星

第三十届国际地质大会

各国议会联盟第96届大会

大会""各国议会联盟第96届大会"。

亚洲运动会与奥运会一样,分为夏季和冬季两个独立的运动会,每4年举行一届。第三届亚洲冬季运动会于1996年2月在中国哈尔滨市举行,16个国家和地区派代表队参加。比赛项目有:速度滑冰、短道速滑、花样滑冰、冰球、高山滑雪、自由式滑雪、跳台滑雪、冬季两项等9大项45小项。中国以金牌总数15枚,名列第一。

"第三届亚洲冬季运动会"纪念邮票在开幕当天发行,全套4枚。以四方连形式布局,用蓝色勾勒出椭圆形的赛场,展示了速度滑冰、冰球、花样滑冰和高山滑雪4项比赛项目,并以遒劲的笔触构成阿拉伯数字"3"和中国数字"三",富有动感地表现了运动会的盛景。

第三届亚洲冬季运动会

1996年适逢改革开放深入,从最早的珠江三角洲作为改革开放的"窗口",后又延伸至长江三角洲的开发。上海浦东就是率先迈进的典范。

上海浦东陆家嘴金融贸易区

这一年为上海浦东专门发行了大套邮票。6枚邮票分别展示了上海浦东开发区的基础设施:通信与交通,以及陆家嘴金融贸易区、金桥出口加工

上海浦东金桥出口加工区

上海浦东外高桥保税区

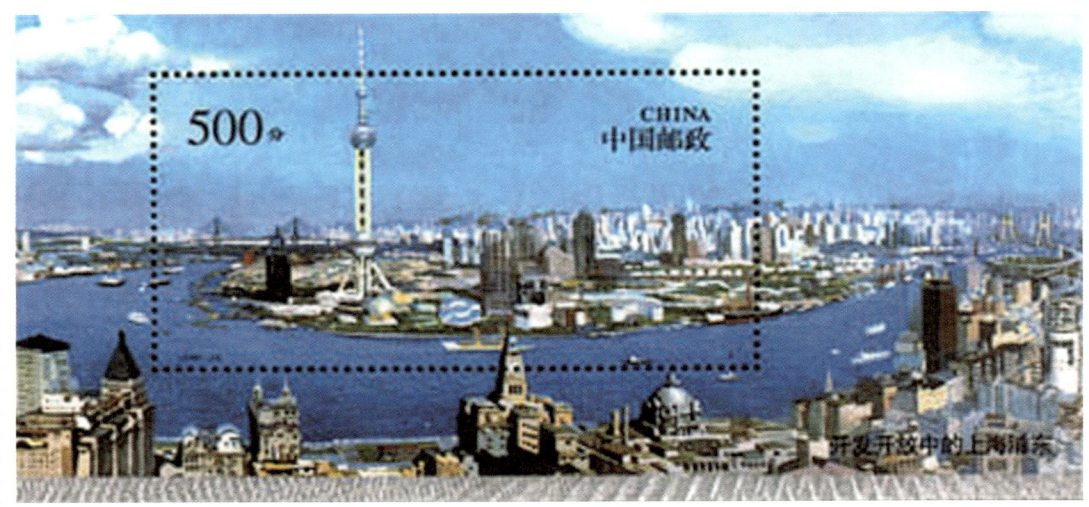

开发开放中的上海浦东

区、张江高科技园区、外高桥保税区、上海浦东的生活社区。此外,还发行1枚小型张,再现了上海浦东鸟瞰全景图。

1996年正值唐山大地震20周年,人们没有忘记20年前的那场大灾难。

1976年7月28日凌晨3时42分,河北省唐山市遭受了7.8级强烈地震。顷刻之间,唐山已是一片废墟。唐山市区地面建筑的破坏率高达95.8%,水、电、交通、通信设施遭到了毁灭性破坏,农田被毁20%,工矿企业全部停产,24万同胞遇难,16万人重伤。

唐山人民在党和国家的亲切关怀下,在全国军民的大力支援下,经过20年的艰苦奋斗,又在毁灭中获得新生,如今一个崭新的唐山已经屹立在曾经天崩地裂的那片土地上。

今日的唐山,不仅愈合了地震创伤,而且跟上了时代前进的步伐。1989年,唐山市进入全国国内生产总值超百亿元城市行列,名列第二十位;1995年全市国民生产总值达到4 986亿元。

在纪念唐山抗震20周年之际,国家邮政发行纪念邮票4枚,展现了新唐山的新风貌——农舍、工厂、街景、海港。正如新唐山纪念碑广场内所立"唐山抗震纪念碑"碑文所称:"此间一砖一石一草一木都宣示着如斯真理:中国共产党英明伟大,社会主义制度无比优越,人民解

工 厂

街 景

放军忠贞可靠,自主命运之人民不可折服"。

在新时代对于过往的回顾,无论"事"与"人",都深刻而难忘。

1996年,邮票遥忆了悠远的"河姆渡遗址":这是新石器时代的一处聚落遗址,距今约7 000年。出土生产工具、生活器具、原始艺术品等文物6 700余件,有力地证明了长江流域也是中华民族文化的摇篮,学术界命名为"河姆渡文化"。邮票展示了"河姆渡遗址"发掘的"稻作农业""干栏建筑""划桨行舟"和"崇鸟敬日"。邮图均以遗物为主图,遗址为背景。

稻作农业　　　　　　崇鸟敬日

沈阳故宫

1996年,还有"沈阳故宫"邮票发行。

沈阳故宫始建于公元1625年,是清政权的早期皇宫。1644年清迁都北京后,成为皇帝行宫。1926年至今,立为沈阳故宫博物院。

沈阳故宫主体部分,是清太宗皇太极时代的皇宫,具有满族特色和东北地域建筑特点。邮票2枚,以联体形式表现了沈阳故宫的全貌。在1996年的邮票中还有这样一些题目让人回望到久远的往昔——长城、经略台真武阁、敦煌壁画、西夏陵、中国古代档案、天津民间彩

泥人张·惜春作画

经略台　　　西夏陵台　　　甲骨档案·商代龟甲

抗战时期的叶挺将军

塑之"泥人张"等。

更有一位为世人景仰的人物也在邮票上留下了身影,他就是叶挺。

叶挺(1896—1946),为中国奋斗终生的革命家、军事家。从北伐战争到南昌起义,到抗日战争,他在战场上和包括皖南事变的种种危难中,坚定地走在革命斗争的前列。1946年4月8日在去延安途中,所乘飞机因大雾撞山而遇难。

为纪念叶挺百年诞辰,国家邮政发行邮票2枚。

红军过草地

在1996年最后一个季度发行的"中国工农红军长征胜利六十周年"纪念邮票上,以"红军过草地"旨在表现革命先驱艰难征战的业绩,启发后人:在新时代,我们仍在进行着新的长征。

1997年

1997年具有划时代意义的一件大事,就是香港回归祖国。

距1841年1月英军强占香港岛,已经过去一个多世纪了。到了1997年6月30日,香港终于结束了英国的殖民统治,中国人民解放军进驻香港,1997年7月1日零时开始履行防务职责。1997年7月1日零时4分,国家主席江泽民在香港庄严宣告:中华人民共和国香港特别行政区正式成立。中华人民共和国国旗和香港特别行政区区旗在香港升起,经历了百年沧桑的香港回到了祖国的怀抱。

为纪念这一举世瞩目的重大事件,中国国家邮政发行了"香港回归祖国"纪念邮票,全套2枚邮票及1枚小型张。邮票以香港回归的历史性文献为主图,以环绕的花环为辅。小型张以邓小平形象作为主图,并分为普通小型张和金箔小型张两种。

中英联合声明

中华人民共和国香港特别行政区基本法

1997年,以经济建设为题的邮票是这一年改革开放深入的反映。中国首次农业普查是在新形势下对我国农业机械化的一次调查,目的是更好地推进农业机械化,实现建设社会主义

香港回归祖国

中国首次农业普查

新型农业的目标。"中国首次农业普查"邮票,全套1枚。邮图是广阔田野上三台拖拉机正在进行耕作。

在人类发展过程中,石、铜、铁等物质起到了决定性的作用。钢铁产量的多少与质量的高低是衡量一个国家综合国力的重要标准。我国的冶金技术有着悠久的历史和辉煌的成就。到了近现代,我国钢铁产量在世界上并不处于领先的地位。

1996年我国钢产量突破1亿吨,这是一次大的飞跃,是改革开放的巨大成果。为此,国家邮政在1997年,发行了"1996年中国钢产量突破一亿吨"邮票,全套2枚。1枚为"中国古代冶金",另1枚以"钢水奔流"的现代冶炼场景为图。

1996年中国钢产量突破一亿吨

1997年11月8日,长江三峡水利枢纽工程实现大江截流,这是三峡工程第一个具有里程碑意义的重大胜利。

为纪念三峡截流工程,国家邮政发行"长江三峡工程·截流"特种邮票,全套2枚连印。

长江三峡工程,是在改革开放和现代化建设的新时期,我国实施的一项特大型水利水电

长江三峡工程·截流

电站发电

工程,具有防洪、发电、航运、环保等巨大综合利用效益,不仅在我国的水利建设史上是空前的,在世界水利建设史上也是罕见的。

其后又有多枚长江三峡工程邮票发行,如2003年就发行了"长江三峡工程·发电"特种邮票3枚,将"水库蓄水""船闸通航""电站发电"尽收于方寸之中,展现了长江三峡工程这一中华民族历史丰碑的伟态雄姿。

旅游是文化产业,也是促进经济发展的一个重要的领域。1997年国家旅游局确定这一年为中国旅游年,并以"铜奔马"为中国旅游徽志。

中国旅游年·铜奔马

1969年在甘肃武威汉墓出土了东汉青铜雕塑——奔马(又称马踏飞燕)。这匹青铜马头戴璎珞,昂首嘶鸣,三足腾空,一足踏在振翼的鸟背上。马体造型矫健若飞,动态神奇,具有丰富的想象力和高超的工艺水平。

"中国旅游年"纪念邮票1枚,即以"马踏飞燕"的铜奔马为邮票主图,并让它飞腾于长城之上,寓意深刻。

1997年作为"中国旅游年",邮票也成为展示神州大地的小小画廊。在这一年的邮票上,可以看到"侗族建筑"中的鼓楼和风雨桥;"麦积山石窟"中北魏的菩萨和西魏的佛像;"五台古刹"中的庙殿;北京的天坛和西安的古城墙等。

在香港回归祖国以后,澳门的回归即将到来。两年后,1999年澳门就要回归了。在1997

增冲鼓楼

田间风雨桥

北魏·胁侍菩萨与弟子

西魏·佛

年发行的"澳门古迹"邮票,既是为"中国旅游年"增辉添彩,又成为其即将回归的"前奏"。

澳门虽小,却有 400 多年历史的中西式建筑,反映了中西方文化多元的历史风貌。

"澳门古迹"邮票全套 4 枚,分别介绍了澳门的四大古迹:妈阁庙、莲峰庙、大三巴牌坊和松山灯塔。

其中,第一枚"妈阁庙"是澳门最著名的名胜古迹,建于 1488 年,至今已逾 500 年历史。妈阁庙背山面海,沿崖建筑,古木参天,风光优美。庙殿有石狮镇门、飞檐凌空,是一座富有中国文化特色的古建筑。

五台山·菩萨顶

天坛·祈年殿

西安古城墙·箭楼

澳门妈阁庙

第三枚"大三巴牌坊"是圣保禄教堂的前壁遗迹;教堂原由意大利籍的耶稣会神父设计,由日本工匠协助建成,1637 年竣工。教堂经历三次大火,屡焚屡建,至今只剩下教堂前壁屹立,是一座见证历史变迁的建筑物。

这一年在邮票上,提前拉开了澳门回归的序幕。

1997 年,在中国邮政的历史上还有一个重大的记载,那就是香港特别行政区开始发行邮票。从此,沿袭了百余年的香港邮票上英国女皇的标志为"中国香港"铭记所替代。

1997 年"中国香港"发行的第一套邮票就是以香港回归为题材的"中华人民共和国香港特别行政区成立纪念"。这套邮票由 6 枚邮票及 1 枚小型张组成。邮票分别以"贝壳""街景""香港会议展览中心""海港""凤帆""欢庆"为题;小型张则以"欢庆"的热烈气氛为图。

澳门大三巴牌坊

香港·会议展览中心　　　　　香港·海港　　　　　香港·风帆

香港·欢庆

在回归后的1997年7月至12月，香港邮政还发行了两套邮票。其中一套是"世界银行/国际货币基金组织1997年年会"和"香港贝壳"。

香港·世界银行/国际货币基金组织1997年年会　　　　香港·贝壳

1998年

1997年12月31日晚上,中央电视台在"新闻联播"节目中播发了《人民日报》1998年元旦社论。社论提出:"1998年是党的十一届三中全会召开20周年,是我们党和国家实现伟大的历史转折、进入改革开放历史新时期的20周年。"

1978年末召开了中国共产党十一届三中全会。在这次会议上,邓小平同志作了《解放思想,实事求是,团结一致向前看》的重要讲话,确立了以经济建设为中心实行改革开放的重要战略决策。20年过去了,中国在这一方针的指引下取得了巨大的成就。

1998年12月18日,为纪念中国共产党十一届三中全会20周年,国家邮政发行纪念邮票2枚。1枚邮图是邓小平同志在十一届三中全会上的一幅珍贵的历史照片;另1枚题为"历史的伟大转折",邮图是这次会议的历史性的文件。

1998年是中国社会主义改革开放和现代化建设的总设计师邓小平同志逝世1周年,国家邮政发行了纪念邮票6枚。

这6枚邮票再现了邓小平同志的光辉一生,包括了他在革命战争时期、担任中央军委主席时期、1992年发表重要的南方谈话时期的历史照片,以及邓小平同志和毛泽东同志在一起、在国庆35周年庆典上的照片等。这套邮票刻画了邓小平同志作为伟大的马克思主义者,无产阶级革命家、政治家、军事家、外交家,中国共产党、中国人民解放军、中华人民共和国的

邓小平同志在十一届三中全会上

历史的伟大转折

邓小平同志像

中央军委主席邓小平

1992年视察南方发表重要讲话

在国庆35周年庆典上讲话

主要领导人,中国社会主义改革开放和现代化建设的总设计师,以及邓小平理论的创立者的光辉形象。

改革开放20周年各个领域的伟大成果在1998年邮票上有着鲜明的表现,首先就是海南特区建设。

海南建省10年,经济飞速发展,建设日新月异。这套邮票着重反映了海南特区的巨大成就。4枚邮票的第一枚是城市的现代化新貌。第二枚是洋浦经济开发区。第三枚反映了海南的交通建设。建省之后海南相继修建了海口美兰机场和三亚凤凰国际机场,一北一南两大机场,促进了海南的对外开放;三亚凤凰国际机场是地处我国最南端的国际机场。第四枚则刻画了海南岛亚热带的旅游资源。

三亚凤凰机场

亚龙湾度假区

为适应大西南改革开放的需要,1997年设立重庆为直辖市。这为重庆这个古老的山城带来了新的发展机遇。在重庆直辖1周年之际,发行了"重庆风貌"邮票2枚:一为重庆标志性的建筑"重庆市人民大礼堂",这是一座颇具明清特色的现代建筑;另一枚是已经"旧貌变新颜"的重庆港。长江和嘉陵江边的重庆曾有闻名遐迩的朝天门码头,今天现代化的港口使重庆与外部世界有了更广阔更高速的沟通。

1998年发行的"锡林郭勒草原"邮票虽表现的是草原风貌,却也从一个侧面反映了改革开放中少数民族地域的变化。

重庆市人民大礼堂

重庆港

"锡林郭勒"意为丘陵地带的河。其位于内蒙古自治区中部,是距北京最近的少数民族地区。

锡林郭勒草原地形平坦开阔,有可利用的优质天然草场。以草原类型的完整著称于世,有草甸草原、典型草原、半荒漠草原、沙地草原等;地上植物达一千二百多种。境内还有被联合国教科文组织列为国际生物圈的国家级草原自然保护区。这里地势多低山、丘陵、盆地、河网、沙地。美丽辽阔的锡林郭勒大草原,旅游资源丰

草甸草原

富，每当盛夏来临，风光迷人的草原成为一片绿色的海洋。3 枚邮票分别描画了"典型草原""草甸草原"和"杨桦混交林"。小型张图为"锡林郭勒河曲"，上绘曲为九弯的美丽的锡林河。

锡林郭勒河曲

为北京大学建校一百年发行的邮票，同样反映了教育在改革开放中的成果。

北京大学创建于 1898 年，是中国近代第一所国立综合性大学。它曾是"五四"运动的发祥地和传播民主、科学、马克思主义的基地，也是中国最著名的高等学府之一。北京大学始终保持"爱国、进步、民主、科学"的传统和"勤奋、严谨、求实、创新"的学风，百余年来，北大校园人文渊薮，英才辈出，为民族复兴、国家强盛做出巨大贡献。

为北京大学建校一百年发行的纪念邮票为 1 枚。由北京大学艺术学系教师余璐设计的这枚纪念邮票，以北大百年历程中 3 组具有历史意义的景物——京师大学堂章程、沙滩红楼和燕园西校门为图案，体现了北京大学的光荣传统，展示了北大向世界一流大学迈进的崭新风貌。

在 1998 年发行的"何香凝国画作品选"邮票上，这位老人挥笔画了"虎"与"狮"。何香凝是我国著名的政治家、社会活动家，曾追随孙中山参与民主革命，是中国国民党革命派的杰出代表。她作为一位绘画造诣颇深的画家，笔下表达了强盛的精神力量。

第一枚"虎"是何香凝最早的作品，创作于 1910 年。题款中

北京大学建校一百年

的"克强先生",指的是辛亥革命的重要人物——黄兴先生。

第二枚"狮"创作于1914年,也是何香凝最具代表性的早期作品。其落笔直取狮首,用精微的笔法和细致渲染,描绘了狮子轩昂的动态和威猛的神情。

第三枚"梅"为1943年所作。何香凝画梅,笔法遒劲,清逸脱俗。

虎

狮

梅

这套邮票是我国第一套使用异型齿孔的邮票,设计大气,印制精美,获得了当年的最佳邮票奖、专家奖和印刷奖共3个奖项。一套邮票获得3个奖项,这在全国最佳邮票评选中是史无前例的。

五花海

画中有美丽的江山,江山也美丽如画。1998年的邮票画廊中可以一览"祖国江山如此多娇"。

九寨沟是一处令人神往的世界级的自然风景区,位于四川省松潘、南坪县境内,被誉为"童话世界"。

九寨沟山高谷深,与世隔绝,仅有9个藏族村寨坐落其间,因此得名九寨沟。这里的山水沟壑保存着大自然的原始风貌。

九寨沟之美在水。其间,被称为"海子"的大小湖泊明澈如镜,似颗颗珍珠。邮票上就有著名的"五花海"。九寨沟河道纵横,水流奔腾,构成无数瀑布。有的细水涓滴,有的急流直下,有的若飘逸的玉带,有的似一泻

树正瀑布

诺日朗瀑布

的银河。邮票上有"树正瀑布"和"诺日朗瀑布"。小型张上的"长海",碧波浩淼,雪山透银,林木苍郁,犹若仙境。1992年九寨沟被联合国教科文组织、世界遗产委员会列入《世界遗产名录》。

长　　海

继1997年的"侗族建筑"邮票之后,1998年又发行了"傣族建筑"邮票。在中国少数民族中,傣族建筑别具一格。其楼、井、亭、塔,既具傣族风俗特色,又有实用效能,是傣族人民建筑艺术的结晶。

傣族建筑

傣族建筑

1998年邮票的收尾之作,是一套为炎帝陵发行的邮票。

炎帝是中华民族的始祖,是中华第一大帝,是农业之神、医药之神,史称农皇。炎帝陵位于湖南高平庄里村。这里,山川秀丽,风景优美。炎帝陵是炎黄子孙寻根问祖、谒陵扫墓的神圣之地,也是中华第一陵。所发炎帝陵邮票共3枚,计有"午门""行礼亭""陵墓",以及囊括这3枚邮票的小全张。

炎帝陵

香港邮政在1998年,也就是回归后的第一年,发行了具有中国传统艺术特色的邮票两套,一是"岁次戊寅"(虎年)的生肖邮票;一是4枚"香港风筝"邮票。两套邮票将同胞的文化渊源再现于方寸之间。

香港·岁次戊寅

1998年的另两套邮票，以香港的机场为题材。一是"香港启德机场关闭1936—1998"，一是"香港机场"。这两套邮票反映了香港建设的成就。

1998年带着改革开放的春风过去了，20世纪的最后一年来到了。

香港·香港风筝

香港·香港启德机场关闭

香港·香港机场

1999年

  1999年，千年更替的年代，百年更替的日子，一个在时间长河中值得永远记忆的特殊的一年。在1999年发行的邮票上，鲜明地留下了这一年划时代的几件大事。或许由于世纪之交，1999年的中国香港邮票发行了12套，这在香港邮票发行史中应当算是较多的一个年头。其中，也有与中国邮政为这一年发生的大事所发行的邮票题材相同的。

  1999年是"世界老年人年"。为此，中国邮政发行1枚邮票，香港特区邮政也发行1套邮票4枚；其中第一枚以书法写下一个"福"字象征了对于世界老人年的祝福。

  如果以时间为序，这一年，首先是两大国际性的盛会在一南一北隆重举办。

  "中国1999昆明世界园艺博览会"，从1999年5月1日至10月31日，历时184天，在云南省昆明市举办。这是在我国首次举办的全球性的园艺盛会，其主题是"人与自然——迈向二十一世纪"。博览会展示了各国的园艺传统和园艺品种，成为20世纪末的一个充满生命绿色的国际盛事。

  为此发行的邮票共2枚：一是"保护大自然"，邮图为昆明市市花——山茶花；二是昆明世界园艺博览会3个主要会场——国际馆、中国馆和人与自

国际老人年

香港·国际老人年

然馆,囊括在一株绿树的轮廓之中,充满了生态之美。

在北京,"中国1999世界集邮展览"于1999年8月21日至30日举办。这次邮展以祝贺万国邮政联盟第二十二届大会的召开,促进中国邮政和集邮事业的全面发展,增进中国与国际集邮联合会成员组织和集邮者之间的了解与合作,促进世界邮政和集邮活动的全面发展为宗旨。这是在我国第一次举办的全球性、综合性、世界最高规格的集邮展览,规模达3 500展框、12个类别,成为极具影响力的又一件国际盛事。

保护大自然　　　　博览会场馆

中国1999世界集邮展览

香港·中国1999世界集邮展览

为这次集邮展览发行的纪念邮票,是 1 枚小型张:邮图为"北海九龙壁"。以正面的"九龙",反映了中国艺术的古朴、凝重,又以朴素的单彩底色对"九龙"作了突出的烘衬。这枚小型张彰显出中国传统文化的大家风范。

同时,香港邮政也发行了一套题为"为纪念香港邮政参与'中国 1999 世界集邮展览'而发行的通用邮票小型张",上有以维多利亚海湾夜景为图的通用邮票,即普通邮票,及边饰"中国结"。

1999 年 8 月,"万国邮政联盟"的 189 个会员国和 20 多个国际组织的代表 2 000 余人也云集北京,召开了第二十二届万国邮政联盟大会。这是 20 世纪召开的最后一次大会。为此,我国发行了 2 枚邮票和 1 枚小型张。邮票图为万国邮联第一届会址瑞士联邦议会大厦和我国此次会址北京国际会议中心;小型张则用了江泽民的题词"发展现代化邮政,满足社会需要"。

第二十二届万国邮政联盟大会会址

政协会议讨论通过国徽图案

1999 年的几件国内的大事也在邮票上体现出来。

1949 年的 9 月,中国人民政治协商会议成立,并召开第一次全体会议,标志着中华人民共和国的成立,标志着中国历史上一个新的时代的揭幕。这个具有重大历史意义的日子到了 1999 年,已经过去了整整半个世纪。50 年来人民政协在国家政治生活、维护祖国统一、加强各民族团结和现代化建设中,发挥了不可替代的重要作用。

国家邮政局于 1999 年 9 月 21 日发行了"中国人民政治协商会议成立五十周年"纪念邮票,全套 2 枚。邮票图名分别为:政协一届会议在中南海举行、政协会议讨论通过国徽图案。

1999 年是国庆盛典——中华人民共和国成立 50 周年。在这个共和国成立半个世纪的日子里,为表达 50 年的成就,为表示举国欢庆的盛况,纪念邮票采用了代表中国 56 个民族欢乐祥和、共庆祖国生日的"民族大团结"主题。这套邮票共 56 枚,每枚代表一个民族,印制在一张整版上。这是少见的一套大型纪念邮票。这套以盛装歌舞为主、兼顾民俗的"民族大团结"邮票,创造了多项"第一":涉及人员之多、历时之长,在中国邮票史上是第一次;一套邮票 56 枚印在同一版上,也是中国邮票史上第一次。另外,这套邮票的枚数也创下了当时的世界纪录。

中华人民共和国成立五十周年（民族大团结）

同时，香港邮政也发行了"中华人民共和国成立五十周年"纪念邮票4枚；每一枚都有一句颇富诗意的邮题，分一天四时，将庆祝祖国生日的盛景记录下来——"国旗区旗在晨曦中飘扬""午后洋紫荆徐徐开放""黄昏时分金龙欢腾起舞""夜幕下烟花璀璨"。

香港·国旗区旗在晨曦中飘扬

香港·夜幕下烟花璀璨

希望工程实施十周年

"希望工程"是一项为青少年发展服务的社会公益事业。它的宗旨是资助我国贫困地区的儿童就学，保障适龄儿童接受义务教育，改善贫困地区的办学条件，促进贫困地区基础教育事业的发展。1999年正值希望工程实施十周年。为此发行的纪念邮票全套1枚，以3张孩子的小脸和打开的书本为主图，周围7朵粉红小花作呼应，并配以大海和太阳的标识，邓小平同志题写的"希望工程"四字赫然在目。邮图象征了10年来祖国儿童像花朵一样在阳光雨露的滋润下茁壮成长。

1999年，有一件堪称中国在20世纪完成的最具历史意义的大事之一，那就是澳门回归祖国。

澳门自古以来是中国领土，16世纪后被葡萄牙侵占。1986年中国政府和葡萄牙政府就澳门问题进行谈判，并于次年签订了《中葡关于澳门问题的联合声明》，宣布1999年12月20日，我国对澳门恢复行使主权，按照"一国两制""澳人治澳"的原则，保持澳门的社会稳定和经济发展。这是继香港回归祖国后中华民族的又一盛事。

"澳门回归祖国"纪念邮票由2枚邮票和1枚小型张组成。2枚邮票以收回澳门的历史性事件为图，表现了澳门回归的进程；小型张以邓小平同志的肖像为图，体现了这位历史伟人作出的历史性贡献以及举国同庆的热烈气氛。

中葡联合声明

中华人民共和国澳门特别行政区基本法

澳门回归祖国

在澳门回归之刻,澳门特区邮政成立,并发行了第一套邮票。这套邮票就是为纪念澳门回归而发行的"中华人民共和国澳门特别行政区成立纪念",共6枚邮票,1枚小型张。邮票分别以"舞龙·始建于明代的传统庙宇妈阁庙前巨龙飞舞""赛龙舟·现代化、宏伟的友谊大桥下龙舟竞渡""圣诞树·精美的大三巴教堂石砌门壁与圣诞树相映生辉""赛车·(亚洲)第一座灯塔·松山灯塔耸立,赛车环绕奔驰""欢庆·综艺馆外彩狮欢腾""音乐节·文化中心鼓乐齐鸣"。小型张图为"光明未来·莲花、彩云间的南湾楼群"。

澳门·特区成立纪念

澳门·特区成立纪念

在迎接如此隆重的国际与国内的盛事之际，1999年，还有一些邮票深沉地缅怀了为中国革命奉献一生的重要人物。这一年纪念的人物如下。

"方志敏同志诞生一百周年"。方志敏是卓越的无产阶级革命家、人民军队早期将领。红军长征时期，率军北上，顽强作战，不幸被俘，英勇就义。他在狱中写下了《可爱的中国》《狱中纪实》等作品，留下了坚贞的信仰和不屈的革命精神。

"李立三同志诞辰一百周年"。李立三，中国共产党早期领导人，无产阶级革命家。1949年后，历任中央人民政府委员、政务院政务委员、劳动部部长等职。

"聂荣臻同志诞生一百周年"。聂荣臻是杰出的无产阶级革命家、军事家，中国人民解放

方志敏·坚贞不屈

李立三·早期工人运动领导人

聂荣臻元帅肖像

军的缔造者之一，党和国家的卓越领导人。在革命战争年代，他为中国人民的解放事业作出了重要贡献。中华人民共和国成立后，他长期领导国防科技事业，做了大量开拓性、奠基性工作，为党和人民建立了不朽的功勋。

1999年是世纪交替之年，也是千年更始之年。为了这个千载难逢、百年一遇的年头，从1999年起共发行了3套邮票。

1999年发行了第一套"世纪交替 千年更始——20世纪回顾"邮票8枚。这套邮票采用票中票的形式，表现了20世纪在中国发生的具有深远影响的历史事件——辛亥革命、五四运动、中共诞生、抗战胜利、开国大典、两弹一星、改革开放、港澳回归。

辛亥革命

开国大典

港澳回归

奔向新世纪

保护地球

2000年发行了第二套"世纪交替 千年更始——21世纪展望"邮票，也是8枚。

为迎接21世纪的到来，国家邮政局于1998年6月至1999年6月，在全国范围开展了"展望新世纪"儿童邮票设计竞赛活动。世界上30多个国家和地区也同时举办了类似活动。参赛的小朋友展开他们纯真、丰富的想象，画下了他们对于21世纪美好的憧憬。邮票图案选用邮票设计竞赛的8幅获奖作品——奔向新世纪、我造大桥通台湾、树上宫殿、保护地球、新世纪的交通、遨游太空、地球变年轻了、世界和平。

世界和平

2001年元旦那一天发行了第三套"世纪交替 千年更始——迈入21世纪"邮票。共分"世纪交替""和平发展""保护自然""科技之光""中华复兴"五个主题。

世纪交替

同时,香港邮政也发行了题为"迈向新纪元"的小全张。邮图有香港的建筑等实景,也有"球"形的装饰性的写意图案。只一张邮票在手,却有五色缤纷的热烈氛围。

21世纪是承载着人类更多希望与梦想的新世纪。邮票通过在世纪之交的历史时刻对美好未来的展望,表达出中国人民坚持和平发展,为实现中华民族伟大复兴而奋斗的豪迈气概。

中华复兴

香港·迈向新世纪

第六本集邮册

"希望朝旭"

(2000—2009)

提　要

2000年，新的一个世纪到来了，新的千年到来了。这个新的世纪正是中华人民共和国希望的"朝旭"升起的时刻，一切都犹若新岁伊始，光明在望。

这个新的年份会在邮票的天地中书写更多的辉煌，因为这是改革开放进入30个年头，中国欢庆60华诞的一个崭新的10年。

在高唱"春天的故事"20个年头之后，这个新的10年将是改革开放取得大业绩的大有希望的年头。中国犹如一轮朝阳，正在希望的大地上喷薄而起。

邮票的小小天地中也已润染上了一抹"春光"。中华人民共和国正是从春风到春潮，直到这好一派春光。

2000年

2000年,在千禧之岁、世纪之交的日子里,公元的第一天和中国农历新年的第一天,都有邮票发行。

2000年的1月1日,国家邮政发行了2枚"港澳回归　世纪盛事"的金箔小型张,这2枚小型张均以1997年和1999年港澳回归的原型张为底,加盖"港澳回归　世纪盛事"字样构成。这套邮资凭证,负载了共和国百年的民族统一的梦想,包容了亿万同胞九州一统的情感,在一纸邮图中盈溢出了融融喜气、祥祥瑞气。以这枚小型张开启新世纪新千年邮坛之门,确有久长的历史意义。

港澳回归　世纪盛事

港澳回归　世纪盛事

  2000年的农历春节，也有一套充溢着民族色彩的邮票发行。中国农历年的岁首称为春节，这是中国人最隆重的传统节日，也是象征团圆、兴旺，对未来寄托希望的佳节。

  在春节之际，全家团圆，包饺子，放鞭炮，张灯结彩，并以拜年方式互相祝福。各地在春节期间的欢庆活动丰富多样，有舞狮、耍龙，也有踩高跷、跑旱船；还要祭祖敬神，祈求风调雨顺，平安丰收。

  2000年发行的春节邮票，借鉴了传统的民间年画、剪纸及皮影戏等多种艺术形式，摹绘出我国春节期间贴春联、放鞭炮、点花灯、舞狮龙、打手鼓、合家团圆包饺子等喜庆场面。这套邮票共3枚加1枚小型张。邮票有"迎新春""辞旧岁"和"闹社火"颇具特色的场面。这套邮票色彩浓烈，线条粗犷，具有强烈的民间喜庆气氛。

  在新世纪开始的新的一年里，改革开放依然是"主旋律"。2000年发行了讴歌中国航天成就的纪念邮票。

  还是在1999年的11月20日，我国载人航天工程第一艘试验飞船"神舟"号发射成功，并在完成各项科学考察任务后，顺利返回，准确着

辞旧岁

合家团圆包饺子

陆。此次发射的试验飞船和新型运载火箭均由我国自行研制,这一成果标志着我国和平利用空间的领域进一步拓展,是我国航天史上的又一里程碑。

在"神舟"飞船首飞成功一周年之际,国家邮政局特发行"中国'神舟'飞船首飞成功纪念"邮票2枚。这是两枚三角形的异形邮票,构思新颖,富于创意。

中国"神舟"飞船首飞成功纪念

作为改革开放的前沿与窗口,深圳经济特区所取得的业绩就是中国改革开放业绩的缩影。在2000年,一套"深圳经济特区建设"的邮票发行,再次咏唱了那支"春天"的旋律。这套邮票以5枚连印的形式,展现了深圳特区出口加工业和旅游业的主要建筑和区域,包括"金融中心区""中国国际高新技术成果交易会展览中心""盐田港区""深圳湾旅游区""蛇口工业区"。

在讲求人与自然和谐发展的今天,在世界瞩目地球气候这个大课题的今天,2000年我国发行以气象为题的邮票,应当说是具有前瞻性的。这一年发行的

金融中心区

中国国际高新技术成果交易会展览中心

深圳湾旅游区

"气象成就"4枚邮票,表现了我国气象科学在现代化总体规模、技术装备、业务技术手段、气象科研方面所具有的较高水平,以及气象为我国国民经济的发展和世界气象科学作出的贡献。这套邮票鲜明地展示了当时我国在气象科学上令人瞩目的成就。

气象成就·数值预报   革命终身伴侣百年诞辰

2000年发行的人物纪念邮票中,有一套十分别致,那就是1枚一套、印有两位人物的"革命终身伴侣百年诞辰"邮票。这枚邮票上出现的是国家领导人、无产阶级革命家李富春和夫人蔡畅。邮票色调温馨柔和,充满抒情意趣。另一套邮票是为纪念"陈云同志诞生九十五周年"而发行的。陈云是杰出的无产阶级革命家、政治家、马克思主义者,中国社会主义经济建设的开创者和奠基人之一,党和国家领导人。他为中国人民的解放事业和社会主义建设事业,献出了毕生的精力。4枚邮票以画家陈逸飞的油画为图,描绘了陈云一

陈云在新的历史时期

中华人民共和国成立初期的陈云

生的4个重要历史阶段,有"五卅"运动时期、延安时期、中华人民共和国成立初期和新的历史时期。整套邮票凝重、端庄,意蕴深远。

2000年的人物邮票又回溯千年,以精美的雕刻版印制了古代思想家纪念邮票。这6位东方哲圣都身处春秋战国时期,那时文化、思想领域空前繁荣,诸多学派百家争鸣,出现了许多杰出的思想家,成为中华民族思想史及人类思想史上的重要遗产。他们是孔子、孟子、老子、庄子、墨子、荀子。

在中华传统文化中,龙,已成为民族的象征。2000年又是龙年,在发行生肖龙邮票的同时,又发行了寻溯龙源的一套特种邮票。这6枚邮票溯源了从远古至清代的种种龙的造型,

孔　子　　　　　　　　孟　子　　　　　　　　老　子

庄　子　　　　　　　　墨　子　　　　　　　　荀　子

新石器时代·玉龙　　　唐·盘龙纹铜镜　　　清·紫檀宝座嵌螺钿云龙

如"新石器时代·玉龙""唐·盘龙纹铜镜""清·紫檀宝座嵌螺钿云龙"等。

四海之内的中国人都是"龙的传人"。回归后的香港和澳门在2000年这个千禧之岁世纪之年,两地发行了近30套邮票。这些邮票以"中国香港"和"中国澳门"的铭记,进入了这个新的历史时期。

中国香港邮政为世纪之交的2000年发行了两套邮票。一套是"共庆新纪元",这是一枚22K金的名贵邮票,邮图为港地的典型建筑群;一套是"踏入新纪元",4枚邮票也是以儿童画的形式表达了对于新世纪的展望。同一天,2000年的1月1日,澳门发行了"澳门新纪元"小型张1枚,以"澳门南湾观光塔"为主图,表达了新千年新百年的到来,也表达了澳门回归后新时代的到来。

香港·共庆新纪元

香港·踏入新纪元

澳门·澳门新纪元

中国香港邮政在2000年还发行了一些很有特色的邮票,如"香港2001邮展邮票小型张",其中有"香港群山·狮子山"和"群体海葵属·海洋生物";而"香港昆虫",4枚邮票和1枚小型张,活跃的小昆虫点缀着生命的绿色,精致美丽。

香港·香港群山 狮子山

香港·群体海葵属 海洋生物

香港·香港昆虫

中国澳门邮政在2000年所发行的邮票中,有一批是以中国传统文化为题的。其中包括了"澳门艺术·中国书法":这套邮票实际上是让海外华人对于书法有初步认知为目标发行的。4枚邮票分别以楷书、魏碑体、行书,书写了"中""国""书""法"四字。另一套邮票题为"文学与人物·西游记",6枚邮票刻画了以孙悟空为主角的种种场景;小型张则以"大圣闹天宫"为邮图。"茶艺""玉石装饰品"则展示了中国古老的生活方式和历史悠久的工艺创作。

澳门·澳门艺术·中国书法

第六本集邮册 "希望朝旭"（2000—2009） 223

澳门·大闹天宫

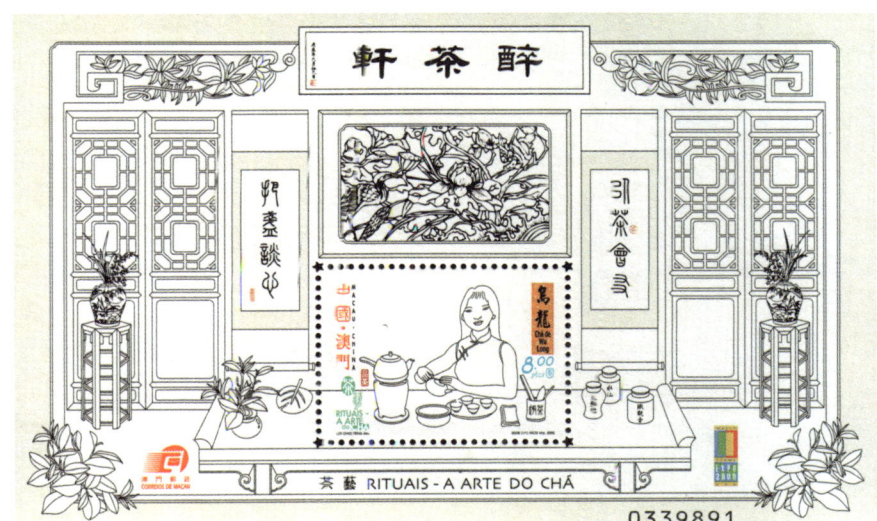

澳门·茶艺

2000年是澳门回归一周年，年底中国澳门邮政发行了"澳门特别行政区成立一周年纪念"邮票2枚，刻画了当年中葡进行澳门政权交接的盛典场景。

最后，我们用这一年发行的"中国古钟"邮票，以中华民族宏钟大吕的天籁之声，结束2000年邮票发行的叙述。

澳门·玉石装饰品

西周·井叔钟

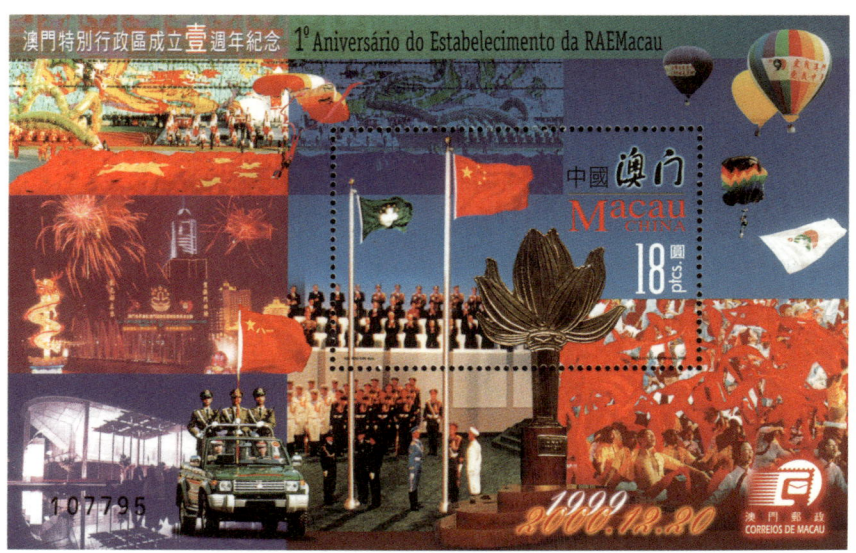

澳门·澳门特别行政区成立一周年纪念

2001年

新世纪的第一个年头，中国迎来了两件具有历史意义的大事。

第一件是中国加入世界贸易组织。

世界贸易组织（WTO），其前身为关税及贸易总协定（GATT）。其宗旨是："在互惠互利的基础上，削减关税及其他贸易壁垒，消除国际贸易中的差别待遇。""扩大商品的生产与交换，促进各缔约国经济的发展。"在经过多年的谈判后，中国于2001年正式加入世界贸易组织，这只是中国融入世界经济主流长期、渐进过程中的第一步。

在这个具有历史意义的时刻，国家邮政发行了一枚邮票。

就在中国加入"WTO"之前，2001年的10月，一个国际性的经济会议在北京举行。国家邮政发行了纪念邮票1枚："亚太经合组织2001年会议·中国"。

亚太经济合作组织（APEC）是亚太

中国加入世界贸易组织

亚太经合组织2001年会议·中国

地区最重要的经济合作论坛,成立于1989年,现有成员国21个。中国于1991年加入该组织。亚太经合组织每年举行部长级会议和领导人非正式会议。2001年10月,APEC第九次领导人非正式会议在中国举行。会议的主题是新世纪、新挑战;参与、合作,促进共同繁荣。

中国的百年梦想,就是以强国之态步入世界民族之林。参与一场世界性运动会的深刻内涵,就是迈向这个梦想的一个步履。为申办奥运会,中国曾在蒙特卡罗黯然神伤。但2001年的7月13日,在莫斯科我国成功获得了2008年奥运会的举办权。那一夜,举国振奋,普天同庆,亿万中国人沉浸在喜悦自豪之中。

就在这一夜,国家邮政局宣布"北京申办2008年奥运会成功纪念"邮票正式发行。事先设计并印制这套邮票,体现出了中国人民对于申办奥运的信心与决胜的把握,因此才能于奥运会申办结果发布的同时,宣布邮票的发行。

北京申办2008年奥运会成功纪念

这套邮票以主票和附票相连的形式,将北京申奥标志和雍容华贵的牡丹花组合在一枚邮票中。这套邮票的整版共12枚,上下各6枚,中间饰以北京的标志性建筑——天坛祈年殿和运动员的身影,体现了"新北京,新奥运"的完美结合。

同时,中国香港邮政和中国澳门邮政也发行了相同题材、相同版式、相同主体图案的纪念邮票,并在北京申奥成功的同时举行首发式。时任国家邮政局局长刘立清和中国香港邮政署署长陆炳泉、中国澳门邮政局局长罗庇士一起出席了在京举行的"北京申办2008年奥运会成功纪念"邮票首发仪式。

同时,三款纪念邮票还被连印在一起,发行了三连版张。这在邮票发行史上是一次创举,充分表达了港澳同胞期盼祖国繁荣昌盛的心声,体现了中华民族强大的凝聚力。

就在北京申奥成功的一个月后,北京举行了"第二十一届世界大学生运动会"。这是我国首次承办的世界性综合运动会。这届运动会有来自世界160个国家和地区的7 000多名运动员参加,是有史以来规模最大、参与人数最多、水平最高的一届"大运会",充分展示了新世纪大学生的青春活力。

重在参与

为此,国家邮政发行了3枚纪念邮票,分别以"重在参与""锻炼身体 勇攀高峰"和"扩大交往"为题,在以"2001"数字为主图的结构中,写意地揭示了这次世界性的体育盛会的盛景。

2001年,新世纪的中国在改革开放的形势下,经济建设取得的成就也在邮票的天地中有着充分体现。

"引大入秦工程"邮票4枚,以"渠首引水枢纽""先明峡倒虹吸""总干渠隧洞""庄浪河渡槽",将我国水利建设工程中处

锻炼身体 勇攀高峰

总干渠隧洞　　　　　　　　　庄浪河渡槽

于领先水平的建设成果复现而出。

"引大入秦工程"是将流经青海的大通河水跨流域调到甘肃省兰州市北的秦王川地区，灌溉千古荒原，造福当地人民，是中国西北地区规模最大的自然灌溉工程。

该工程总长880千米，规模宏大，气势雄伟，是中外罕见的人工地下长河，被誉为"西北都江堰"。总干渠盘道岭隧洞，位居世界第七，中国第一；引水隧洞目前仍居世界第一。庄浪河渡槽全长2 194.8米，横跨兰新铁路，312国道，汉、明长城，设计新颖，雄伟壮观。

"引大工程"是自力更生与改革开放结合的典范，将产生巨大的经济效益、生态和社会效益，灌区将成为兰州经济发展新区域。2001年另一个出现在邮票上的水利工程是二滩水电站。

在四川西南攀枝花境内的雅砻江与金沙江的交汇口，规划建设的21座梯级电站中的第一座，就是二滩水电站。其装机容量330万千瓦，是我国20世纪末建成投产的最大的水电站。电站汇集了世界多项先进技术和设备，创造了我国水电建设工程安装速度的最高纪录。

2001年10月，中国邮政发行了"二滩水电站"小型张1枚，邮图展示了水电站大坝的壮观气象。

二滩水电站

2001年正值中国共产党成立80周年。在发行1枚以党旗为主图的纪念邮票的同时，又发行了一组"中国共产党早期领导人"邮票。

这套邮票分别表现了中国共产党5位早期著名领导人——王烬美、赵世炎、邓恩铭、蔡和森、何叔衡，表现了早期共产主义者的精神风貌，从一个侧面展现了党的80年的光辉历程。

中国共产党成立八十周年　　王烬美　　赵世炎

邓恩铭　　蔡和森　　何叔衡

在2001年所发行的邮票中，为新世纪而讴歌的重大题材比较多。同时，一些表现中国传统文化的邮票也登场亮相，这一类邮票因其对于传统文化的弘扬作用，其实也是一个"大"的题材。

继中国四大古典名著邮票发行之后，2001年又发行了"中国古典文学名著——《聊斋志异》（第一组）"邮票。

《聊斋志异》是中国古代短篇小说中的优秀作品。全书五百多篇，以拟人化的狐鬼故事，叙说耐人寻味、发人深省的人情事理。全书语言精美，情节生动，在富有瑰丽色彩的幻想中，揭露了封建社会的黑暗，有很高的思想性和艺术性。

这套邮票是《聊斋志异》系列邮票的第一组。由"婴宁""阿宝""画皮""偷桃"4个篇章组成。小型张则将著名的"崂山道士"的场景绘于邮图之上。

阿 宝　　　　　　　　　画 皮

中国古典文学名著《聊斋志异》

崂山道士

　　"永乐宫壁画"是山西运城一大圣迹所遗存的艺术珍品，是中国古代绘画艺术中的一个杰作。元代道教宫观永乐宫内，壁画延绵，色彩斑斓，总体面积达 873 平方米。所表现的虽是神话故事，但形象生动，富有个性。壁画署名为马君祥、马七、张遵礼等这些名不见经传的普通民间画工，其作是对唐宋人物画的继承与发展，在中国绘画史中占有光辉一页。

　　三清殿是永乐宫的主要建筑，殿周四壁为大型壁画——《朝元图》，生动表现了道教神祇群像。壁画色彩绚丽，线条流畅，动静有致，气势恢弘。

　　　西王母　　　　　　　　金星、水星　　　　　　　紫霄瑞雪

　　"永乐宫壁画"邮图均为《朝元图》局部："西王母""奉宝玉女""东极救苦天尊""金星、水星"。

　　2001年邮票中还留下了祖国山水的秀丽与壮观。

　　山有武当。道家名观以仅低于紫禁城的规制建筑于江湖之畔的大山之上，被誉为"悬崖上的紫禁城"。武当古建，历史悠久、规模宏大、工艺精湛，与奇峰幽谷融为一体，堪为天人合一的巨作。

　　邮票上留下了武当奇景"南岩秋色""紫霄瑞雪""天子环翠"；而以辉煌的"金顶春晓"为图的小型张，则图文并茂道出了武当由来。此外，"水乡古镇"邮票的古雅清丽，将江南水乡的丰姿点润在了小小邮图上。

金顶春晓

昆山周庄　　　　　　　　　　　　　嘉善西塘

而与细流无声的秀巧溪水相对比，贵州的"黄果树瀑布"，则水声若雷，波花如银，一派大气磅礴的景象；就连邮票也采用了大套票的形式，3 枚邮票加上 1 枚小型张，而且票幅较大，使大瀑布的大气势得以充分表达。小型张上是黄果树瀑布壮观的全景图。

黄果树瀑布

高山流水让新世纪第一年的邮票充满了生生不息、激荡人心的力量。

中国香港邮政在 2001 年也有一套与水相关的邮票，那就是同样充满动力和激情的"龙舟竞赛"。这是与澳大利亚联合发行的 2 枚邮票，邮图是"挥桨奋进"。小全张强烈地表达了"竞赛"的氛围。

香港·挥桨奋进

这一年，香港举办 2001 年邮展，为此发行了 4 枚小型张。皆以荷树为邮图，以林木中的蝴蝶为饰图，并以印制中的不同阶段的印刷色分为 4 枚；最后 1 枚为全色图案。

香港·香港 2001 邮展

这一年，香港还发行了饶有民族特色的"香港茗艺"和"香港草药"，这些邮票从一个侧面投射出中华传统文化的魅力。

同在 2001 年，中国澳门邮政发行的邮票中也多以我国的传统文化为邮题。

这一年的澳门邮票上，我们可以看到一组意蕴深远的成语故事，将"卧薪尝胆""守株待兔""狐假虎威""孟母三迁"化为漫画性的带有童稚意味的画图，生动而含蓄；小型张更以图文并茂的方式讲述了成语"掩耳盗铃"的故事。

在这一年的澳门邮票上，我们可以看到人们熟悉的算盘、木刨、熨斗、厘星。我们还可以看到我国古典文学名著中的场景和人物，那里有《三国演义》中的桃园结义、计除董卓、三顾茅庐和三气

香港·香港茗艺　　香港·香港草药

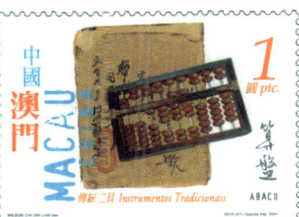

澳门·算盘

澳门·熨斗

澳门·掩耳盗铃

澳门·赤壁之战

澳门·易经·八卦

周瑜，还有赤壁之战的激越场面。

在这一年的澳门邮票上，我们还可以看到神秘的"易经·八卦"，8枚六角形结构的邮票，将这套悠久典籍中的名句用其象再现出来。

2001年，新世纪的第一年，中国邮票承载了一年的大事，如北京申奥成功，也再次共同强化了中华民族传统文化的悠远与经典。

*2002*年

改革开放的年代，"发展与环境保护"这个人类共同的话题开始为国人所关注。

在2002年，国家邮政以与以往完全不同的方式发行了两套普通邮票。这两套普通邮票无论是票形还是设计、印刷，完全与纪特票的标准相同，此票面世即引起人们的关注。

而最主要的是这两套普通邮票的选题内容，即"环境保护"这个大主题。一套题为"保护人类共有的家园"，一套是"中国鸟"。以用量和普及率最高的普通邮票发行这个人类所关注的主题，表明了改革开放的中国已有鲜明的"环境保护"意识。

保护森林

珍惜生命之水

防治荒漠化

黄腹角雉　　　　褐头凤鹛

"保护人类共有的家园",自 2002 年发行,至 2004 年止,共发行 3 组 8 枚;计有"保护森林""防止大气污染""稳定低生育水平""珍惜矿产资源""珍惜生命之水""保护海洋资源""防治荒漠化""保护生物多样性"。

"中国鸟"则是"保护人类共有的家园"大主题的具体化,是对生物多样性的保护。这组普票自 2002 年至 2006 年共发行 4 组 9 枚,分别以珍稀的各种鸟类构成通邮所使用的不同的面值,如 80 分"黄腹角雉"、1.20 元的"褐头凤鹛"等。这套普通邮票设计与印制的精致堪与特种邮票之"鸟"类专题邮票媲美。

在防伪方面,两套新普票采用了 5 项防伪措施,体现了邮票印制的现代化科技成果。

2002 年,改革开放的新成就跃于方寸的,有一项重大工程,那就是"黄河水利水电工程"。

黄河是我国的第二条大河,流经青海、四川、甘肃、宁夏、内蒙古、山西、陕西、河南、山东 9 个省(区)。近半个世纪以来,黄河的治理与开发取得了突飞猛进的发展。

1957 年,我国曾发行了"治理黄河"的特种邮票,"电力"一枚还只是展示发展的蓝图;而这次发行的"黄河水利水电工程"特种邮票则是我国邮票史上第一套以黄河水利水电建设成就为主题的特种邮票。

这套邮票由 4 枚邮票和 1 枚小型张组成。4 枚邮票分别展现了李家峡、刘家峡、青铜峡、三门峡水利水电工程。小型张则表现了小浪底水利枢纽大气磅礴的景象。

这套邮票所选择的五大水电站分别位于黄河的上、中、下游,涵盖了黄河的整个流域,完整地表现了黄河在中国文明发展和现代化建设中的作用。

举世瞩目的 2002 年世界杯足球赛于 5 月 31 日至 6 月 30 日在韩国和日本举行,世界各大

三门峡水利水电工程　　　　小浪底水利枢纽

团结拼搏

洲的 32 支足球劲旅在四年一度的盛会上一展风采。中国男子足球队经过几代人不懈努力，终于实现"冲出亚洲，走向世界"的夙愿，跻身于世界杯的决赛圈，这是中国足球运动发展的新起点。

为了纪念这个重要时刻，中国邮政，以及中国香港邮政、中国澳门邮政各发行一套纪念邮票。中国邮政发行的邮票为"新的起点"和"团结拼搏"，第一次使用了圆形齿孔；中国香港邮政发行的邮票为"守门员扑救险球"和"前锋运动员带球进攻"，邮图充满动感；中国澳门邮政发行的邮票为"守门员扑球"和"运动员带球"。这些邮票还有一枚同印在一个小全张上的版式。

香港·中国队参加 2002 年世界杯足球赛纪念

澳门·中国队参加 2002 年世界杯足球赛纪念

2002 年邮票上有一道亮丽的"风景线"，那就是中国的传统文化的大主题。

其中有纸上的经典绘画。

"八大山人作品选"6 枚邮票透出了清雅深远的意境，如"孤松图""瓶菊图"等。

"八大山人"名朱耷，清初画家，江西南昌人。其为明朝宗室后裔，一生经历坎坷。他擅诗、书，作品大多借物抒情，在苍凉凄楚中表现出雄浑悲壮的气质。所画鱼鸟形象夸张，眼睛一圈一点，表情奇特，极富个性。其所签署，形有"哭之""笑之"之状。他独特的艺术风格对后世画坛影响深远。

孤松图

瓶菊图

《步辇图》为唐代画家阎立本所作,以贞观十五年(641)吐蕃首领松赞干布与文成公主联姻的历史事件为背景,描绘唐太宗李世民接见迎娶文成公主的吐蕃使臣禄东赞的情景。此图技法纯熟,刻画入微,将人物的身份、气质、仪态表现得准确逼真,颇具历史价值和艺术价值。邮票采用小型张形式再现出画卷的古雅风貌。

步辇图

丽江古城

中国传统文化的大主题中还有大地上的经典景观。

"丽江古城"是作为历史与文化延留至今的景观。幽雅的丽江古城始建于南宋末年,曾是纳西古王国之都。位于云南的这座古城,青山环抱,绿水过巷,处处小桥流水。民居瓦屋栉比,街巷花石铺路,依稀可见曾有过的店铺林立、商贾云集的盛迹;这里是历史上南丝绸之路和茶马古道的必经之地,滇、藏贸易的重镇。

邮票以清雅疏淡的色调,再现了丽江古城的几个著名景观"四方街""古城清流"和"纳西民居";小全张则在雪山背景下囊括了这3枚邮票。

大足石窟位于重庆市大足县,是以佛教为主,与道教、儒教共融的摩崖造像群,共40余处,有5万余尊。石窟始创于唐永徽元年,盛于两宋。明、清皆有增凿。

4枚邮票分别从北山的"日月观音""普贤菩萨"和宝顶山的"华严三圣"、石门山的"三皇洞造像"为邮图,雕像恢弘,刻画生动;但最震撼人心的则是金碧辉煌的宝顶山上的宋代造像"千手观音"。大足石刻以其民族化、世俗风和精湛的雕刻技艺,成为中国晚期石窟重要代表作。

日月观音　　　　三皇洞造像

中国传统文化的大主题中又有民间民俗节日的经典场景。

中秋节,农历八月十五,正是秋天的黄金季节。明月一轮,正值圆时。良宵赏月,是这个传统节日最有诗意的时刻。中秋佳节倍思亲,故又有团圆节之称。即使远隔天涯海角,共望明月,也会有与家人团聚之慨。中秋节源于远古,形成于汉唐,伴随美丽的神话传说和千古流传的诗词,相沿至今。为"中秋节"发行的邮票,以圆月贯穿,分别题有"团圆""赏月""月为媒"。

千手观音

中国传统文化中的民间传说,在2002年也成了邮票的主题,并且从这一年起形成了一个选题的系列。

董永与七仙女的传说无论在口耳相传的民间说唱和民间戏曲中,还是在古老的文化遗存里,都是一个脍炙人口、人人皆知的美丽的故事。目前已知的最早记载为汉代董永行孝的画像石,两千多年来演化出了多种版本。故事描写董永卖身葬父,这一孝行感动了玉帝第七女,她便下凡与董永结为夫妻,助他偿债赎身。夫妻俩刚开始幸福生活的

赏月

下凡结缘　　　　　天地同心　　　　彭真同志诞生一百周年

时候,玉帝严令七女返回天庭,造成人间悲剧。这一爱情悲剧流传千年,家喻户晓。邮票上出现的是5枚连印的董永与七仙女传说的5个场景,有"孝心感天""下凡结缘""织锦赎身""天地同心"等。

在2002年,国家邮政还发行了"彭真同志诞生一百周年"纪念邮票。

彭真是伟大的无产阶级革命家、政治家,杰出的社会活动家,坚定的马克思主义者,我国社会主义法制的主要奠基人,党和国家的卓越领导人。在七十余年的革命生涯中,他为中国人民的解放和中华人民共和国的诞生,为社会主义革命和建设事业,建立了卓越的历史功勋。

这一年年底所发行的1枚小型张以气势磅礴的黄河壶口瀑布壮观的景象为邮图,以景寄情,表达了中国人民在新时代的精神风貌,诚如邮图印上的8个大字所示——"与时俱进,一往无前"。

与时俱进,一往无前

2002年，香港回归5周年。在2002年的香港邮票中，4枚"京九直通车"邮票，从香港的"中环商业楼群"经武昌、郑州，到北京的"天坛"，写实写意地勾画出了连通内地与香港的交通线。

香港·京九直通车

同时，中国香港邮政也为香港回归5周年发行了纪念邮票；4枚邮票以中华白海豚、珊瑚、洋紫荆、白鹭、香港会议展览中心、维多利亚湾，以及国旗、区旗等图案构成欢庆喜悦的氛围。

香港·香港特别行政区成立5周年纪念

中国澳门邮政在2002年发行的邮票中又出现了"文学与人物——《红楼梦》"的第二组邮票，以及"易经·八卦"的第二组邮票。此外，饶有特色的还有以中国传统文化为题的两套邮票。

一是"节日——土地诞"，表现的是中国传统祭拜"土地"的场面，如"神公戏""敬老宴""烧衣拜神"和"金猪酬神"。1枚小全张将4个场面尽收其间。

二是"孝"。4枚邮票和1枚小型张,讲了流传甚广的5个孝悌的故事:"孝感动天""扇枕温衾""哭竹生笋""卧冰求鲤"以及"鹿乳奉亲"。

澳门·节日——土地诞

与古老的传统形成鲜明对比的是,这一年还发行了"科学与科技——粒子物理学的标准模型"邮票6枚,小型张1枚。邮票所体现的主题皆为非常专业的科技领域,如"对称破缺""三族群""统一场论之梦""W＋W－的探测"。

2002年,从新时代的第二个年头走过,在方寸天地留下了煌煌印记。

澳门·孝　　　　　　　澳门·科学与科技——粒子物理学的标准模型

2003年

2003年，令世界瞩目的，是对于一场灾难的英勇抗击。人们已将"万众一心　抗击'非典'"这八个大字，铭记在心，也铭刻在中国的历史上。

这一年年初，从中国广东等地发生"非典"疫情，蔓延大江南北，直接威胁着全民的健康和生命安全。这是一种尚未被人类完全认识的新型传染病，世界卫生组织将其命名为"严重急性呼吸综合征"（SARS）。疫情危急之时，党中央、国务院高度重视并亲自部署"非典"的防治；广大医务工作者以无私无畏的奉献精神，日夜奋战在抗击"非典"第一线；全国人民万众一心、众志成城，共同抗击"非典"。经过几个月的奋战，终于取得了胜利。

在"非典"疫情基本得到控制的时刻，国家邮政发行了一枚以"白衣天使"为主图的纪念邮票，铭记下了这个全民族不可忘记的伟大的胜利。

如果说，2003年初我国人民经历了一场维护生命尊严的鏖战，那么，在年底的12月1日"世界防治艾滋病日"这一天发行邮票，则正表现了我国人民对于人类健康与生命的关注。

资料显示，全球艾滋病感染者逐年增多，被科学家称为"超级癌症"的艾滋病，严重危害着人类。我国已将其列入乙类法定传染病，并在防治上做了大量工作。

白衣天使

世界防治艾滋病日

与危难的瘟疫形成对比，2003年邮票上出现了许多美丽的画面，那是对于中国传统艺术的精心描画与揭示。

"杨柳青年画"是中国北方历史悠久的民间木版年画，因地处天津杨柳青镇而得名。杨柳青年画取材广泛，多表现历史故事、戏曲人物以及山水花鸟等。常见的象征吉祥喜庆的大鲤鱼、胖娃娃等形象，手法夸张、寓意鲜明，具有北方民俗风格。杨柳青年画制作精湛，工艺考究，既是过节补壁的年画，又是高超的艺术作品，受到广大群众和国内外艺术家的喜爱。"杨柳青年画"邮票一套4枚，选择了最具代表性的年画佳作为邮图，有"五子夺莲""钟馗""盗仙草""玉堂富贵"，浓烈的民俗气息扑面而来。

五子夺莲　　　　钟　馗

西周·毛公鼎　　　秦·泰山石刻

书画同源。2003年还发行了"中国古代书法——篆书"邮票。

篆有大篆、小篆之分。大篆出于周，由甲骨文演变而来，为我国方块汉字基础。小篆较为规范、简化。秦统一中国后，李斯等人将篆收集、整理而成为统一文字，因而又称秦篆。2枚"篆书"邮票，一大篆，出自西周青铜器毛公鼎；一小篆，出自秦代之泰山石刻，将篆书之美复现于方寸尺幅中。

书画是平面的艺术，而雕塑则是立体的创造。在这一年邮票上可以看到一大一小两个中国古代雕塑的旷世之作。其大者为"乐山大佛"。

大佛位踞四川乐山凌云山西壁，始于唐开元元年，凿山而塑，历时90年建成。大佛依山，为弥勒佛坐像；头与山齐，脚踏江边，通高71米，脚背可坐百余人，造型端庄，气象雄伟，人称"山是一尊佛，佛是一座山"，这是世界上最大的一尊石刻佛像。历尽1 200年人间沧桑后，乐山大佛于1996年被列入《世界遗产名录》。"乐山大佛"邮票就是一枚大幅形制的小型张，以雕刻与影写版印制，古朴细腻又不失宏大气度。

乐山大佛

与大佛对应,小的古代雕塑是"晋祠彩塑"。

晋祠位于山西太原悬瓮山麓,是奉祀西晋开国侯唐叔虞的祠宇,距今1 500年。祠内的北宋圣母殿、周代大柏以及不息的难老泉,并称"晋祠三绝"。晋祠向以古代雕塑著称于世,圣母殿内泥塑彩绘人像43尊,大都为宋初原塑。其人像彩塑,如侍女,竟与真人等高,这在晋祠雕塑中堪为大者,然与乐山大佛比之,则无疑为小了。

邮票4枚选了4尊侍女彩塑,有"如意""持巾""奉玺""歌舞",其姿态自然、神情生动,是中国古代雕塑艺术珍品。

在2003年邮票上出现了又一组民间节日的画面——重阳节。

农历九月初九正值秋日,此时,天高云淡、金风送爽,正是赏菊饮酒、登山远眺的佳季。因此,登高成为重阳节的重要习俗。1989年,我国把九月九定为"老年节",成为尊老、敬老、爱老、助老的老年人节日。邮票3枚,均以月圆的线条为轮廓,内有三题:"登高""赏月""饮酒对弈"。邮图描绘了老人桑榆晚景的无限乐趣。"民间传说——梁山伯与祝英台"也在这一年出现在邮票上。

梁祝传说,家喻户晓。这是一段凄美动人的爱情故事,曾被周恩来总理誉为"东方的罗密欧与朱丽叶"。

这套邮票的5幅画面讲述了这个美丽的传说:"草桥结拜""三载同窗""十八相送""楼台伤别""化蝶双飞"。

同以梁祝为题,这一年中国澳门邮政也发行了"传说与神话(六)——梁山伯与祝英台"

如　意　　　　　歌　舞

登　高　　　　　赏　月

草桥结拜　　　　十八相送　　　　化蝶双飞

澳门·梁山伯与祝英台

邮票4枚,分别以"三载同窗""十八相送""楼台会访英台""马家逼婚"为题,又有小型张则以"哭坟化蝶"表达了浪漫的结局。

由于我国水资源分布不均,南水北调将通过三条水路与长江、黄河、淮河和海河四大江河勾连,以实现我国水资源南北调配、东西互济的合理配置格局。工程实施后,每年平均调引长江水500~600亿立方米,将产生巨大的社会、经济与环境效益。2003年,南水北调工程开工。为此,发行了纪念邮票一套,即小型张1枚。

南水北调工程开工纪念

2003年一件震惊世界的大事就是中国首次载人航天飞行成功。人类自古以来就梦想着翱翔太空。直到近代，各种飞行器的发明，才使梦想变为现实。从飞机到火箭，从卫星发射到宇宙飞船，人类的脚印一步步向太空延伸。航天载人飞行试验成功，杨立伟成为中国第一位走向太空的宇航员，表明了我国航天技术发展的巨大成就，显示出中华民族自立于世界民族之林的实力。

英姿　凯旋

香港·遨游　发射

这套纪念邮票共2枚，香港、澳门同时发行了风格接近的邮票。中国邮政2枚为"英姿""凯旋"；中国香港邮政2枚为"遨游""发射"；中国澳门邮政2枚为"待发"和"测控"。

2003年的中国香港邮票上有从西方引进的在大屿山竹篙湾动土兴建的娱乐工程"香港迪士尼乐园"，为此，中国香港邮政发行了特别邮票，分别描绘了四大主题园区："小镇大街""幻想世界""探险世界""明日世界"。1枚小全张囊括了这四大景区。

澳门·中国首次载人航天飞行成功

香港·香港迪士尼乐园

与之对比，这一年中国香港邮票上出现了"传统行业与民间工艺"。

香港是一个朝气蓬勃的现代都会。但在旧区，陋街小巷之中，还会见到老人侍弄一些奇特的传统民间手工艺。这套邮票以8个画面生动地再现了这些古老的场景，如"代写书信""制造雀笼""缝制旗袍""梳头美发""捏面粉公仔""叫卖'飞机榄'"。在小全张上可一窥这些古朴行业与工艺的全貌。这些精巧手艺和传统行业在昔日受人尊重。今日香港的发展使传统行业走向衰微。这套邮票留下了香港一页活的历史。

香港·传统行业与民间工艺

香港·布达拉宫

香港·秦始皇陵

香港·丽江古城

香港·明清故宫

香港·黄山

香港·九寨沟

2003年香港的"世界遗产——中国的名胜古迹"邮票中展示了中国的六大胜迹:"布达拉宫""明清故宫""秦始皇陵""黄山""丽江古城""九寨沟"。

2003年是澳门回归5周年,中国澳门邮政发行了"澳门基本法颁布十周年"邮票2枚,以资纪念;其一是"澳门特别行政区总部和《澳门特区基本法》封面",其二为"少年欢庆场面 澳门典型建筑物"。

这一年澳门邮票上还出现了动人的"昔日生活风情"的8幅画面:"写挥春""面粉公仔""麦芽糖""洗衣服""中秋灯笼""到会""街头摄像"和"鸡公榄";小型张上则是饶有生活情趣的"剃头匠"。这些场景勾勒出了20世纪五六十年代澳门居民的生活方式,揭示了澳门居民勤劳、朴素、进取的优良传统。

澳门·少年欢庆场面 澳门典型建筑物

澳门·澳门特别行政区总部和《澳门特区基本法》封面

澳门·昔日生活风情

澳门·昔日生活风情

2004年

2004年，甲申年，也就是"猴"年。国家邮政一年一度发行的生肖邮票到了这一年，开始发行第三轮了。这是一枚装饰感极强的可爱的金猴；它跃在方形的票幅上，色彩鲜丽，生气勃勃，颇有"猴王"之风范。

金猴迎来了2004年一派新气象。在邮票上，我们首先看到了改革开放的成就。

在纪念邮票"中国经济技术开发区二十周年"一改小小的票幅上，邓小平同志的题词"开发区大有希望"赫然在目；而蓝色基调下的开发区现代化的建筑，充满了蓬勃向上的清新气息。

1984年4月，党中央、国务院决定进一步开放天津、上海、大连等14个沿海港口城市，同年5月又批准在开放的沿海港口城市兴办经济技术开发区。中国经济技术开发区具有优越的投资政策和良好的投资环境，以兴办高新技术产业和创汇企业为主。经过20年的开发建设，国家级经济技术开发区已成为我国吸收国内外投资最

生肖邮票·猴

中国经济技术开发区二十周年

集中、经济增长速度最快的区域。

长江三角洲重要的中心城市之一，国家历史文化名城苏州在改革开放年代与新加坡有关方面合作开发建设苏州工业园区，是中国与新加坡两国政府间最大的合作项目。自 1994 年 5 月正式启动以来，10 年间，园区开发建设取得巨大进展，已成为中国发展速度最快、开发水平最高、吸引外资最多的开发区之一，并成为一个具有国际竞争力的高科技工业园区。

2004 年，为纪念"中国新加坡合作——苏州工业园区成立十周年"发行了邮票。这枚邮票也是以充满青春气息的蓝色为基调，以一个标志性的现代雕塑为主图，以苏州工业园区的建筑群为背景，简洁鲜明地突出了这一经济实体"大有希望"。

改革开放 26 年来的辉煌成就证实了改革开放伟大决策的英明与正确。这个里程碑式的决策来自中国社会主义改革开放和现代化建设的总设计师邓小平。

2004 年，正值邓小平同志诞生 100 周年，为此国家邮政发行邮票隆重纪念。这套邮票包括 2 枚邮票和 1 枚小型张。邮图上是邓小平同志在改革开放年代的最新肖像，一枚是"中共中央总书记"，一枚是"中共中央军委主席"；小型张则采用了邓小平同志晚年亲切慈祥的大幅肖像。同时，中国香港邮政和中国澳门邮政也发行了纪念邓小平诞辰百年的邮票和小型张。

中国新加坡合作——苏州工业园区成立十周年

邓小平同志诞生一百周年

邓小平

邓小平

香港·邓小平诞生一百周年

第六本集邮册 "希望朝旭"（2000—2009） 251

澳门·邓小平诞生一百周年

中国改革开放的伟大成就与在中国革命与建设中付出毕生心血的老一辈革命家息息相关。这一年适逢邓颖超同志诞生100周年，2枚纪念邮票上出现了邓颖超生动的形象：一枚题为"中国妇女运动的先驱"，表现了革命战争年代这位女革命家的风貌；一枚是晚年邓颖超肖像，题为"老一辈无产阶级革命家"。

邓颖超同志在七十多年的革命生涯中，为中国革命和建设事业作出卓越贡献，深受全党和全国人民的尊敬和爱戴。她的名字与周恩来同志一起，永远铭记在中国人民心中。

有一句话说得好：越是民族的，越是国际的。2004年，在以邮票频频纪念改革开放伟大成就的时刻，也频频出现了以民族传统文化为题的邮票。此刻，传统文化已是对外显示中国实力的又一个组成部分了。

2004年，有优美的"桃花坞木版年画"邮票问世。

桃花坞木版年画出自苏州城内桃花坞，始于明嘉靖年间，清雍正、乾隆时代进入全盛期。桃花坞木版年画采用木版套印，印制精美、色

邓颖超

桃花坞木版年画

彩丰富、构图绝妙、形象质朴,洋溢着浓郁的乡土气息,富于装饰美感和浪漫色彩。邮票4枚选用了典型的年画名作"琵琶有情""麒麟送子""刘海戏金蟾"和"十美踢球图"。

如果说,年画是民间的创作,那么,闻名遐迩的《清明上河图》则是专业画家的笔下名作。北宋画家张择端的这幅长卷画作,描绘了北宋都城汴梁城郊及汴河两岸清明时节的繁华景象,场面宏大、人物众多、结构精致,细腻生动地刻画了当时的社会生活情态。这幅画作是研究宋朝社会的重要史料,现藏于北京故宫博物院。

9枚邮票,段段相衔,古朴雅致,再现了长卷原貌;且以胶雕套印,精细入微,令人惊叹。

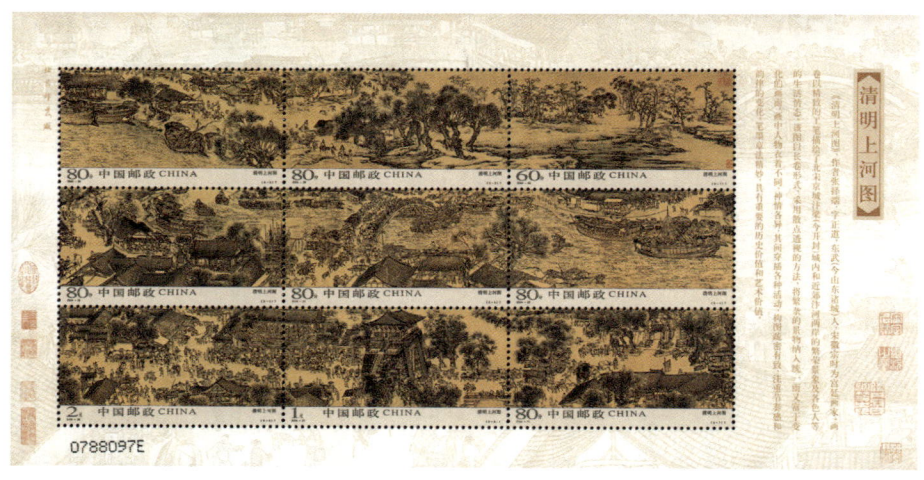

清明上河图

这一年还发行了一组"中国古代书法——隶书"邮票。隶书是汉代的主要书体,在不断发展创新中,形成了书法史上独具风格的汉隶。乙瑛碑、张迁碑、曹全碑和摩崖石刻石门颂都是东汉隶书名作,这些作品出现于邮票方寸中,展现了隶书艺术的高度成就。

书画是以纸质为载体的传统文化,而民间口耳相传的还有语言和民间传说。这是中国传统文化又一表达形式。2004年,还发行了"成语典故""神话"和"民间传说"的精美邮票。

中国古代书法——隶书

叶公好龙

鹬蚌相争

成语大都源于古代文化典籍、寓言传说或历史故事,语言简练,寓意深长。许多成语都有一段意味无穷的典故,包含着丰富深刻的哲理。这一年开始发行"成语典故"系列邮票第一组,内容是人人熟知的"邯郸学步""叶公好龙""滥竽充数"和"鹬蚌相争"四则古代寓言。

民间俗语中有"八仙过海,各显神通"之说,其实这也是一句取自民间神话传说的成语。传说中的八仙是铁拐李、钟汉离、张果老、何仙姑、蓝采和、吕洞宾、韩湘子和曹国舅。有一次八仙在蓬莱阁聚会饮酒,酒酣之刻,铁拐李提议到海上一游,并约定要凭各自道法渡海。八仙借助各自宝物大显神通,尽情遨游在浩瀚的东海之上。于是就有了"八仙过海,各显神通"之说,人们常用这句成语来比喻人们做事各有各的本领和方法。

龙女托书

义重情深

2004年为"神话——八仙过海"发行的小型张,生动地刻画了"八仙过海"的神奇大场面,并以娟秀的字体叙述了这个神话传说。

"民间传说——柳毅传书"说的是唐代书生

八仙过海

柳毅，进京赶考落榜，途遇洞庭龙君之女，她在出嫁后受尽虐待，牧羊荒郊，求助无门。柳毅同情龙女，愿为传书。柳毅传信洞庭龙君，使龙女得救，阖家团聚。龙女遂生爱慕之情，龙君亦愿将女许配于他。柳毅则认为传书救人，不可有私念，便拒婚事。后柳毅娶一渔家女为妻，其实为龙女，遂令有情人终成眷属。

4 枚邮票以"龙女托书""传书洞庭""骨肉团聚"和"义重情深"为题，述说了这个美丽的民间故事。

中国的传统文化还体现在古老的建筑遗存上。

西递、宏村位于安徽省南部的黟县境内，至今保存有完好的明清古民居建筑。西递村的古民居以精美的砖、木、石三雕为特点，体现了明清时期民间工艺的精湛与高超。宏村则以奇绝的构筑动人；数百幢古民居鳞次栉比，以牛形村落和人工水系的布局，堪称一绝。西递、宏村已于 2000 年被列入《世界遗产名录》。2004 年发行的"皖南古村落——西递·宏村"邮票 4 枚，将两地的丽景尽现邮花之上。"牌楼"的庄伟，"古建筑群"的奇崛，"南湖"的清莹，"月沼"的神秘，在青蓝的色调中透出了雅致的神韵。

皖南古村落——西递·宏村

这一年还发行了"孔雀"邮票和小型张，则不仅仅是表达这一著名的观赏动物，更是以此展现一种吉祥美丽的象征。

孔 雀

"孔雀"邮票 2 枚，以富于诗意的名称"聘婷"和"婀娜"刻画了美丽的蓝孔雀和白孔雀；而小型张则以"竞艳"为题，在金碧辉煌的背景下，展现了孔雀开屏时光华夺目的绚丽色彩。孔雀开屏是一道展现多彩之美的极富魅力的风景线。

2004 年第二十八届奥运会在奥运会发源地雅典举行。第二十九届奥运会则于 2008 年在中国首都北京举行。在这个承前启后的相衔时刻，中国邮政和希腊邮政联合发行了"奥运会从雅典到北京"邮票 2 枚。邮图为"雅典帕提衣神庙"和"北京天坛祈年殿"。为了纪念

香港·奥运会从雅典到北京

澳门·奥林匹克运动会

雅典帕提农神庙

北京天坛祈年殿

2004年这一届具有特殊意义的奥林匹克运动会，中国香港邮政和中国澳门邮政也发行了大套邮票以及小型张。

2004年是中华人民共和国成立55周年纪念日。这一年中国邮政没有以"55周年"为题发行邮票，但却有两组邮票体现了对欣欣向荣的共和国的纪念。一组是庄严的"中华人民共和国国旗""中华人民共和国国徽"，均以不加任何修饰的方式将国旗与国徽标准地再现出来，并且发行了以不干胶形式印制的小型张。一组是由12枚邮票组合的"祖国边陲风光"，讴歌了幅员辽阔的祖国疆土。中国澳门邮政以"中华人民共和国成立五十五周年纪念"为题发行了4枚邮票和1枚小型张。

在中华人民共和国成立55周年之际，在香港回归祖国7周年的前夕，中国香港邮政发行了6枚一套的"中国人民解放军驻香港部队"邮票。

中国人民解放军驻香港部队于1997年7月1日零时进驻香港特别行政区,履行防务职责。7年之中,驻香港部队按照"一国两制"方针,履行防务职责,成绩卓著。邮票以"威武文明之师""社会服务""开放日""陆军""海军""空军"为题再现了驻香港部队的英武风貌。2004年,中国澳门邮政也发行了"中国人民解放军驻澳门部队"邮票6枚和1枚小型张。

2004年,还是澳门回归祖国5周年的日子。为此,中国澳门邮政发行了纪念邮票:方寸邮图上,一派温馨和煦的色泽,洋溢着喜庆的氛围。

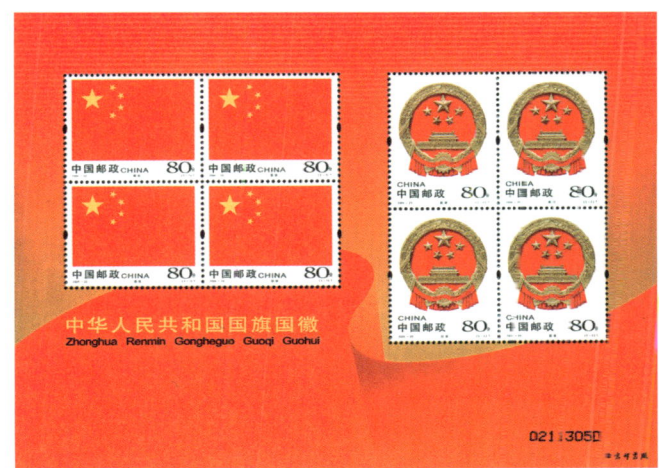

中华人民共和国国旗、中华人民共和国国徽

澳门·中华人民共和国成立五十五周年纪念

澳门·中国人民解放军驻澳门部队

香港·威武文明之师

香港·社会服务

2004年香港和澳门还有许多独具特色的邮票发行。

中国香港邮政发行的具有香港特色的邮票,如"香港电车百周年纪念",一套4枚邮票,另有1枚小全张和1枚嵌有新邮的小型张。邮图设计别致,细述了香港电车从1904年至2004年百年之间的5次重大改革,百年风采跃然方寸。

还有"香港2004邮票博览会——香港景致"邮票计21枚,将香港知名景观尽收一纸之中。

中国澳门邮政在2004年的邮票发行中,"文学与人物"系列又添"离骚"一组;"传说与神话"系列又有"关帝"一组问世。此外,独具澳门特色的邮票还有"澳门国际烟花比赛汇演""澳门航空成立十周年"等。

澳门·澳门特别行政区成立五周年纪念

香港·香港电车百周年纪念

香港·香港2004邮票博览会 香港景致

澳门·离骚

澳门·关帝

澳门·澳门国际烟花比赛汇演

2005年

在万象更新的2005年,有一套邮票拨动了全世界人们的心,这就是关于安徒生的童话。那美妙的故事,历经百年仍唤起人们最美丽的童年记忆。这套邮票在中国发行,反映了一个开放国度的国际视角、世界眼光,也为中国2005年这新的一年涂抹上了明丽清醇的色彩。

丹麦童话作家安徒生出生于一个鞋匠家庭,童年生活贫苦。他用文字编织出许多绮丽纯真之梦。他构筑的童话世界,想象丰富、意境优美、语言朴素、意蕴深远。当美人鱼浮出水面,当丑小鸭摇身一变,当卖火柴的小女孩许下心愿,那些寄寓在安徒生童话里的爱,感动着整个世界。他一生创作的一百六十多篇童话和故事,为世界各地儿童和成人所喜爱。

安徒生

这一年中国邮政发行的"安徒生童话"邮票，由 5 枚连印构成，包括了"皇帝的新衣""海的女儿""拇指姑娘""卖火柴的小女孩""丑小鸭"等 5 个脍炙人口的童话故事。这套邮票色彩明丽，构图新颖，富于诗幻意境，令人耳目一新。

安徒生童话

这一年，中国香港邮政也发行了"儿童邮票——安徒生童话"邮票，4 枚邮票取材自童话故事"丑小鸭""小美人鱼""卖火柴的小女孩"和"皇帝的新衣"。邮图采用了中国民间剪纸艺术手法刻画了安徒生的童话意境，以单色印制，质朴而简洁，颇有特色。

这一年，还以开放的视野为"世界地球日"发行了 1 枚温馨动人的邮票。

香港·小美人鱼　　香港·卖火柴的小女孩

1970 年 4 月 22 日，美国自发掀起一场有 2 000 万人参加的公民环保运动，这一天被命名为"地球日"。"地球日"有力地推动了世界范围的地球保护活动的发展。每年"世界地球日"的主题始终是"只有一个地球"。我国自 20 世纪 90 年代起，每年 4 月 22 日都举行"世界地球日"纪念活动，以唤起人们爱护地球、保护家园的意识。

2005 年我国发行的"世界地球日"邮票，将双手呵护的地球嵌在邮票双重齿孔的圆形齿孔中。这种打孔的方式也是一个有意蕴的创新。

世界地球日

应当说，2005 年虽有包括与列支敦士登、荷兰等国联合发行的多套国际性题材的邮票，但本国重大题材仍是邮票发行的主体。其中，中国传统文化依然成为邮票小小方寸尺幅所擅长表述的主题。继上一年发行了"清明上河图"后，这一年又发行了"洛神赋图"邮票。这套邮票由大小不一的 10 枚邮票构为长卷，诉说了一个充满浪漫情愫的美丽的故事。

相传伏羲的女儿宓妃过洛河不幸落水而亡。人们在祭奠美丽善良的宓妃时，奉其为洛水之神。三国时期，曹植途经洛河，恍见洛神现身，于烟波之中嬉戏，后飘然离去。曹植驾舟楫追寻不得,怅然而归,并写下了中国文学史上的抒情名作《洛神赋》。"体迅飞凫,飘忽若神。凌波微步,罗袜生尘"等名句,将洛河缥缈的云影水雾与美丽的女神踏歌倩影,刻画得栩栩如生。东晋画家顾恺之依此境界绘成传世名画《洛神赋图》。画中曹植伫立洛水之滨,凝神怅望,仿若见到思念日久的洛神。远处,洛神凌波而来,衣带飘逸,委婉从容。人神爱恋的情思溢于画面,感动人心。

中国古典名画——洛神赋图

和上一年一样,在以中国专业画家的名画之作发行邮票之后,又有民间的年画邮票问世。2005年初发行了"杨家埠木版年画"邮票。

山东潍坊的杨家埠木版年画,是地道的中国农民画,以单纯的红绿、黄紫、黑白色彩描绘美人、童子、人情世故、男耕女织、小说戏曲、神话传说、山水花鸟、祥禽瑞兽,表现了我国北方农民对美好生活的追求和向往。作为民间年画,它具有想象自由、构思精巧、地域鲜明的特点,又富于装饰的美感。饱满的构图、夸张的造型、艳丽的色彩以及吟咏祥瑞吉利的民间诗文,展示出这个历经四百余年而依然不衰的民间艺术的无穷魅力。

"杨家埠木版年画"邮票4枚以"门神""连年有鱼""喜报三元""天女散花"为图,集中体现了年画的精髓。

2005年适逢中国电影诞生100周年。国家邮政发行了纪念邮票,邮图是我国第一部电影的剧照。

1905年,北京丰泰照相馆拍摄了由著名京剧大师谭鑫培主演的无声影片《定军山》。这是中国拍摄的第

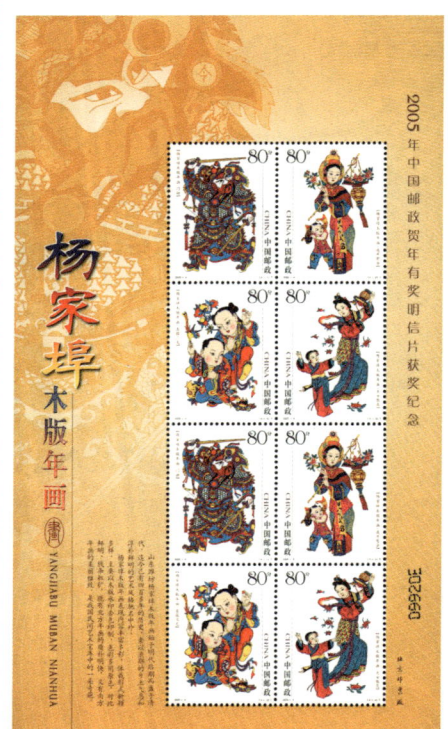

杨家埠木版年画

定军山

一部电影。影片在北京前门大册栏的大观楼影戏园首映，中国人的银幕之旅自此开始。《定军山》是一部京剧舞台艺术片，京剧与电影这一外来艺术形式结合，确立了中国电影的文化品格。回望中国电影的百年历程，近7 000部电影书写了中国电影的辉煌成就。

说到百年，2005年还为纪念复旦大学建校一百周年发行了邮票。1905年9月14日，新型的复旦公学借上海吴淞镇提督行辕开校。这是随科举制度废止而创立的学校。复旦大学，在一个世纪的历程中，秉承"博学而笃志，切问而近思"的校训，形成了优良学风，成为一所在国内外有影响的著名学府，为国家培养了大批优秀人才。纪念邮票以写有复旦校训的徽志为图，并有"日月光华，旦复旦兮"的名句为缀，简洁典雅、意蕴深远。

复旦大学建校一百周年

2005年是一个大事迭起的年代。这一年发行了"中华全国总工会成立八十周年""新疆维吾尔自治区成立五十周年""中华人民共和国第十届运动会""西藏自治区成立四十周年"等。其中，"中国人民抗日战争暨世界反法西斯战争胜利六十周年"，堪为隆重。

西藏自治区成立四十周年

新疆维吾尔自治区成立五十周年

1945年的8月，中国人民的抗日战争和世界反法西斯战争同步取得伟大胜利。14年抗战，中国军民前仆后继、浴血奋战，以血肉之躯筑起了捍卫祖国的钢铁长城。中国人民的抗日战争，弘扬了中华民族的伟大精神，成为中华民族走向复兴的历史转折点；同时也是世界反法西斯战争的重要组成部分，是20世纪人类历史上的重大事件。

为纪念这个伟大的历史时刻，我国发行了一套纪念邮票，由4枚邮票和1枚小型张组成。邮票包括了"全民抗战""中流砥柱""诺曼底登陆"和"攻克柏林"；小型张则为"和平与正义"。

这一年发行的"中国人民解放军大将"表明了我们对于为中国革命事业作出卓著贡献的

军事将领的缅怀与纪念。

  10枚邮票中出现了中国人民解放军的10位大将,他们是粟裕、徐海东、黄克诚、陈赓、谭政、萧劲光、张云逸、罗瑞卿、王树声和许光达。邮票以胶雕版印制,十分精美。

中国人民抗日战争暨世界反法西斯战争胜利六十周年

和平与正义

中国人民解放军大将

2005年适逢郑和下西洋600周年。中国邮政发行了3枚邮票和1枚小型张；中国香港邮政和中国澳门邮政也同时发行了规格一致的3枚邮票和1枚小型张，以纪念中国历史上的这个伟大壮举。

郑和下西洋600周年

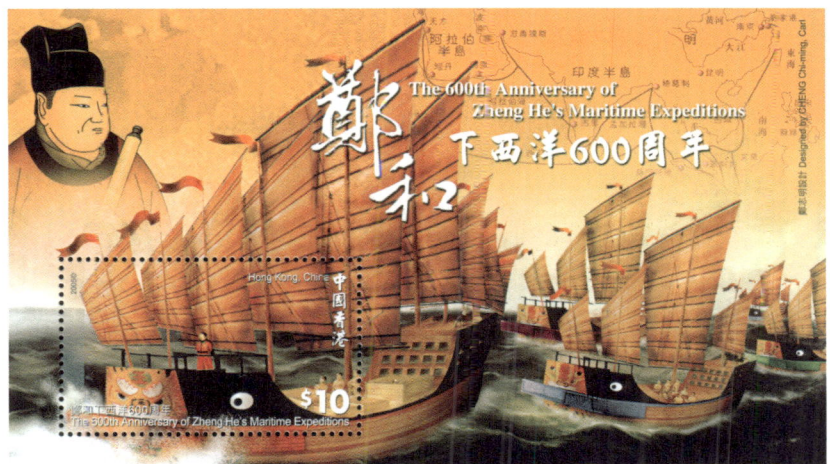

香港·郑和下西洋600周年

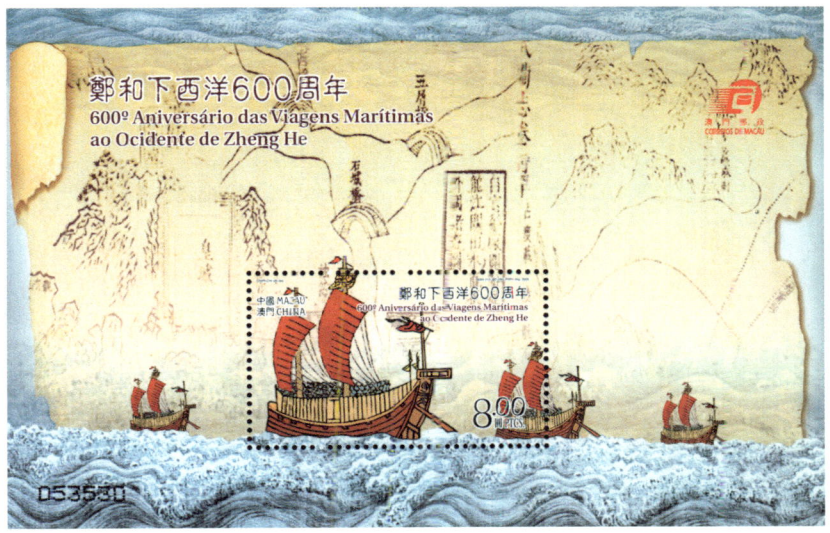

澳门·郑和下西洋600周年

2005年的香港邮票中还有"香港迪士尼乐园开幕志庆",以及"香港流行歌星"等娱乐色彩颇浓的邮票。其中,为大家所熟知的流行歌星黄家驹、陈百强、罗文、张国荣、梅艳芳,尽在方寸之间,一展生前丰采。

香港·迪士尼开幕志庆

香港·香港迪士尼乐园开幕志庆

香港·黄家驹

香港·陈百强

香港·罗文

香港·张国荣

香港·梅艳芳

2005年澳门邮票丰富多彩。有"澳门首次发钞一百周年",有"澳门图书馆",有为母亲节而发行的美妙的"爱与祝福",有"澳门世界遗产"等。

2005年香港和澳门同时发行了中国古代发明邮票。香港邮题为"中国古代四大发明",邮票4枚,即"指南针""印刷术""火药""造纸术"。澳门邮题为"中国的伟大发明",4枚邮票分别将"编织""造纸术""金属冶炼""历法",另有小型张"地动仪"纳入邮图之中。

澳门·首次发钞一百周年

澳门·图书馆

澳门·爱与祝福

澳门·世界遗产

香港·中国古代四大发明

澳门·中国的伟大发明

澳门·中国的伟大发明

2006年

一个农业大国，历经了几千年的磨难，又经过了 1949 年后的多次革命和改革，农民的生产与生活有了巨大的变革。随之，从 2006 年 1 月 1 日始，我国全面取消农业税，这一具有重大政治、经济和社会意义的举措，是中国农民命运开始重大变化的标志性事件，也是中国农业发展与世界惯例接轨的标志性事件。在经济全球化的宏观背景下，中国取消农业税，采取"少取、多予、放活"的政策，无疑顺应了时代的要求，适应了世界经济一体化的发展形势。

为此，国家邮政发行了"全国取消农业税"邮票 1 枚，邮图由一个醒目的"税"字、一个历史性的日子"2006 年 1 月 1 日"，以及充满生命绿色的土地三个元素构成，记下了这个重大事件。

全国取消农业税

2001 年，国家邮政以小型张形式发行了"青藏铁路开工纪念"邮票。青藏铁路起于青海省西宁市，终点为西藏自治区首府拉萨市，全长 1 956 千米。青藏铁路的建设创造了许多"世界之最"：

世界海拔最高的高原铁路，最高点海拔 5 072 米；

世界最长的高原铁路，全线总里程 1 142 千米；

世界上穿越冻土里程最长的高原铁路；

世界海拔最高的铁路车站，海拔 5 068 米的唐古拉山车站；

青藏铁路开工纪念

拉萨火车站

世界最长的高原冻土铁路桥,全长 11.7 千米的清水河特大桥等。

历经 5 年,到了 2006 年,青藏铁路已竣工通车。此时,中国铁路已覆盖全国各省、自治区、直辖市,营业里程超过 7.2 万千米,居亚洲第一位。一个横贯东西、沟通南北、干支结合的具有相当规模的铁路运输网络已经形成并逐渐趋于完善。在青藏铁路通车之际,我国发行了纪念邮票 3 枚;以"穿越可可西里""翻越唐古拉山"和"拉萨火车站"为图。

"中国现代科学家"邮票在 2006 年发行了第四组,并且配合了在北京召开的中国科学技术协会第七次全国代表大会。这套邮票的主人公是林业学家梁希、桥梁专家茅以升、物理学家严济慈和周培源。

梁 希

茅以升

严济慈　　　　　　　　周培源

2006年适逢乌兰夫同志诞生一百周年。这位蒙古族的杰出的无产阶级革命家、卓越的民族工作领导人，早在青少年时代就参加反帝爱国的学生运动。抗日战争期间，他组建了第一支蒙古族抗日武装，从事抗日游击战争。抗战胜利后，他坚决维护祖国统一，担任了我国第一个民族区域自治政府的主席。解放战争时期，他正确解决了宗教自由问题，促进了内蒙古政治、经济、文化等方面的发展。中华人民共和国成立后，他先后担任过内蒙古自治区党委书记、政府主席、国家副主席等职务。2006年发行的纪念邮票1枚，以精致的影写版再现了乌兰夫神采奕奕的风貌。

乌兰夫

历数2006年邮票，精美的印制佳品频频出现。如传统文化系列中的"武强木版年画"，4枚邮票刻画了年画中的佳作"四季平安""五福临门""富贵花开""狮子滚绣球"。

武强木版年画

武强木版年画出自河北省武强县,与天津杨柳青、江苏桃花坞、山东杨家埠、四川绵竹年画齐名。武强年画已有500多年的历史,其特点是用杜木刻板;以阳刻为主,兼施阴刻;线条流畅简洁,以重笔著称,不以工细见长;设色单纯明快。武强年画构图丰满,线条粗犷,设色鲜亮,装饰夸张,节俗特色浓厚,绘、刻、印结合,古朴而精美。

2006年的"民间灯彩"邮票由中国邮政、中国香港邮政、中国澳门邮政于农历元宵节当天共同发行。

正月是农历的元月,古称"夜"为"宵",所以称正月十五为元宵节,也称灯节。元宵节赏灯风俗始于东汉,汉明帝倡佛教,听说佛教有正月十五日僧人观佛舍利、点灯敬佛的做法,就命令这天夜晚在皇宫和寺庙里点灯敬佛,令士族庶民挂灯赏灯,并逐渐成为民间盛大的节日。

中国邮政发行邮票5枚,为中国南北颇具特色的"鱼灯""白菜灯""莲花灯""龙凤灯""花蝶灯"。中国香港邮政发行了3枚邮票,有"荷花仙子""水仙"和"孔雀",3枚连印。中国澳门邮政发行了4枚邮票和1枚小型张。三地在新春佳节的灯月同辉之下共度元宵欢庆之夜。

鱼　灯　　　　　　　莲花灯

香港·民间灯彩

2006 年的邮票上还留下了中国珍贵的文化遗产的形象。

"云冈石窟"位于山西大同西郊武周山北崖。现存主要洞窟45个,大小窟龛252个,石雕造像5万余件,是我国规模最大的古代石窟群之一。石制的艺术杰作大都出自北魏,距今已有1 500多年的历史。石雕吸收和借鉴了印度佛教艺术,又融合了中国传统艺术风格,气势宏伟,雕刻精细,可跻身于世界雕塑艺术杰作之林。2001年被列为世界文化遗产。4枚邮票是北魏的"释迦牟尼佛""供养菩萨"2座和"胁侍菩萨"及小型张"释迦牟尼佛"。

2006年发行的"文房四宝"邮票精致古雅,且有纸质与绢质的不同印制。一经问世,即获好

澳门·民间灯彩

云冈石窟

北魏"供养菩萨"

北魏"胁侍菩萨"

评,成为 2006 年最佳邮票之一。

"文房四宝",指笔、墨、纸、砚。传统上,以湖笔、徽墨、宣纸、端砚为"文房四宝"之精品。邮票图案中的"文房四宝"多选于故宫博物院藏品。

文房四宝

中国—东盟建立对话关系 15 周年

2006 年,邮票发行中的国际题材还反映了开放的中国日益走进世界大家庭。"中国—东盟建立对话关系 15 周年"邮票,邮图以东盟五国的国旗环成圆形的彩圈,象征着团结与合作。

根据国务院总理温家宝和东盟国家领导人 2005 年在第九次中国—东盟国家领导人会议上达成的共识,"中国—东盟对话关系 15 周年纪念峰会"于 2006 年 10 月在广西南宁举行。"第三届中国—东盟博览会"和"中国—东盟商务与投资峰会"也同时举行。这表明了中国在国际事务中正在发挥重要作用。

同在 2006 年,"中非合作论坛北京峰会暨第三届部长级会议"于 11 月在北京举行。国家主席胡锦涛向非洲友好国家领导人正式发出邀请并得到非洲国家的热烈回应。

为配合此次会议的主题而创作设计的"中非合作论坛北京峰会"邮票,运用了会议徽志。左方红色C代表中国,整个标志是字母a,代表非洲,寓意中非团结合作;徽志的绿色象征和平与发展,红色代表活力与繁华。

中非合作论坛北京峰会

在2006年中国香港邮政发行的邮票上洋溢着温馨和谐的氛围,如"国际和平日"5枚邮票题名就是令人倍感亲切的词语"爱""和平""希望""关怀""和谐"。

又如中国香港—奥地利联合发行的"烟花"邮票,辉彩烛天,五色缤纷,一派祥和;更有一枚嵌有水晶烫压的小型张,精致新颖,引人入胜。

而"儿童邮票——小熊穿新衣"6枚邮票讲述了一个动人的童话故事,以童稚的清纯传达了对于世界更美好的期待。

香港·国际和平日

香港·烟花

香港·小熊穿新衣

中国澳门邮政在2006年邮票发行中强调了对于中国传统文化和澳门自身文化的表达。如有着中国书画美感的"扇面·甘恒",以及"易经·八卦"(第五组);如将澳门民间生活方式再现方寸的"昔日生活风情"以及"澳门街道"等。

澳门·扇面

澳门·街道

中国澳门邮政在这一年还发行了一套颇有特色的"博物馆和收藏品（二）——通讯博物馆"邮票。在展现了"1845年'澳门海邮'邮戳""邮秤""1910年'王冠'邮筒""拣信架"等邮政用具后，又展现了各类电话通信工具。在小型张上，则是邮票中的"票中票"——"1884年首套澳门邮票'王冠'"。

澳门·通讯博物馆

2007年

2007年10月24日18时，我国"嫦娥一号"探月卫星在西昌卫星发射中心发射升空，揭开了中国月球探测的序幕。这是我国继"两弹一星"工程和载人航天工程以来的又一重大航天工程，是中国航天发展的又一个里程碑。

月球是一颗天然卫星，也是距地球最近的天体。在人类发展早期，人们就开始对月球的变化、现象和规律进行观察研究。中国还有古老的神话"嫦娥奔月"，以示对月亮的美丽憧憬。进入20世纪，随着现代科技的发展，苏联、美国等国家的探月活动使人类对月球从远距离的观测和理论变成了真实客观的初步认识。中国首次探月工程的成功将推动我国航天科技向更高水平迈进。

探月飞行

为此，中国邮政发行了"中国探月首飞成功纪念"邮票1枚。邮票为方形票幅，内有宇宙、地球、月球三重圆形的描画，体现一种天圆地方、方圆一统的意念，构图简洁、意蕴深远。

2007年，适逢重庆成为直辖市10周年。1997年3月14日，八届全国人大五次会议通过了设立重庆直辖市的决议。重庆市位居四川盆地的东部，面积8.24万平方千米，下辖万州、涪陵

重庆建设

等19个行政区和綦江、潼南等21个县,是中国目前行政辖区最大、人口最多、管理行政单元最多的特大型城市。

国家邮政以题为"重庆建设"1枚双连邮票作为纪念。邮图是交通城建为主的今日重庆新貌。

1997年7月1日零点,中华人民共和国国旗和香港特别行政区区旗在香港会议展览中心徐徐升起,这标志着经历了百年沧桑的香港回到祖国的怀抱,中国政府开始对香港恢复行使主权。

2007年7月1日,香港回归祖国10周年。10年来,在中央政府的大力支持下,香港特区政府带领广大市民共同努力,使今日香港社会稳定、经济繁荣、民主进步、充满活力。

为纪念香港回归祖国10周年,中国邮政、中国香港邮政同时发行邮票以资纪念。中国邮政发行了3枚邮票,分别以"紫荆花冠"雕塑及香港经济发展的景境为图;其中"紫荆花冠"雕塑和国旗区旗为邮图的第一枚,与中国香港邮政发行的1枚纪念邮票采用了相同的邮图。

中国香港邮政为纪念香港回归祖国10周年还发行了一套"香港特别行政区成立十周年"邮票:6枚邮票清新淡雅,以一日晨昏的变幻,将一个富于朝气的新香港纳于邮图之中;由"朝"到"暮",勾勒出和谐平静的特别行政区的动人气氛。小型张则汇聚了欢庆的美丽夜景。

香港回归祖国十周年

香港回归祖国十周年

香港·香港特别行政区成立十周年

香港·香港特别行政区成立 10 周年

2007 年,人们的目光又关注到长江三峡。在三峡库区水面淹没和移民迁建的地域内,存有大量珍贵的历史文化遗迹。

"长江三峡库区古迹"4 枚邮票,主图分别表现了最有代表性的古迹:重庆忠县石宝寨矗立于长江北岸的玉印山上,寨楼 9 层,高 35 米,上有 3 层奎星楼,邻水依山,蔚为壮观。重庆巫山县张飞庙是最受当地百姓景仰的建筑物,靠山傍水,飞檐素墙与山石古木浑然一体。重庆巫山县大宁河畔的大昌镇是库区珍贵的民居建筑,东、西、南三街及三座城门俱在。湖北秭归县屈原祠的搬迁项目是三峡北库区最大的地面文物搬迁项目,新址选定在三峡坝址中堡岛附近的茅坪镇。长江三峡的古迹遗存从一个侧面反映了长江历史人文的辉煌。

2007 年,还有 3 个百年纪念的日子出现在邮票之中。

一是"杨尚昆同志诞生一百周年"。

杨尚昆(1907—1998),中华人民共和国成立后,历任中共中央副秘书长、中共中央办公厅主任、中共广东省委第二书记、中共广州市委第

长江三峡库区古迹·石宝寨

长江三峡库区古迹·大昌古镇

一书记、中华人民共和国中央军委主席、中华人民共和国主席、中央军委副主席等职。为中国人民的解放和建设事业作出了卓越的贡献。

二是"中国话剧诞生一百周年"。

1907年6月，中国留日学生团体春柳社将五幕新剧《黑奴吁天录》搬上了东京本乡座舞台。两次演出全部用口语对话。1928年由洪深提议将这种以对话和动作来表演剧情的戏剧定名为"话剧"。中国话剧随之诞生了。2007年，为纪念中国话剧百年发行了邮票1枚，邮图上出现了第一部话剧作品"黑奴吁天录"的字样，以及灯光和"悲"与"喜"的面具，寓意丰富多彩的话剧舞台已历经百年风雨。

杨尚昆

中国话剧诞生一百周年

三是"同济大学建校一百周年"。

1907年10月1日，德国医生埃里希·宝隆在上海创办了"德文医学堂"，次年改名为"同济德文医学院"。医学堂设德文和医学两科，七年（后为八年）制，以德语为教学语言，对学生授以崇尚务实、知行相济的德式教育，这就是同济大学的前身。1924年5月20日，该校被批准改为同济大学，由此5月20日被定为同济大学建校纪念日。

中华人民共和国成立后，同济已发展成拥有理、工、医、文、法五大学科门类的综合性大学，在海内外声誉卓著。如今的同济大学正不断向综合性、研究性、国际化的现代一流大学迈进。

同济大学建校一百周年

"同济大学建校一百周年"纪念邮票1枚，采用了象征性的竞舟中流图形，其下"100"化为波浪；邮图简洁典雅，充溢文气。

2007年以传统文化为题的邮票精致、雅致、细致，给人留下深刻印象。其中有"石湾陶瓷""绵竹木版年画""京剧生角""扬州园林""清皇陵建筑""舞龙舞狮""孔融让梨""中国古代书法——楷书"等多套。

石湾陶瓷

京剧生角

扬州园林

清皇陵建筑　　　　　舞龙舞狮　　　　　　　　　孔融让梨

其中，印制精美的"孔融让梨"邮票，讲述了一个流传甚广的古老故事。

孔融（153—208），东汉末年文学家，年幼即有谦让明礼美名。《三字经》有曰："融四岁，能让梨。弟于长，宜先知。""孔融让梨"以连票形式合成一个画面：兄弟7人围在大红桌子旁"分果"，4岁的小孔融将大梨让给哥哥吃，左右两边的爸爸妈妈高兴地看着孩子们谦让、礼貌的美好举动。这2枚邮票既可自成画面，也可合在一起观赏。2枚邮票犹若一个美满祥和、其乐融融的家庭写照。

应当说，"孔融让梨"邮票的图案喜气洋洋，颇似年画。在2007年发行的邮票中，著名的绵竹木版年画也入方寸之中。

绵竹木版年画产地在四川绵竹。年画源于明，盛于清，到清乾隆、嘉庆年间达到鼎盛。绵竹年画具有浓郁的乡土韵味和地方特色，技法细腻、造型质朴、色彩鲜明，内容以辟邪迎祥、风土人情、戏曲故事、历史文化、神话传说等为主。绵竹年画分红货、黑货两大类：红货指彩绘年画，黑货指以烟墨或朱砂拓印的木版拓片。"绵竹木版年画"邮票选用了4幅年画代表作：

绵竹木版年画

"坐提刀""穆桂英""双喜童子""张仙射狗"。

"书法系列邮票"在 2007 年发行到了"楷书"。

楷书由古隶演变而成,从风格上可分为魏碑和唐楷。这套邮票的主图分别是:《宣示表》,刻本现藏北京故宫博物院,为三国时期的作品,曾被称为"楷书之祖";《张猛龙碑》,在山东曲阜庙内,立于北魏孝明帝政光三年;《九成宫醴泉铭》,现存于陕西麟游县城西北角,立于唐贞观六年。《雁塔圣教序》,在陕西西安慈恩寺大雁塔下,立于唐永徽四年;《颜勤礼碑》,现藏于西安碑林博物馆,立于唐大历十四年;《玄秘塔碑》,现藏于西安碑林博物馆内,立于唐会昌元年。

《宣示表》局部　　《九成宫醴泉铭》局部　　《玄秘塔碑》局部

在 2008 年举办奥运会前夕,2007 年,我国还举办了一个重大的国际赛事,那就是"FIFA 2007 年中国女足世界杯"。

2007 年女足世界杯于 2007 年 9 月 10 日在上海开幕,有包括中国女足在内的 16 支队伍参赛。这一届女足世界杯在中国的上海、天津、成都、武汉和杭州 5 大赛区共进行 32 场比赛。上海虹口足球场承担着这一届女足世界杯的开、闭幕式,也是半决赛和决赛的主赛场。1 枚邮票,外有方形票孔,内有足球式的圆形内孔,这种双齿孔的结构新颖别致,富于创意。

女足

在 2007 年邮票中,为迎接 2008 年"北京奥运会"所发行的邮票出现了奥运会开幕式所在地"国家体育场"(鸟巢)的小型张。这是一枚新颖的以五边形齿孔构图的充满现代感的

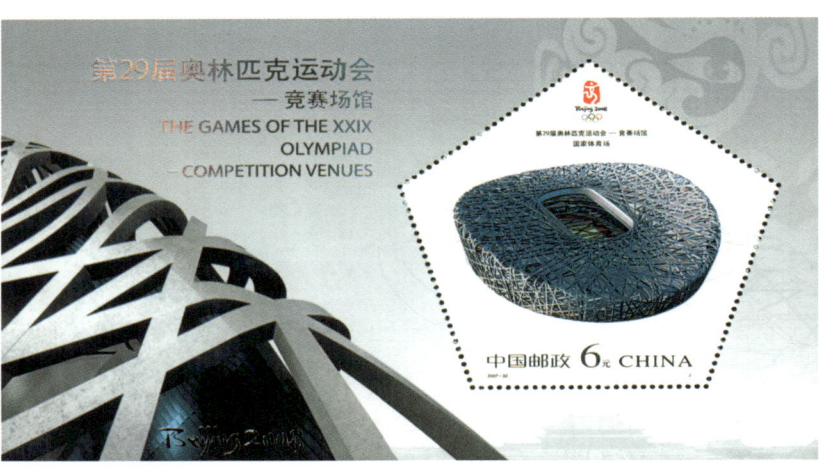

鸟巢

邮票,一经问世,大受欢迎。

　　在2007年中国香港邮票中,极富香港特色的画正扑面而来。如美丽的"香港蝴蝶""香港法定古迹"中的铜锣湾天后庙和旧湾仔邮政局、古朴的"木艺精华"中的太师椅以及"圣诞快乐"邮票。

香港·香港蝴蝶

香港·铜锣湾天后庙

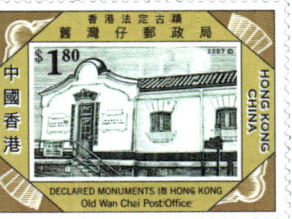

香港·旧湾仔邮政局

香港·木艺精华

香港·圣诞快乐

　　这一年还有一套反映中国传统文化的邮票印制得十分精致,那就是"中国武术"。4枚邮票将"南狮""南拳""北狮""北腿"纳入其间,英武潇洒,国风十足。

　　中国澳门在2007年发行的邮票中彰显了中国传统文化的魅力。如"石湾陶瓷"的贵妃

香港·中国武术

澳门·石湾陶瓷

出浴、"中国旧式商店"中的裱褙店、"成语故事"的鹬蚌相争、"文学与人物"中的《西游记》等。

最有深意的是年底发行的"道德与伦理价值观"邮票,将"道"与老子、"德"与庄子、"伦"与孔子、"理"与孟子连接,构成4枚邮票,深刻地揭示了中国古代博大精深的哲理。

2007年,这是中国邮票进入第60个年头的前夕。中国邮花织出中华文明的脉络,显现出了磅礴的民族气度。

澳门·裱褙店

澳门·鹬蚌相争

澳门·道德与伦理价值观

2008年

  2008 年 8 月 8 日，北京，暑气蒸腾。但这个日子却让人们诗意地将雾霭视作百年梦境，将热天化为奥运热情。

  这一天有着写入历史的璀璨的不眠之夜，那就是北京 2008 年"第 29 届奥林匹克运动会"的开幕。一枚邮票，将那凝聚了中国五千年文明和 21 世纪现代中国的精彩画卷置于五色缤

奥运会开幕式

火炬接力

香港·火炬接力（香港传递）

澳门·和谐之旅

纷的"鸟巢"的上空，简洁又不失热烈地庆祝了奥运会在北京的开幕。自 2005 年 11 月开始发行迎接北京奥运的第一套邮票以来，4 年之中，共发行了 9 套 36 枚邮票。可见，在方寸邮花上，"北京奥运"占有了多么重大的分量。

此前，中国邮政和中国香港、中国澳门邮政在 2008 年为北京奥运会发行了"火炬接力传递"邮票。中国邮政发行了火红基调的邮票；中国澳门邮政发行了 2 枚邮票和 1 枚题为"和谐之旅"的小型张；中国香港邮政在 5 月也发行了以"心思心意"系列第二组构成的"火炬接力（香港传递）"的邮票。

而在 2008 年 8 月 8 日这个历史时刻，中国香港邮政发行了在香港举行的"马术比赛"邮票 4 枚，将"场地障碍""盛装舞步""三项赛"和"颁奖仪式"饶有特色的场面再现于邮图之上。中国澳门邮政在 2008 年 8 月 8 日，发行了"北京 2008 年奥运会开幕"邮票 1 枚、小型张

香港·马术比赛

澳门·水立方

澳门·鸟巢

1枚。邮票图案为"水立方",小型张以不规则的六边形齿孔包容了"鸟巢"的全景。至此,举国同庆奥运的盛况同时出现在2008年邮票之上。

2008年,以"奥运"为中心的大事要事几乎布满整整一个年头。

在8月8日那一天,如果说,"夜",是不眠之夜,那么,这一天的"昼",也是一个洋溢激情的白昼,那就是"北京2008年奥林匹克博览会"的开幕。奥运会本以运动为主,在1988年由酷爱集邮的萨马兰奇首创了"奥林匹克集邮展览",让一种高雅的集藏活动以文化形态进入奥运的竞技世界。到了北京奥运,国际奥委会又将"集邮展览"扩为"博览会"。因此,在奥运历史上,"2008北京奥运"期间举办的博览会,是第一届奥林匹克博览会。为此,国家邮政共发行了二套5枚邮票,其中,2008年发行的"开幕"邮票,就有2枚邮票和1枚小型张。2枚邮票皆以票中票形式,将1896年第一届奥运会和1932年第九届奥运会珍贵的希腊与葡萄牙邮票纳入绿色、蓝色的新邮空间之中。同时配以古雅的颇具收藏意味的小型张,且又有绢质的,以及加"媒体日""集邮日""文化日""青少年日""志愿者日"字样的小型张问世。

奥博会

奥博会

在举世瞩目的被国际奥委会主席罗格誉为"无与伦比"的北京奥运会落下帷幕之际,奥运会旗传递到第三十届主办城市英国伦敦市长手中,第二十九届北京奥运会正式闭幕。一套"从北京到伦敦"的邮票发行,其上以两个城市的标志性建筑物作为邮图。

此后,9月6日,中国又迎来了"北京2008年残奥会"。2枚邮票,一为"会徽",一为"吉祥物",又一次为在北京举行的体育盛会,留下了历史的身影。

奥博会

从北京到伦敦

北京2008年残奥会会徽

应当说,在这一年的 8 月,世界性的大聚会在北京拉开帷幕之际,世人并没有忘记 3 个月前发生在中国大地上一场铭记于历史之上的大灾难,那就是四川汶川大地震。在那些举世悲哀的日子里,当集邮者看到一个个镌刻着"汶川"的地名邮戳,当集邮者捧着一枚枚赈灾附捐邮票,当集邮者一次次以各种方式捐筹善款,此时此刻,我们深深感悟到,四川汶川,在 2008 年的编年史上已经是一个融聚全民族情感的历史性地名。5 月 20 日,大地震的第六天,国家邮政代表人民的意愿发行了"抗震救灾 众志成城"附捐邮票。简约的色调与构图,浓浓地寄托了全国集邮者的哀思与祝愿。这是留在中国集邮者心中的特殊记忆,也是汶川大地震留在人们记忆中的永久而特殊的一笔。

抗震救灾 众志成城

2008 年,历数大事,还有"改革开放三十周年"。在每个中国人皆有切身感受的这个纪念时日

改革开放三十周年·腾飞

里,将 30 年的祖国巨大变革纳于几枚邮票之中,确实在设计上是一个"难题"。所发行的 1 枚邮票和 1 枚小型张中,我们没有看到面面俱到的"成就"展陈,而是写意式的以"腾飞"和"辉煌"加以艺术化的表述:邮票将改革开放的巨大成就高度概括,小型张将那继往开来的展

改革开放三十周年

望再现于方寸天地中。

　　这是一个大事要事云集的年头。在 2008 年发行了 30 套 80 枚邮票，在中国邮票发行历史上也是少有的大数量。同时，早已发布的邮票发行计划，也在下半年作了历史上同样少有的大调整：取消了一批计划发行的邮票，又增加了许多新的邮票发行的主题。这一年，在邮票上也是风云际会、热潮迭起，只从这一点来看，这必将是一个令人难忘的年头。

　　2008 年又有为纪念"宁夏回族自治区成立五十周年""广西壮族自治区成立五十周年""第七届亚欧首脑会议"等国内国际重大事件而发行的邮票问世。而作为一切大事要事传播于世界的窗口，一个重要的媒体建筑物——中央电视台也迎来了 50 周年的诞辰。以中央电视台新建大楼为图案的纪念邮票也在 9 月 2 日发行。

中国电视事业暨中央电视台创立五十周年

宁夏回族自治区成立五十周年

在2008年所发行的邮票中，下半年基本上是大事要事的集中展现。而上半年，却有着轻松明快的文化性的选题，让枚枚邮花璀璨夺目。

如精雅细腻的"朱仙镇木版年画"，将中国四大著名年画中的河南朱仙镇的旷世杰作再现在4枚邮票上，人们可以看到美妙的"步下鞭""满载而归""三娘教子""凤香兰"。

朱仙镇木版年画

而"京剧净角"的6枚邮票，有"徐彦昭""包拯""廉颇""张飞""曹操""杨延嗣"，以英武的"花脸"形象映入人们的眼帘。

"中国鸟"邮票，以"台湾蓝鹊""藏巫鸟""寅腹角雉""黑额山噪眉鸟""红腹锦鸡""白尾地鸦"等人所少见的珍稀鸟类，构成一幅百鸟争鸣的华丽场面。尤其在囊括了6枚邮票的大全张上，那景象更为绚烂。

京剧净角·徐彦昭　　京剧净角·张飞　　京剧净角·曹操　　中国鸟

颐和园作为杰出的皇家园林走上方寸邮图,是经过了多年设计、反复修改,才在2008年春暖花开的五月面世的。以6枚邮票1枚小型张构成的这套邮票,精雅细腻之中又不失煌煌大气,将颐和园的著名景观一一刻画,引人入胜。在这套邮票上,可以看到秀颀的"十七孔桥"、逶迤的"长廊"、神异的"石舫"、银装的"谐趣园"、晶莹的"玉带桥"和迷蒙的"后海";而小型张上则将烟波起伏的昆明湖与堂皇的佛香阁融于古雅的金黄基调之中。

十七孔桥

石　舫

玉带桥

颐和园

在2008年的上半年,我们还可以领略到浙江的"千岛湖风光",可以欣赏"海南博鳌"寥廓的海境,可以探寻"龟兹石窟壁画"神秘的身影,可以走进古老的"白马寺"一睹"祖庭释源"圣迹,可以笑看睿智的"曹冲称象"的美好传说。这些邮票,编织了2008年"大事""要事"之余多彩的文化疆域。

千岛湖

博鳌

龟兹石窟壁画　　　　　　白马寺　　　　　　曹冲称象

在2008年的香港、澳门邮票上,以文化为题的内容也构成了这一年邮票清新明快的另一个侧面。

中国香港邮政发行的"花卉""水母""大熊猫""黄龙",有植物、有动物、有海洋生物、有自然景观,邮图绚丽多姿、楚楚动人。如6枚"水母"邮票,以深蓝的海洋式的色调,衬托出游动的水母

香港·水母

的自由形态与夺目色泽,意境神秘而深远。如"'神州风貌系列'第七号·黄龙",只用1枚小型张展示了这一地处九寨沟的奇崛景观的神秘、朦胧与多彩。

中国澳门邮政则在邮票选题上依旧突出中华传统文化和开放的文化精神。这一年又发行了"易经"第六组、"世界遗产"、"传说与神话"第八组、"地道美食"以及"第20届澳门国际烟花比赛汇演"。其中的"传说与神话",开放性地以"金苹果""戈尔迪的绳结""特洛伊木马计"和"斯芬克司之谜"等外国的传说与神话为题,显示出了开阔的视野。而一览"地道美食"邮票,佳肴的色香味便直面而来,浓郁的生活气息勾勒出了澳门同胞对于中国传统美食的向往。

香港·"神州风貌系列"第七号——黄龙

澳门·传说与神话

澳门·地道美食

2008年邮票在选题内容、艺术设计上的多彩，证实了这是一个国家成立60周年前夕的有大悲有大喜的令人难忘的年头。

2009年

2009年10月1日，中国人民迎来了中华人民共和国成立60周年华诞。这是中国传统称谓中的一个"甲子"，也是寓意新中国抵达到"甲子"这个被称作"海中金"的吉祥岁月。

在中国历史上，中华人民共和国的60度春秋，是一个不长不短却充满生命力量和美好前景的年华。

2009年，在中华人民共和国成立60周年之刻，首先映入眼帘的是一头雄劲冲刺的牛。这头"牛"，正是2009年亦即农历"乙丑年"的生肖形象。

一年一度，生肖邮票首先推开新的一年的大门。2009年，"乙丑年"之"牛"，为大牲也，是中国传统农耕文明的象征。它将吃苦耐劳、朴实享厚、奋进开拓等美德集于一身，成为一种美好的昭示和表率。诚如"老牛亦知夕阳晚，不用扬鞭自奋蹄"以及"俯首甘为孺子牛"等名句所言，这是中华民族精神的一个标志与象征。

在这一年，这头"乙丑"牛，如"拓荒牛"一般，以强劲的冲击力，显示出我们祖国和人民一往无前的决心和动力。

在2009年的邮票发行中,与这头雄牛的冲刺前进相应的,竟有三场象征着力量与速度的运动会。

这一年的10月16日,中国邮政发行了"中华人民共和国第十一届运动会"纪念邮票。以"和谐中华,活力山东"的竞技人形图案为会徽,以泰山石的劲砺坚毅为吉祥物的有力度形象,为中华人民共和国60年来体育事业的发展做了一次大检阅。

乙丑年生肖牛

11月12日又发行了"第16届亚洲运动会"纪念邮票。在广州举办的这场国际运动盛会,是我国第二次担纲主办亚洲国际运动会。这既是一场国际间的竞技活动,也是向世界彰显中国改革开放成就的窗口。2枚邮票分别以"羊城"徽志和"五羊"吉祥物为图案,简洁生动地在邮票上记录了这次国际体育盛会。

中华人民共和国第十一届运动会

此前,2月18日在黑龙江哈尔滨还举办了第24届世界大学生冬季运动会。这是我国首次举办的世界综合性冬季运动会。五十多个国家和地区的四千余名运动员参加了这个盛会。在这次运动会上,中国健儿所获奖项位居奖牌榜首。中国邮政为这次运动会发行的纪念邮票也是2枚一套,也以会徽和吉祥物构成,并且也是菱形规制。

12月5日,2009年第五届东亚运动会在中国香港举办。这是香港首次举办大型综合运动会。东亚9个国家和地区共派出2 377名运动员参加了运动会。在为此次运动会发行的邮票上,展示了多项体育竞技有动感的画面。

第16届亚洲运动会

第24届世界大学生冬季运动会

香港·香港2009东亚运动会

电网建设

杭州湾跨海大桥

如果说，2009年的这几场运动会显示出了中国如"拓荒牛"一般的奋进动力，那么，这一年所发行的诸如"电网建设""杭州湾跨海大桥""三江源自然保护区"等邮票，则从经济建设与环境保护两大领域，表现出了改革开放所带来的成就与成果。这既是物质的，又是理念的。这些邮票阐释了发展与生态之间的重要依存关系，表现出中国的经济发展是以保护生态为前提的先进理念。

三江源自然保护区

在中国香港和中国澳门邮票上，也展示出了2009年"乙丑"牛年在建设上的重要成就。香港昂船洲大桥是全球第三长的双塔斜拉桥，主跨长1 018米，连引道全长1 596米。这是香港首座位处市区的长跨吊桥。在香港岛和九龙半岛，皆可望到大桥的雄姿。

香港廖秀冬博士说："这不仅是一项工程，还是香港建筑业的一个代表性作品，反映了这座世界性城市的自信和在新千年的变化。"

香港·香港昂船洲大桥

2009年竣工并开放的澳门科学馆，由世界著名建筑师贝聿铭先生设计。科学馆占地面积6.2万平方米，主体由一个倾斜的圆锥体、一个半球体和一个菱形的基座组成，三个部分分别是展览厅、天文馆和会议中心。建筑外墙以银灰色金属铝板饰面，辅以深色花岗岩。远眺澳门科学馆，建筑整体极富科学风采，并显示出贝氏几何图案构造的独特的建筑风格。

香港·香港昂船洲大桥

澳门·澳门科学馆

香港·新疆天山

　　经济与文化建设皆同自然生态和传统文化息息相关。历来，这两个主题都是邮票发行的重要选题。

　　在2009年，中国邮政发行的"黄龙""京杭大运河"，以及中国香港邮政发行的"神州风貌系列"第八号"新疆天山"等邮票，不仅展示了中国自然景观，而且体现了深蕴的中华文化元素。在这一年，以中华传统文化作为主题的邮票，以农历"乙丑"的生肖牛开篇，接踵而来的是丰富多彩的传统文化的观览。

　　2009年，中国邮政发行的"凤凰古城"邮票，刻画了这座湘西小城天人合一的古朴与隽秀。这里的青石板路和吊楼城门，留下了历史延伸、时光过隙的遗痕。新西兰作家路易·艾黎曾赞誉道："这是中国留在大地上的最美丽的一座小城。"

凤凰古城

而留在纸上的中国文化遗痕,在这一年的邮票上,首先看到的是"漳州木版年画"。始于宋、兴于明、盛于清的这些年画,构图大气,色彩鲜丽。夸张的线条和细腻的刻画,有北方年画的豪劲,又独具江南年画的细腻秀颀。邮票小版张还采用了纸质和绢质两种印制方式。

自2007年开始,中国澳门邮政发行"中国内地景观"系列邮票,曾将"冈仁波齐峰""丽江古城"纳入方寸。2009年则将内地古迹"龙门石窟"以小型张方式再现。邮票图案采用了奉先寺卢舍那大佛雕像为主图,其宏大规模、精湛雕刻,高踞中国石刻艺术巅峰,为中国石刻艺术经典之作,也是中国鼎盛大唐的象征。

漳州木版年画

澳门·龙门石窟

唐诗三百首

  在中华传统文化中,国学、国画和国剧堪为瑰宝。这一年发行的"唐诗三百首"精美的邮票,将国学主脉诗词列为主题。特别是在邮票全张的边饰上,以微雕展现出了《唐诗三百首》全文,以及多媒体发声的朗咏,皆将这套邮票的选题、设计以及印制,推向一个高的水准。

  这一年还发行了"石涛作品选"特种邮票,集纳清代画家石涛山水、花卉、人物等名作6幅于寸幅空间,展示了这位画家师法自然"搜尽奇峰打草稿"的艺术境界和国画的精湛。

  京剧是国剧。中国邮政发行的"马连良舞台艺术",以《借东风》中的诸葛亮和《赵氏孤儿》中的程婴两个经典形象,记录了这位京剧艺术大师留在舞台上的隽永形象。

2009年，中国香港邮政创"香港馆藏选粹"邮票系列。第一辑有明末清初书法家王铎"行书钦义楼作诗"，清代画家王原祁的《仿黄公望山水图》，东晋书法家王羲之的"王右军帖"，晚清画家高奇峰的"月夜小鸟"，晚清岭南画家居廉的《花蝶》，以及清代画家顾怀的"白描人物"，小小方寸展陈出中国书法绘画艺术的精雅与高深。

石涛作品选

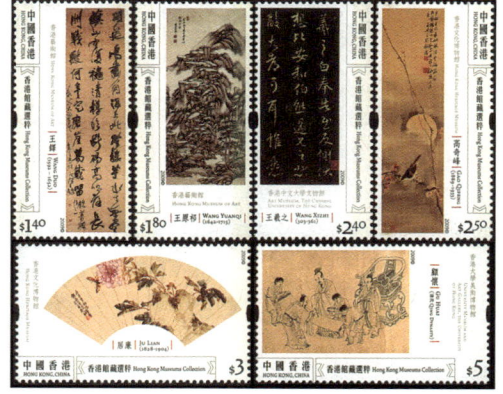

香港·香港馆藏选粹

马连良舞台艺术

在这一年，中国澳门邮政延续发行了"传统工具"第二组和"成语故事"第三组邮票，共同展现了中华传统文化的丰富与多彩。

2009年是澳门回归祖国10周年的日子。中国邮政为这一历史时刻发行了3枚纪念邮票，中国澳门邮政同样发行3枚纪念邮票，以隆重纪念。二套邮票的第一个图案都是国旗、区旗和盛世莲花的雕塑，体现了澳门回归10周年的"欢庆"气象。后2枚邮图则展现了"合作"和"繁荣"的象征以及澳门议事亭、旅游塔，以及旖旎的沿海风光。

2009年是中华人民共和国60周年华诞之刻。中国邮政和中国香港邮政、中国澳门邮政，分别发行了大套纪念邮票，盛庆伟大祖国一个"甲子"诞辰。

澳门·"传统工具"第二组

早在6月1日,中国邮政就以儿童画形式发行了题为"祝福祖国"的4枚邮票。以孩子们的温馨祝福,迎接共和国生日的到来。

作为中华人民共和国成立之前的一次具有重大历史意义的会议,中国人民政治协商会议,在2009年也迎来了成立60周年的庆典。这是中国人民爱国统一战线的一个组织,是中国共产党与多党合作和政治协商的一个机构。中国邮政为此发行了2枚一套的纪念邮票,以政协会徽和政协礼堂为邮图,并以装饰性的鲜花为底衬,使画面洋溢着欢庆的气氛。

祝福祖国

祝福祖国

澳门回归祖国十周年

中国人民政治协商会议
成立六十周年

人民大会堂

2009年,中国邮政还将1959年建筑的人民大会堂,再次作为邮票选题,发行了特种邮票。将政协礼堂以及作为党和国家举行重大活动的人民大会堂同置于邮票的方寸天地之中,这也成为迎接和庆祝共和国60周年大庆的一个重要组成部分。

在2009年10月1日国庆当天,中国邮政发行了4枚邮票和1枚小型张。邮票设计者为著名导演张艺谋等人。这一组邮票以大红色彩为基调,展现60年一个"甲子"岁月中的共和国辉煌成就。特别是在小型张的大篇幅之上,以国旗为中心,描绘出天安门广场上的国庆之夜,那是一派星月共辉、灯花绽放的欢乐气象。

另一组邮票则在横幅构图的4枚邮票上,展现出了三军国庆大阅兵的庄伟场面。

在国庆盛典期间,中国香港邮政和中国澳门邮政也以这个重大主题发行了纪念邮票。中国香港邮政发行的两组邮票,一组是扇形6枚,以龙、长城、天坛、回归祖国等风物构图,颇富

中华人民共和国成立六十周年

中华人民共和国成立六十周年国庆首都阅兵

民族色彩；另一组是 1 枚小型张，也以大红色彩为底色，将内地和香港的象征图案连接成双连邮票，寓意香港与祖国同根脉、共命运。

在祖国 60 华诞之日，中国澳门邮政发行了以澳门昔日牌楼贺国庆、国庆大阅兵、澳门国庆活动，以及天安门升旗仪式为图案的纪念邮票，并以其中的标志性图案——澳门昔日牌楼贺国庆和天安门升旗仪式两图构成小型张，以天安门全景和红灯笼等为边饰。

此外，三地邮政部门还同时发行了小本票，内置中国邮政、中国香港邮政、中国澳门邮政所发行的国庆盛典三连体小型张。

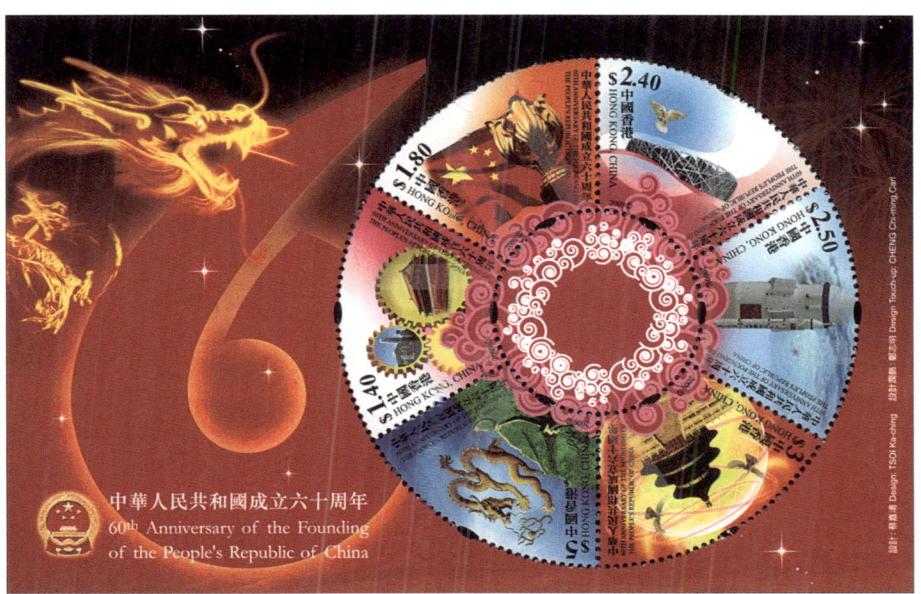

香港·中华人民共和国成立六十周年

澳门·中华人民共和国成立六十周年

中国邮政、中国香港邮政、中国澳门邮政·中华人民共和国成立六十周年

  2009年是中国在新世纪进入改革开放新时期的一个重要年份。这一年中国邮政以及中国香港邮政和中国澳门邮政所发行的诸多邮票,在这一本新的集邮册中,为这个年代留下了一页光彩焕发的纪录。

第七本集邮册

"新的征程"

(2010—2019)

提　　要

　　21 世纪第二个 10 年，改革开放的春风吹拂中国大地已有 40 个春秋，中国经历了从"站起来"到"富起来"，正在向着"强起来"的目标砥砺前行。

　　这是在新的世纪中华人民共和国踏上"新的征程"的时刻，一切若新岁伊始，承载着民族振兴、国家富强、人民幸福的"中国梦"，让亿万人民看到光明在望。

　　在新的征程起步时段，寸幅邮票留下了中华人民共和国正在强大起来的足迹。在欢庆中华人民共和国 70 华诞之时，以习近平同志为核心的党中央引领全国人民，走向中华人民共和国的一个新的时代。

　　70 年征程在邮票这张"国家名片"中，正彰显出中华人民共和国从春风初起，到春潮澎湃，直到走向繁荣富强的美好春天。

2010年

从2009年到2010年，正处在全国人民欢庆中华人民共和国成立60周年的日子里。庆典之际，人们不忘缅怀为建立中华人民共和国奋斗终生的共和国元勋，回顾中国革命艰苦卓绝的历程。听着国庆盛典的欢声，在邮票的方寸天地之中，人们深情地纪念李先念、宋任穷等老一辈无产阶级革命家。

而在2010年中国邮政发行的一套特种邮票中，以芭蕾舞形式演绎的"红色娘子军"，再现了当年革命女战士的飒爽英姿，把我们带回了烽烟连天的战斗岁月。对于革命历史征程的回顾与纪念，正是为了不忘革命传统，继承革命传统，再步新的征程。

在中国走过的60年的历程中，在

李先念同志诞生一百周年　　宋任穷同志诞生一百周年

改革开放的伟大战略指引下，我们祖国正在走向繁荣富强，正在以开放的视野走向世界。

1851年，第一届世界博览会在英国举办。在世界博览会举办160周年之际，中国上海承办了第四十一届世界博览会。这是中国第一次承办综合性的世界博览会，也是继2008年第二十九届北京奥林匹克运动会之后，在中国举办的具有国际影响力的又一盛会。

世界博览会是一项有着悠久历史和巨大影响的国际性活动。各国参展旨在向世界展示其在当代的文化、科技和产业领域的实力，展现影响人类生活的各个领域的先进成果。2010年，在上海举办这一届世界博览会，显示了中国在诸多领域愈益强大的国家形象。

中国芭蕾——红色娘子军

早在2009年，中国邮政就发行了"中国与世博会"特种邮票。这套邮票共4枚，其中3枚邮票回顾和展示了中国以往参加的世博会和1999年昆明世界园艺博览会；最后1枚邮票以2010年上海世博会的主题词——"城市，让生活更美好"为主要意象。

2010年1月，在世博会开幕前，中国邮政发行了"上海世博园"邮票。将即将开园的世博中心、中国馆、演艺中心、主题馆，以及上海世博园的鸟瞰图，展现在4枚邮票和1枚小型张上。

2010年5月1日，中国2010年上海世界博览会开幕。中国邮政发行了"开幕纪念"邮票。这枚邮票描绘了世博会诸多美轮美奂的建筑复合图以及上海浦东风貌，票幅运用了绿色

中国与世博会

上海世博园

中国2010年上海世博会开幕纪念

和蓝色作为主基调,给人印象深刻。

同一天,中国香港邮政和中国澳门邮政也发行了"中国2010年上海世博会开幕"纪念邮票。

中国香港邮政发行的4枚纪念邮票,以港岛沿岸景致为背景,融入舞龙、绿叶、青马大桥和智能卡等图案。透过香港的多元文化,突显了香港作为国际都会的魅力。这套邮票富有特色地突出"香港参与"4个字,展示出香港参与了这项国际盛事并设立展馆,向世界宣示国际

香港·香港参与中国2010年上海世界博览会

都会香港的繁荣与先进。

中国澳门邮政发行的邮票,则以世博会澳门馆展示的"玉兔宫灯"和"德成按"作为邮图,构成参与世博会的又一特色。

在展开国际视野的2010年,我们还可以在邮票上浏览到更多的国际盛会盛事。如"第16届亚洲运动会""第十届世界旅游旅行大会""广州2010年亚洲残疾人运动会"等。

活泼而又喜庆的"羊羊",作为第16届亚洲

澳门·中国2010年上海世博会

运动会的吉祥物,以运动员的造型,勾勒出了运动会的主要竞技项目。五只"羊羊",充满朝气地揭开了这场国际赛事的帷幕。

"广州2010年亚洲残疾人运动会"纪念邮票,以方形和菱形齿孔的复合结构组成,将寓意

第16届亚洲运动会开幕纪念

深刻的会徽置放在寸幅大小的画面上,温馨庄重,且独有特色。

著名画家黄永玉在2009年创作了巨幅画作《荷》,形制宏大、斑斓富丽。中国邮政撷此作为邮票图案,为第十世界旅游旅行大会发行了纪念邮票。"荷""和""合"谐音,成为世界各国和谐共处、合作繁荣的深刻寓意与生动象征。

从第四十一届上海世博会开幕,到2010年一系列国际盛会盛事的举办,显示出了中国在改革开放进程中愈益强大起来的国家经济实力和文化实力。

2010年,许多邮票上记载了中国经济发展的轨迹。由中国铁道部与国际铁路联盟(UIC)共同主办的第七届世界高速铁路大会(HIGH SPEED2010)于这一年的12月7日在北京国家会议中心召开。在这个国际大会的背景下,中国邮政发行了"中国高速铁路"邮票。这枚

第十届世界旅游旅行大会

广州2010年亚洲残疾人运动会

邮票以飞速奔驰的高铁列车为构图，表现了中国高铁的建设成就。中国高速铁路发展快、系统技术全、集成能力强、运营里程长、运营速度高、在建规模大，从一个侧面展示出中国改革开放经济建设健康发展的形势。

2010年正值香港铁路服务百年，一套由6幅火车图案组成的纪念邮票，再现了香港铁路的发展历程，也体现了现代工业的发展成果。

中国高速铁路

香港·香港铁路服务百周年

1990年，上海证券交易所、深圳证券交易所相继成立，标志着中国资本市场的起步。在20年的发展中，中国资本市场不断成熟，为促进国民经济发展、优化资源配置做出了贡献。中国邮政发行的"中国资本市场"特种邮票，纪念和展示了中国资本市场20年的变迁和发展。

此外，中国邮政发行的"新中国治淮六十周年""节能减排保护环境"，以及"珠江风韵·广州"等邮票，将中华人民共和国历史上的重大建设工程和建设美好家园的成果，以

中国资本市场

新中国治淮六十周年

及"保护环境"的战略思维,在2010年发行的邮票上都作了形象化的表达。

特别是在7月11日发行的"中国航海日"邮票,以"海洋·海峡·海员"为主题,体现了中国发展中的海洋意识和传承世界航海文明的先进理念。

2010年,中国邮政发行的独具特色的"中医药堂"邮票,以"药堂"这个传承性的医药实体为主题,弘扬了几千年来发展并已成为体系的、为人类生命与健康做出卓越贡献的中医药文化。

传统文化作为彰显国家软实力的一个重要载体,始终

节能减排 保护环境

中国航海日

是邮票选题的重点和亮点。

纵观2010年书画艺术类邮票发行,从新春伊始的庚寅年"虎年"生肖邮票开始,我们既看到了古朴厚重的"梁平木版年画"的民间色彩,也为元代画家黄公望的名作《富春山居图》的典雅清丽以及"梅兰竹菊"中的诗情画意所震撼。

中国书法与绘画有着密不可分的关系。自2003年起,中国邮政先后发行了"中国古代书法"系列邮票。此前已经发行了"篆书""隶书""楷书"三组,2010年又以"中国古代书法——行书"为主题发行了第四组邮票。这组邮票选取了天下三大行书——东晋书法家王羲之的《兰亭序》、唐代书法家颜真卿的《祭侄稿》和宋

中医药堂

梁平木版年画

第七本集邮册 "新的征程"（2010—2019） 315

富春山居图

代文人苏轼的《黄州寒食帖》为邮图，让今人能够在微型邮票上一览书法艺术经典。

第二组"成语典故"特种邮票在2010年发行。邮图上的"文彦博灌水浮球"，刻画了隽永的传说，形象生动地体现了中国传统文化中的智慧与深蕴。

中国古代书法——行书

文彦博灌水浮球

梅兰竹菊

孔庙、孔府、孔林

"孔庙、孔府、孔林""朱熹诞生八百八十周年"等邮票,则将中国圣贤先哲和他们的故里与风貌作了刻画,让今人可以关注与敬仰中国传统文化的深邃与崇高。

朱熹诞生八百八十周年

比较特别的是在这一年发行了一套"昆曲"邮票,这套邮票不仅展现了经典昆曲剧目《浣纱记》《牡丹亭》《长生殿》,而且在方寸画幅中印刷出了鲜明层次和细腻色彩,显现出戏剧的柔美与华丽。这套邮票是继"唐诗三百首"之后又一套带有多媒体功能的邮票,即在

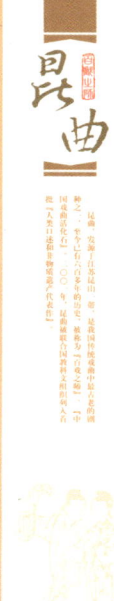

昆曲

邮票上采用了"编码控制多媒体播放技术",让邮票出现演绎昆曲的可视性效具。

传统文化中的节庆和民间传说,让人们在生活中充分体味到了民间文化习俗的魅力。自2000年发行"春节"邮票之后,2010年,中国邮政又发行了"清明节"邮票,节庆邮票已渐成系列。

那个流传在民间的美好的传说——牛郎织女,也以剪纸造型,出现在这一年的邮票发行行列。这个故事连同"七夕节",将民间文化与传统节庆融合,成为纪念中国"情人节"这一特殊节日的载体。

在2010年中国香港邮政和中国澳门邮政所发行的邮票中,比较突出的一个特点就是出现了一些以人们日常生活为主题的邮票。如香港"特色街道"邮票,展现了作为中西荟萃、新旧交融的大都会,香港老旧市容的那些令人怀忆的遗存。

清明节

民间传说——牛郎织女

香港·香港特色街道

中国澳门邮政发行的"传统民间服装""澳门美食节嘉年华十周年",以及带有忆往情怀的"澳门怀旧电话"等邮票,主题贴近生活,画面富有生活气息,在邮票发行中饶有特色、别具一格。

澳门·澳门美食节嘉年华十周年

如果说，2010年有着诸多国际间的盛事盛会，那么，在这一年邮票上也出现了辽远的文化瞩望。

这一年中国邮政发行了第一组"外国音乐家"邮票，向人类共同崇敬的西方音乐大师致敬。18世纪以来享誉世界的音乐大师巴赫、海顿、莫扎特和贝多芬，第一次来到了东方寸幅艺术世界中。

早在1953年，中国邮政就为纪念"世界文化名人"发行了纪念邮票。57年之后，再次将各国文化创造者纳入邮票选题，显示出新时期的文化开放与对于人类文化遗产的敬重。

同时，对于外来的舞蹈艺术，如芭蕾舞，经过多年的借鉴和创新，也已出现了中国芭蕾舞剧的经典作品。早在1973年，芭蕾舞剧《白毛女》

澳门·澳门怀旧电话

就以4枚邮票的形式展现了优美的舞姿和曲折的剧情。

2010年，中国邮政又发行了"中国芭蕾——红色娘子军"邮票，两幅邮图都展现出了中国文化的包容性和改革开放以来广阔的文化视野。

中华民族生长在中国这块博大深邃的土地上。几乎每一年的邮票上，都有令人肃然起敬

外国音乐家

芭蕾舞剧白毛女　　　　　芭蕾舞剧白毛女　　　　　红色娘子军

的伟大祖国的伟大形貌。当我们看到古远的"楼兰故城遗址"时，在怀古幽思之中生发的，是对中国古老而悠久历史的敬畏与自豪。

楼兰故城遗址

当我们仰望横空逶迤的香格里拉胜境时,这一被西方称作"消失的地平线"的奇迹,则让人们对于大自然造化的崇拜之情油然而生。同时,这又是对于祖国体魄再一次生发而出的激情和尊崇。

香格里拉

从对于中华悠久传统的回望,到对于过往峥嵘岁月的回顾,再到激励我们与中国同行的虎虎生风的紧随,邮票虽小,却一年一度为我们的祖国留下了许许多多有着历史价值和现实意义的纪录。

2011年

作为"国家名片",邮票首要之责,就是塑造"国家形象"。在邮票上表现国家的大事要事,是邮票塑造"国家形象"的重要使命。

翻开2011年中国邮政发行的邮票集萃,映入眼帘的,是一组组高唱"主旋律"的选题。

辛亥革命一百周年

"辛亥革命一百周年""中国共产党成立九十周年""中国共产党早期领导人""西藏和平解放六十周年"等重要的革命历史选题,这些邮票,虽是对于过往重大事件的一个纪念,但实质上,是在小小邮票图案上,留下了改变中国的一个个历史性的辉煌瞬间。

在"辛亥革命一百周年"邮票上,"武昌起义"和"推翻帝制"两幅波澜壮阔的历史画图,书写了中国近代历史上具有里程碑意义的辛亥革命史迹。小型张在《建国方略》和"天下为公"的背景下,刻画了革命先行者孙中山先生的神貌风采。

辛亥革命一百周年　天下为公

香港·辛亥革命一百周年

澳门·辛亥革命一百周年

在 2011 年，中国香港邮政也发行了纪念邮票，以黄花岗七十二烈士、武昌起义、革命重要人物和孙中山先生就任临时大总统四个历史进程为主题，在方寸邮图中记录了辛亥革命的历史业绩。

中国澳门邮政同样发行了纪念邮票，以筹组革命、浩气长存、武昌起义、民国成立四个历史进程，纪念辛亥革命一百周年。

此外，中国邮政、中国香港邮政、中国澳门邮政还联合发行了以这一纪念题材 3 枚小型张合为一册的小本票，作为中华同胞对于这一重大历史事件共同的隆重的纪念。

在以辛亥革命为标志的旧民主主义革命的基础上，1921 年 7 月，中国共产党建立。2011

第七本集邮册　"新的征程"（2010—2019）

中国邮政·中国香港邮政·中国澳门邮政·辛亥革命一百周年

中国共产党成立九十周年

年正值"中国共产党成立九十周年"。纪念邮票以开天辟地、烽火岁月、执政创业、改革大潮、世纪跨越、科学发展六个主题，概括了党的九十个春秋的不凡历程；并以鲜红的党旗为主图发行了小型张，展现出信仰和理想的力量。

在"中国共产党早期领导人"纪念邮票上,陈延年、张太雷、罗亦农、恽代英、项英等革命家的英姿,展现在方寸天地之中,显示出了他们开创新天地的崇高精神气质。

中国共产党早期领导人

60年前,西藏和平解放。这是共和国建立初期的一项重大历史事件,也是中华人民共和国发展进程中的一件标志性的国家大事。庆典一个甲子的纪念邮票,充溢着民族色彩和中国强大的蓬勃力量。

西藏和平解放六十周年

在新世纪,我们的祖国也曾受到自然灾害的严峻考验,但富强起来的国家为人民重建了家园。为反映汶川地震灾后重建的成就,"美好新家园"邮票,以这样一个具有展望性的美丽的标题,刻画了在地平线上升起的一座美好的新家园。邮票图案层次精巧、色彩明朗。一眼望去,便会感受到强烈的时代气息,画面洋溢着一种吉祥、愉悦、幸福和安宁氛围。集邮者评论说,这套邮票具有时代的精神内涵。

2011年发行的这些纪念邮票和特种邮票,书写着不同时段的革命历史,揭示了中华人民共和国诞生背后的历史底蕴,也是在塑造光辉的"国家形象"。

同样,一个在社会主义经济建设领域拔地而起的"国家形象",也在邮苑之间被展示出来。"天津滨海新区"的3枚邮票,在宜居新城之外,还有现代化的于家堡金融区和国家动漫园,显示出改革开放三十余年在现代经济建设上的成就。而以弧形齿孔勾勒出的大屏幕形式的小型张,则刻画了环渤海经济区的核心地域的全景画图。经济崛起,既从政治上又在经济上塑造了共和国改革开放时代的国家新貌。

美好新家园

天津滨海新区

在纪念党的90周年诞辰邮票上,就有"科学发展"一枚体现了经济建设要有可持续发展的科学理念。

2011年,中国香港邮政发行了一套色彩柔和、格调清新的邮票,题为"绿色生活"。邮票以绿叶与地球的紧密相连为主图,在节约用水、洁净空气、节省能源、循环再造4个主题的昭示之下,以绿叶形的小型张呈现独特造型,表达了"珍爱地球"这个大主题。

在这一年,中国邮政发行了第五组"中国现代科学家"邮票。生物物理学家贝时璋、航天学家钱学森、石油化学家侯祥麟、核物理学家钱三强,作为我国经济建设中高端与尖端科学的开拓者和领路人,成为共和国一批跻身于世界高科技之林的人才巨擘。

文化,不仅是构成中国邮票特色的一个重要元素,也是在精神领域塑造"国家形象"的一抹亮彩。

德国文化学者罗里扬·卢佩认为,"文化是大国最主要的特征。跻身于世界强国之列,从根本上说是因为一国强韧、认真的文化特征"。中国邮政在2011年发行的邮票中,文化作为邮票中的一个重要的选题,正是在凸显"大国最主要的特征"。

在2011年发行的邮票中,"辛卯年"生肖邮票以一只可爱的卡通式的小兔子形象,将中国传统的生肖文化传遍大江南北、世界各地。

在中国具有东方风格生肖邮票的启迪和影响下,近年来世界各国包括欧美一些国家,也相继为中国的生肖发行了邮票,使中国传统文化的影响力日趋扩大。

香港·绿色生活

中国现代科学家

辛卯年生肖兔

生肖邮票之后,接踵而来的是"凤翔木版年画""良渚玉器""中国古典文学名著——《儒林外史》""中国古代书法——草书""云锦""明清家具——坐具""中国曲艺""关公""八十七神仙卷"等特种邮票的发行。

这些邮票从多个层面将中华民族五千年的文明之光,以及悠久的传统文化的瑰宝,悉数展现于小小的邮票空间。

同时,这些邮票也表现出"温故"是为了"知新"的理念,即对于过往的回望,是为了今日的前行。

2011年发行的"关公"邮票深受广大群众欢迎。邮票上关公"千里单骑"和"夜读春秋"

第七本集邮册 "新的征程"（2010—2019） 327

儒林外史

中国曲艺

关　公

关　公

的形象和"忠义仁勇"的精神,深入人心。"关公"主题邮票的发行已不仅是出于对传奇历史人物的景仰,还在于对当下社会风尚的启迪:呼唤继承"诚信忠勇"的传统美德,彰显这一道德规范的现实意义与作用。这些邮票实质上从精神层面透现出了一个文化深厚的国家,在打造道德精神的家园。

翻检2011年邮票,一个蓬勃向上的"国家形象"跃然出现在方寸邮花之间。

清华大学建校一百周年

少数民族传统体育

当我们看到"清华大学建校一百周年""深圳第26届世界大学生夏季运动会""少数民族传统体育"等新邮票的发行,方寸天地所洋溢的青春活力和积极向上的进取精神,充分显示出共和国在新世纪新时期的前行途中,是有着怎样充沛的动力和美好的愿景。

改革开放以来,走在新世纪的中国,正跻身于世界大舞台,成为国际社会的重要成员。因此,走出国门、面向世界正是国家风范的一个体现。近年来,中国邮票已展现出了国际化的开阔视野。

2011年,中国邮政发行了"世界读书日""2011西安世界园艺博览会""海外中华情"等题材邮票。在邮政寄递的国际流通中,这不仅是对一己国度形象作出宣示,同时也表现出积极参与和融入国际社会的多元活动的热情,并显示出中国作为

世界读书日

海外中华情

发展中国家的话语权。

近年来，国际化的选题使邮票面貌一新。特别是在 2010 年，经过 8 年的酝酿和设计，发行了"外国音乐家"邮票，在国内外引起很大反响。将西方文化经典，比如西方古典音乐大师巴赫、海顿、莫扎特和贝多芬展现在东方邮票上，并作了精美刻画。在中国邮票还没有系统发行中国音乐家形象邮票的背景下，这套与丹麦邮票雕刻家马丁·莫克合作的以外国音乐家为主题的邮票面世，与其说是选题变化，不如说是观念变化，那就是，邮票发行与设计已经面向且走向了世界。

中国邮政机构与马丁·莫克先生不仅有邮票设计上的合作，而且他还曾为邮票印制局青年一代雕刻师作了长期培训。在这个过程中，马丁·莫克深有感触地说：未来世界顶尖雕刻师在中国！

丹麦邮票雕刻师马丁·莫克

此外，近十余年来我们还与数十个国家联合发行邮票。两枚一套的模式，包容了中国和对方国家的经典事物，既是一种国际化的官方的邮票合作发行方式，又是中国参与国际交往的一种新兴的民间的外交形式。

古代天文仪器

在 2011 年的邮票发行中，我们可以看到中国和丹麦联合发行的一系列邮票，上面有中国天文观测仪"简仪"和丹麦的大赤道经纬仪的古老身影。这套邮票就是马丁·莫克先生雕刻的作品。

邮票虽只有方寸天地的一个小小空间，然而，这些国际化选题的纳入，足以显示出一个大国在新的历史条件下高屋建瓴的大气度和包容天下的大视野。

国际化的胸怀是近年来中国邮票发行上的一个重大变化。这个邮票选题上的"外向型"转化,从一个开阔的视角夯实了正在发展中的中国的根基。

在中国邮票发行的历程中,彰显邮票的民族风范,亦即"国邮"要有"国风",已经成为中国邮票的一个鲜明艺术特色。这个特色在不同年代有不同的表现。

在2011年发行的"云锦"邮票上,我们读到的是,中国古老的民间装饰风格的新创意——雍容大度的构图、艳而不俗的色调,以及巧夺天工的工艺编织。

云　锦

创作于唐宋两朝间的"八十七神仙卷",虽然作者信息已经失传无考,但却是传留千载的一幅经典画作。邮票尽显长卷的清雅格调与灵动线条。画上饱满匀整的构图和笔力透纸的画技,盈溢而出的是东方古典之美。

这些充满民族气派的邮票,以及邮票中传统艺术技法的运用,虽是在新世纪邮票设计的桌案之上,却毫无二致地让人们感受到了古老中国民族艺术元素的弥漫和浸润,让人们脱口而出的是人们在邮票上的所见所感,那就是"中国"。

八十七神仙卷

即使在政治性的选题和国际化的题材中，邮票设计尽管不是采用传统的艺术思维和技法，但是，如"中国共产党成立九十周年"和"辛亥革命一百周年"这些纪念邮票，依然有着一种与时代紧密相连的大气，依然在构图的稳健以及色彩线条的细腻之中，透射着"中国风"。那种历史与现实的结合，是为了将邮票作为新中国"名片"的隽永遗存，作出了精心、精致、精湛的设计。

在2011年发行的邮票中，我们可以看到设计家笔端充溢着强烈的时代色彩。如在"辛亥革命一百周年"这套有着历史感的纪念邮票上，我们看到的不是陈旧的历史印痕，而是有着富于时代感的新的艺术观念。在"武昌起义"这枚邮图上，斜三角形的构图具有强烈的方向性和激烈的冲击力，象征了向着封建王朝发起进击的势不可挡的革命洪流汹涌而来。而另一枚"推翻帝制"邮图，则突破以往横式矩形构图，强化了人物群像的垂直体态，显示了一种坚定刚毅的英雄气度。

中国共产党成立九十周年

辛亥革命一百周年

天津滨海新区

又如,"天津滨海新区"邮票,主题是富于时代感的,设计也张扬着时代的艺术风采。邮票上近景与全景的结合,具象与抽象的结合,加上鲜丽的色彩、放逸的线条,以及小型张突破性运用弧度曲线的异形齿孔,使这套邮票名副其实地沉浸在时代的新锐氛围中。

2011年,邮花缤纷。邮票以多种题旨,以多元手法,为国家"画像",记录着新世纪中正在前进的祖国风貌。

2012年

一套大红色邮票,成为2012年邮花丛中的一抹亮丽辉彩。

2012年11月8日,中国共产党第十八次全国代表大会在北京召开。以习近平同志为核心的党中央在坚持以经济建设为中心的同时,全面推进了经济建设、政治建设、文化建设、社会建设、生态文明建设,促进了社会主义现代化建设在各个环节、各个方面的协调发展。自此,中国广袤大地,春风和煦,春潮勃发,春天在望。

中国共产党第十八次全国代表大会

在这个历史时刻,中国邮政发行了纪念邮票。在鲜花簇拥之下,长城作为中华民族的象征,直上云天;触天而起的火箭和航天器,昭示了中国新的腾飞。而小型张则以壮伟横陈的人民大会堂为主图,在光芒万丈的天宇与鲜花盛开的大地烘衬之下,"中国共产党第十八次全国代表大会"的庄严题名,愈加深入人心。

2012年中国香港邮政在又一次发行的"中国世界遗产"系列邮票中,将中华民族的伟大象征"长城"作为一个重大主题,作了热情讴歌和精心刻画。这套邮票反映了中华同胞团结一心共筑"中国梦"的远大志向和团结精神。

在党的"十八大"之后,2013年的9月和10月由中国国家主席习近平分别提出了建设"新丝绸之路经济带"和"21世纪海上丝绸之路"的合作倡议。

中国共产党第十八次全国代表大会

香港·中国世界遗产系列：万里长城

在 2012 年发行的邮票上，就有"丝绸之路"这个重大的主题出现在邮票图案上。这套邮票从历史回顾角度，将中国古代与西方连接的一条交通要道和经济文化往来的通衢——古丝绸之路再现于 4 枚邮票和 1 枚小型张上。

这套邮票以大漠的金黄为辉煌的底衬，大雁塔与唐三彩、玉门关与铜奔马、楼兰遗址与鎏金银壶瓶、龟兹克孜尔千佛洞与玉仙人奔马等丝路沿线遗迹和文物，尽收眼底。

丝绸之路

"丝绸之路"小型张更将人类文化遗产莫高窟"敦煌壁画"的经典巨作,烙印在即将再度崛起的丝路之上,并冠以"交流"题名。

这套邮票的发行既是对于中华优秀历史传统的弘扬,更有着前瞻性的发扬"交流"的现实意义:对于历史的回望正是为即将启动的"一带一路"倡议的一个重要铺垫。

在党的"十八大"这面开创未来的旗帜引领下,在 2012 年邮票的方寸天地之间,彰显了中国共产党领导全国人民浴血奋斗的光荣征程。

一套题为"红色足迹"的特种邮票,将自 1921 年 7 月中国共产党成立以来的战斗岁月,以铭记在历史上的"足迹"为载体,系统地加以述说与展现。从 1927 年创立的井冈山革命根据地,到 1931 年在瑞金成立的中华苏维埃共和国临时中央政府;从长征途中召开的作为历史转折点确立以毛泽东在党和红军中领导地位的遵义会议,到中国工农红军一二四方面军经历长征胜利会师于甘肃会宁;从延安宝塔山辉耀中国的陕甘宁边区抗日民主政权,到党中央领导全国人民进行解放战争的中共中央所在地西柏坡,"红色足迹"的 6 幅革命圣地画面,记录了中国共产党创建中华人民共和国的艰

丝绸之路

红色足迹

巨历程与伟大胜利。

革命斗争的艰难历程既留在了红色的土地上，也镌刻在了那些浸透了热血的不朽姓名中。

2012年，中国邮政发行了"人民军队早期将领"第三组纪念邮票，将赵博生、段德昌、谢子长、曾中生、董振堂5位为中华人民共和国成立作出突出贡献的英雄模范的形象，刻镂在邮票上。

从"红色足迹"到英烈英名，这些邮票，虽然是对

人民军队早期将领

于过往的革命历史的一个纪念,但实质上,是在小小邮图上铭记下了改变中国的一条伟大的道路和一个个刻镂在历史上的辉煌瞬间。

2012年发行的"中国共产主义青年团成立九十周年""《在延安文艺座谈会上的讲话》发表七十周年""现行宪法公布施行三十周年",这三套纪念邮票,从三个时间段将中华人民共和国在政治、文化和法制上产生重要影响的重大事件,在邮票上给予了重点铭记。

中国共产主义青年团成立九十周年

《在延安文艺座谈会上的讲话》发表七十周年

现行宪法公布施行三十周年

2012年,正值香港回归15周年。中国香港邮政发行的"香港特别行政区成立十五周年"纪念邮票,记录了香港特别行政区这一具有历史意义政治体制的建立、发展与成果。清新的色调和富于现代感的构图,体现出回归以后的香港今天的美好和明天的更美好。

香港·香港特别行政区成立十五周年

中国澳门邮政在 2012 年发行了贰枚一套的"廉政二十载"纪念邮票，在邮票上记录和表明了政府廉洁奉公的传统相传不辍的信念与信心。这也是澳门特区政府执政的一个深得民心的重要方针。

中国邮政以及中国香港、中国澳门邮政所发行的这些记录国家重大事件的纪念邮票，正以一种特殊的形式书写着历史、表现着时代，展示出一个统一繁荣的新中国的"国家形象"。

2012 年，在毛泽东《在延安文艺座谈会上的讲话》发表 70 周年的时刻，重温毛泽东关于继承文化传统的论述，可以加深邮票上所表现的中华文化传统的认知与理解。

澳门·廉政二十载

毛泽东指出："我们必须继承一切优秀的文学艺术遗产，批判地吸收其中一切有益的东西，作为我们从此时此地的人民生活中的文学艺术原料创造作品时候的借鉴。有这个借鉴和没有这个借鉴是不同的，这里有文野之分，粗细之分，高低之分，快慢之分。"

中华书局

在 2012 年发行的邮票上，我们看到了"中华书局"成立百年纪念。书局旧址和那枚传承百年的书局徽志，向百年之后的今天，传递着浓郁的书香。

继邮票上的"唐诗三百首"之后，"宋词"在方寸尺幅上再与一代词人苏轼、辛弃疾、陆游、秦观、晏殊、李清照邂逅。在观览邮花之际，吟咏佳篇名句，品味文化经典。在浓浓的古文化氛围中，置身于古文化韵味的古典环境中，犹如进入一个穿越时空回望古典的美妙境地。

在特种邮票"明清家具——承具"中，将以名贵的黄花梨木制作的平头案、方桌、香几

宋 词

明清家具——承具

明清家具——承具

以及用铁力木制作的翘头案,置于小小邮票中,玲珑精巧,古色生香。

面对这精巧的桌几,人们还会想到,其上除有卷幅盈案的辞章典籍,当应置放轻盈剔透的装饰器物。如洁白如玉的"德化窑瓷器",以及温润瑰丽的"和田玉"。

此外,在摆放着案几的小小书房中,还可以透视到中华古远的文化,如"里耶秦简"上的九九乘法口诀和秦历日简文字,以及"三星堆青铜器"那辉烁古今的神秘造型。

如果说,古诗词、百年书局以及古家具的氛境透出了传统文化高雅的文人气质,那么,在活跃生动的"民间传说——刘三姐"邮票中,仿佛传来了民歌那热情豪爽之声。

在中国澳门邮政发行的"传说与神话——牛郎织女"邮票上,人们看到了相会于鹊桥之上的一对恋人,缠绵悱恻,情深意挚。这个传说中的爱情故事,一直感动着世人。

第七本集邮册 "新的征程"（2010—2019） *341*

和田玉

里耶秦简

德化窑瓷器

三星堆青铜器

民间传说——刘三姐

澳门·传说与神话——牛郎织女

而在充满了喜庆色彩的"福禄寿喜"邮票的小小画幅上,中华民族的美好祝愿显示在红火而又雅致的图案之上。这些邮票将传统的民间民俗文化,以带有民族特点的艺术设计,热火地演绎在了邮票这个小小舞台上。

当然,还有"中国现代音乐家"的丝竹之声和琴键之音,为这个舞台增色添辉。萧友梅、刘天华、贺绿

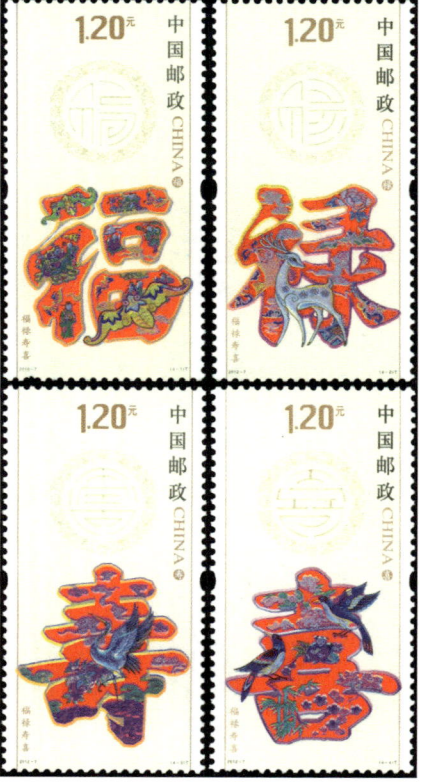

福禄寿喜

中国现代音乐家

汀和马思聪作为现代音乐的开拓者，在邮票上留下了一个深深的纪念。

于是，从各个角度透射出来的文化辉彩，与古国文明的传统和大国文化的底蕴相连接，成为书写中国"名片"的深厚基础。

邮票铭记下了这份宝贵遗存，正如博物馆的展陈一样，也会成为一件件"镇馆之宝"。

2012 年，正值国家博物馆建立百年之际。中国邮政以"镇馆之宝"殷尊和殷司母戊鼎的"票中票"形式，为这座博物馆作了庄重的纪念。

文化的发展始终是以经济发展为基础。经济建设这个主题是中华人民共和国成立 70 年来经年必有的大主题。

2012 年发行的"招商局""城乡居民社会养老保险制度全覆盖""江苏泰州长江公路大桥"，以及"中国银行"等邮票，从不同侧面展现着中国改革开放中经济建设的过往以及今日辉煌。

中国邮政在与以色列联合发行的邮票上，绘制了"太平鸟与和平鸽"。轻盈秀丽的线条和素雅明快的色调，交融出一派谐适和丽的氛围，显示出了中国对外交往的"和合"理念。

"国家博物馆"票中票

城乡居民社会养老保险制度全覆盖

江苏泰州长江公路大桥

在 2012 年发行的邮票中，有许多对外交往的题材，体现了中国政府的开放胸襟和国际视野。"海阳 2012 第三届亚洲沙滩运动会""国际护士节一百周年""亚洲—太平洋邮政联盟成立五十周年""第十三届奥林匹克运动会"等国际性主题，在邮票这个同是国际化的邮资凭证上，反映出新世纪中国的国际形象。

招商局

太平鸟与和平鸽　　　　亚洲—太平洋邮政联盟成立五十周年

海阳2012第三届亚洲沙滩运动会　　　国际护士节一百周年

延边风情

"延边风情"所描画的洋溢青春活力的形象,显示出了改革开放中的中国浸透着待发的潜力和进取的动力。

在 2012 年开年发行的"壬辰年"生肖邮票上,那一条威严劲厉的大龙,展现出了"龙的传人"这个伟大民族传统的力量和创新的实力。

这一年,正值具有历史意义的中国共产党第十八次全国代表大会召开。以习近平为核心的党中央,带领全党和全国人民在改革开放的道路上,披荆斩棘走向一个砥砺前行的新的征程。邮票在这一年为"国家形象"的刻画与塑造方面,增添了一抹面向未来的辉煌色彩,体现出一个充满阳光的、令人振奋的大国新貌。

壬辰年生肖龙

2013年

2013年到来之际,在我的集邮册里,预留下一个小小位置,那里将会置放一年一度的生肖邮票。一年"开门"见生肖,这是新年伊始的标志。2013年,农历"癸巳年",正值生肖邮票第三轮"蛇年"。

在十二生肖中,"蛇"又称为"小龙"。"蛇"的原始形象缺乏美感,甚至令人厌恶。但"生肖"又是一种将原始形态升华的图腾文化。表达"生肖"之"蛇",既要酷肖其形,又须颇富美感,这在设计上要有创新思维。

癸巳年生肖蛇

2012年秋,中国邮政邮票图稿评议委员会面对十几个生肖"蛇"画稿方案,一时陷入难以取舍的僵局。大家认为,这枚"蛇票"要与这一轮生肖邮票的画风相符,具有系列感,又要有节庆气氛和民俗色彩。特别要注重的是,蛇的头与尾部这个难点的处理。在否定回字造型等图稿之后,大家聚焦在了"金蛇含珠"这一方案。

晋代《搜神记》中有一个传说:隋侯出行,遇一蛇受伤,遂令随从用药为其救治。愈后蛇衔明珠报恩,流传下象征吉兆的"蛇衔宝珠"的故事。在"蛇"原始形态缺乏美感且显单调的构图中,加入蛇与夜明珠几道神奇的纹路,则使画面平添了生气和喜庆。于是,"蛇年"生肖邮票,就以这个新颖的构图定夺。邮票鲜丽的色彩刻画了瑞蛇口衔明珠、尾化灵芝仙草的形象,并以身饰春桃、夏荷、秋菊、冬梅图案伴衬。"癸巳年"生肖邮票,热火地推开了2013年的大门。

中国香港邮政和中国澳门邮政也在"癸巳年"发行了生肖邮票。中国澳门邮政不仅发行了5枚"蛇年"

香港·癸巳年生肖蛇

澳门·癸巳年生肖蛇

大套票，还发行了"幼字"和"粗字"两组"蛇年"电子邮票，共达 24 幅之多。

作为"国家名片"，邮票要面对国家大事。这是人们在新的至高点上，瞩望"国家形象"。2013 年发行的"中华人民共和国第十二届全国人民代表大会"以希望的大地为远景，让庄严国徽装点的投票箱彰显出人民的选举权利。这次"民主、团结、求实、奋进"的大会，表达了新一届国家机构为全面建成小康社会，实现中华民族伟大复兴的"中国梦"而努力奋斗。

2013 年中国邮政发行了"毛泽东同志诞生一百二十周年"纪念邮票。

这套邮票以四幅气势恢宏的油画作品，表达了毛泽东同志几个不同历史时期的精神风貌："问苍茫大地，谁主沉浮""北国风光""毛泽东在十二月会议上""心潮"。

中华人民共和国第十二届全国人民代表大会

毛泽东同志诞生一百二十周年·问苍茫大地，谁主沉浮

毛泽东同志诞生一百二十周年·北国风光

毛泽东同志诞生一百二十周年·毛泽东在十二月会议上

毛泽东同志诞生一百二十周年·心潮

中共中央党校建校八十周年

在"中共中央党校建校八十周年"纪念邮票上,"实事求是"4个大字醒目置于邮图上方,鲜明地表现出了党校的办学宗旨,表明中央党校是中国共产党思想建设和人才培养的重要基地。

2013年是毛泽东同志发出"向雷锋同志学习"号召50周年。半个世纪以来,以雷锋事迹所彰显的中国传统美德以及"为人民服务"革命理想,激励了几代人。这套邮票以学习钻研、爱岗敬业、助人为乐等4个画面,让雷锋再回到我们的生活和心灵中。

2012年11月29日,习近平同志在国家博物馆参观"复兴之路"展览时,阐释了"中国梦"的概念。"实现中华民族伟大复兴,就是中华民族近代以来最伟大梦想",这个梦"一定能实现"。"中国梦"具体表现是"国家富强""民族振兴""人民幸福"。

2013年中国邮政发行"中国梦"系列邮票第一组,以"国家富强"为主题,4枚邮票从"神舟十号"载人飞船、北斗卫星导航系统,到"辽宁"号航空母舰、"蛟龙"号载人潜水器,以当代中国高端科技成果,彰显"国家富强"。

毛泽东"向雷锋同志学习"题词发表五十周年

毛泽东"向雷锋同志学习"题词发表五十周年·爱岗敬业

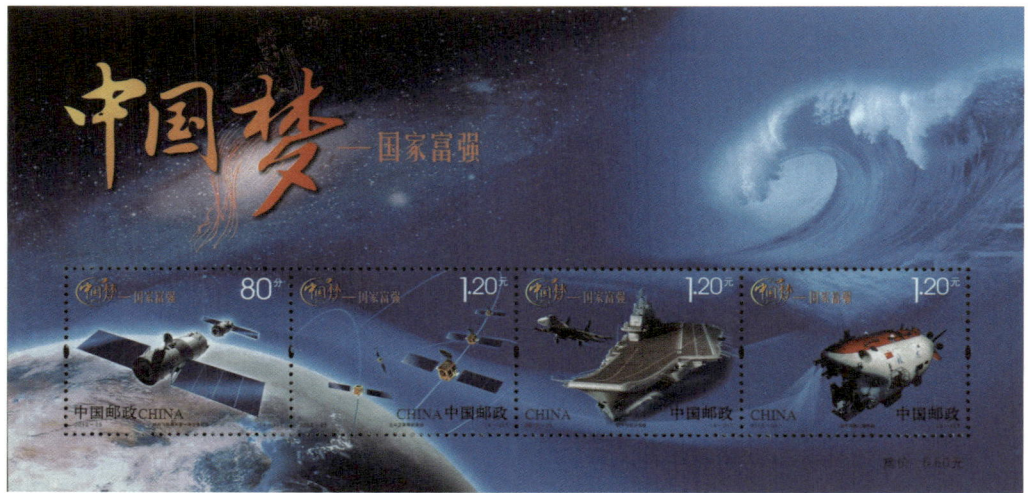

中国梦·国家富强

为展示中国高端科技成果,中国香港邮政发行了题为"创新与科技"邮票。这套邮票以色彩和线条,构成抽象且具现代风范的邮图,令人耳目一新。

香港·创新与科技

"创新与科技"中的第一枚邮票,以简洁线条构成太阳能光伏板和风力发电机等图案,英文"GREEN"(绿色)字样,代表绿色科技元素,传达环保信息。

第二枚邮票表现香港拥有先进完善的电信基础设施,率先应用崭新通信科技。邮票以电脑系统二进制 0 和 1 两个字符拼成世界地图,并展示卫星信号接收器和电脑等通信工具,寓意资讯及通信科技覆盖全球。

第三枚邮票以中医药为内容,将传统医疗配以红外光谱检测系统的分析图表,寓意传统中医药和与现代科技的结合。

第四枚邮票表现香港研发生物科技方面具备优势。邮票展示基因图谱和基因改造粟米,寓意生物科技可应用于农业及食品工业。

第五枚邮票表现了香港把纳米科技列为重点发展项目。邮票展示由六角形组成的纳米分子结构图,配以"纳米"英文NANO字样。

第六枚邮票表现了射频识别技术原理,即透过电磁波传送标签上数据。发展射频识别技术将大大推动物流业发展。邮票中间是电子标签,两旁圆点为无线射频;部分圆点连接成英文简称RFID字样。

中国香港邮政首度采用感光变色油墨印制这套邮票。经日光或紫外线照射，票面上的图案会逐渐变色。这个设计和印制契合了"创新与科技"主题。同时，还发行一枚含有6枚邮票的矩形小全张，新颖别致，颇具现代色彩。

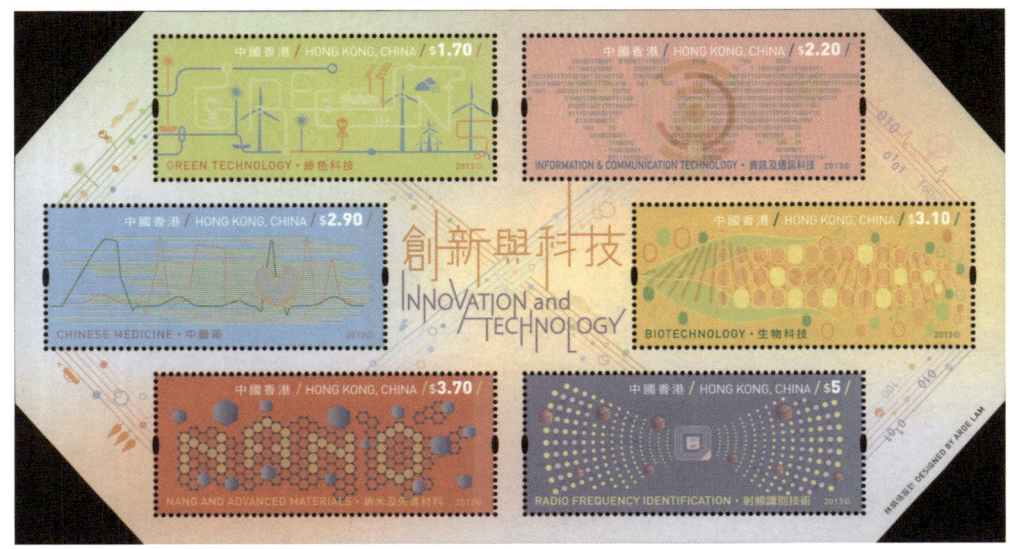

香港·创新与科技

在中国邮政和中国香港邮政以重大题材所发行的纪念邮票和特种邮票中，构思、设计以及印制，都以新时尚新形式为关照，探索如何使选题的内涵与表达更贴近"时代"。在不同时代背景下，让邮票选题"与时俱进"，更广阔地探掘新意。

党的"十八大"提出"美丽中国"的概念。其内涵在于：推进生态文明、精神文明建设，对2020年全面建成小康社会的愿景作了象征性描述。2013年特种邮票充分体现了以传统文化和民族文明为依托的一个底蕴深厚的"美丽中国"形象。

"中国古代文学家""金铜佛造像""景泰蓝""龙虎山""中国古镇"系列等特种邮票，是对中国文化精粹的一个展示。

中国古代文学家·贾谊

中国古镇（一）·四川宜宾李庄镇

中国古镇（一）·重庆合川涞滩镇

龙虎山

金铜佛造像

在谈到"金铜佛造像"邮票时,文化学者马未都先生强调要准确凸显中国的文化特征,并具体提出了不可漏下明代。

这些论证,将这一类刻画"美丽中国"形象的选题,定位在"中国特色"上。从这个高度去看,文化题材邮票,在具象体现中国"美丽"的同时,又体现了中国"特色"。在邮票上锁定文化类选题,实质上是对"中国特色"的一个强化。

在2013年邮票选题中,最具新意的,还有一些所谓的"轻"题材。诚然,邮票负有塑造"国家形象"的重任,但随着时代演进,邮票选题在世界范围内开始生活化、时尚化、轻松化,甚至是娱乐化。

在2013年的邮票上,我们也感受到了一股清新轻快的风尚接踵而来。

"桃花""琴棋书画"和"猫"等邮票,构成色彩缤纷的生活画卷。

琴

棋

书

画

猫　　　　　猫

最初,"桃花"特种邮票准备发行6枚。有感于人们青睐这个久违了的花卉选题,能像当年的"菊花""牡丹"等经典邮票一样,发行数在10枚以上,是人们的一个愿望。

在咨询得知桃花竟有上百个品种之后,中国邮政决定为"桃花"发行12枚一大套特种邮票。桃花是春天的象征,"桃花"邮票在阳春三月面世,预示了这一年邮坛春风骀荡的可喜局面。

桃花

展看 2013 年邮票，对于国际事务的关注，首先体现在几乎年年皆有的中外联合发行的邮票上。这一年中国邮政与瑞典联合发行了以乒乓球为主题的邮票，选择了两国男女运动员挥拍竞技的动作，充满潇洒的气度和生气洋溢的动感映刻了两个乒乓球强国的形象。

乒乓球运动　　　　　　乒乓球运动

2013 年中国邮政发行的"世界水日""中国—东盟博览会""世界审计组织第二十一届大会"，以及中国澳门邮政发行的"澳门—欧盟贸易和合作协议二十周年"等邮票，表达了在全球一体化形势下，中国对于人类命运的关注，以及与世界各国的交流。这些邮票让我们在方寸天地之间一窥世界风云。

中国—东盟博览会

比利时曾发行"集邮无国界"邮票，表明邮票和集邮是没有国界的。因此，发行国际主题邮票，也是新时期对外交往的一个组成部分。

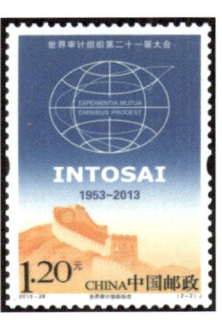

世界审计组织第二十一届大会

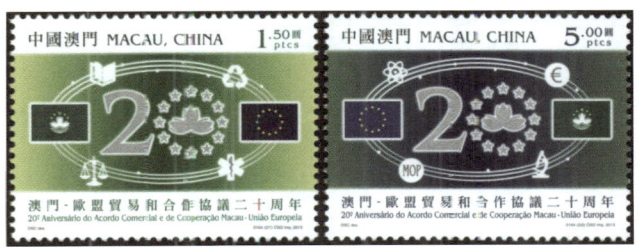

澳门·澳门—欧盟贸易和合作协议二十周年

观赏 2013 年邮票，突出感受到设计要有"个性"。这个"个性"既是邮票设计家个人艺术风格的体现，更是艺术设计与邮票内容内涵的贴近。如"金铜佛造像"邮票，构图上强调简洁，以突出主体；色调上要沉稳忌"飘"，以突显金与铜的"质感"。这些"个性"设计，切中"金铜佛造像"本真。

而在"世界水日"的邮票设计中，将一枚邮票的寓意与内涵，聚焦在以"三点水"幻化成的粮食（米粒）的思路和造型中，极富个性，贴切"水日"主题。

金铜佛造像

世界水日

感恩母亲

中国古代文学家

在"感恩母亲"的邮票设计中,从人类伟大母性的高度进行构思与定位。这极具个性的邮票创意表明,邮票设计不是表面形象的堆砌,而重在把握主题本质与内涵。

"中国古代文学家"的邮票设计,要旨是体现文化精髓,而不在于"像"与"不像"的肖像刻画。从中看出了,文化气质上的认同,不仅仅在于表象的刻画,而在于表现人与物整体性的历史感与文化感。

"小蝌蚪找妈妈"邮票的设计,运用水墨画效果,切近这个水中童话主题。在邮票小小画幅中,对蝌蚪形体的掌握,以及动势游弋的刻画,使邮票无论从单枚还是连体看上去都层次清晰、主题明确。

小蝌蚪找妈妈

邮票是一个精致的艺术品,时代的发展要求邮票在选题、设计和印制上,遵循一个重要观念——"新",要求新、创新、出新。

2013年邮票,让人感受到了春意盎然的"新"。选题新、设计新、印制新,使邮票的方寸天地留下了2013这一年新的亮彩。

2014年

与以往多年所发行的邮票不同,几个在生活中很熟悉但在邮票上却陌生的题目,首先映入人们眼帘——"网络生活""水果""孝道""保护消费者权益""动画《大闹天宫》"等。

说到了陌生,那是因为在历年所发行的邮票中,这一类贴近百姓的生活化选题未曾有过;说到熟悉,那是因为现代社会以及现代人们生活状态能够出现在"国家名片"上,很"接地气",很是亲和、亲切、亲近。于是,观览2014年邮票,让人眼前一亮、心情一振。因为,这一年邮票"离我们很近"。

动画《大闹天宫》

从已有30余年的系列性生肖邮票开岁的,是喜气可掬的"马年"。

以中华民族最重要的传统节日春节的吉庆氛围,迎来了"甲午年",展示了一年一度的"开门红"。

接着,人们生活中常见却在邮票上鲜见的"水果"被"捧"了上来。苹果,寓意着"平安";桃子,象征着"长寿";石榴,蕴涵着"多子多福";金橘,意味"吉祥"。"水果"虽常见,但却聚起了让人愉悦的祝福与祈愿。

甲午年生肖马

这套邮票在印制中运用了香味油墨,欣赏邮票时能闻到阵阵果香;用手轻轻摩擦邮票,味道更浓。这套颇有情趣的邮票,看出了"国家名片"已站立在人们日常生活这个最热最广的基点上。

与此对比,网络这个具有时代气息的现代科技载体,已成为当今社会不可或缺的构成,成为人们的一种生活方式。网络,点出这一年邮票上的一个亮采;生活,又表明网络的巨大影响力。

水　果　　　　　　　网络生活

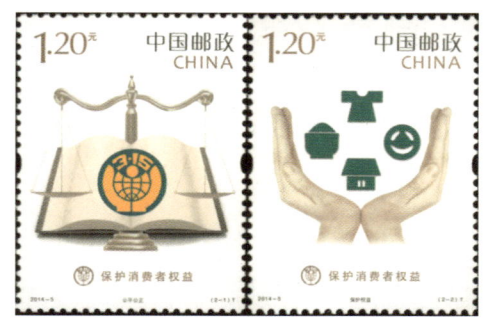

保护消费者权益

中华孝道

这套邮票以"网络生活"四字命名,从信息交流、电子商务、移动互联、云计算四个视角,真实刻画了今日中国社会网络生活的萌生与普及。

如果说,2014年中国邮政所发行的邮票已经贴近我们的生活,构筑了一个温馨的物质世界,那么,这一年邮票中的"保护消费者权益"和"中华孝道",则在精神层面上与人们有了更深入的接近。

"消费者权益"是与每个人息息相关的现实热点。这个"焦点访谈"式的主题,却毫不含糊地成为这一年邮票的选题。这是以邮票说出了百姓想说的话,是对于社会道德规范的倡导,也是对于社会正气的弘扬。

孝悌,作为中华民族传统美德,既是历史悠久的传统文化,又有着重要的现实意义。"中华孝道"这套邮票的选题与发行,宣扬了传统道德的典范,也宣传了现实的道德规范。在已经"物质化"了的中国当代社会,迫切需要弘扬这种美好的道德和高尚的情操。"中华孝道"邮票讲述了中国古代传说中的4个故事:孝感动天、涌泉跃鲤、替父从军和学医疗亲。这些孝行彰显了中华传统道德精神,展示了古往今来人们讴颂的孝悌楷模。

"保护消费者权益"和"中华孝道"这两个精神层面上的焦点题旨,一近一远,将社会上关注和呼唤的传统与规范,作为当代社会健康机制的一个元素,在邮票上作了生动的呈现。这是一份"接地气"的社会责任。这些为以往所未有或少有的、融入人们生活中的、受到人们关心瞩目的"小"题材,也让邮票回到人们身边,离百姓更近。

如果说这些贴近生活的邮票题材称之为"轻",那么,在邮票选题中反映国家的大事要人,则是邮票选题之"重"。这些"重大"题材,正是邮票作为中国"名片"所肩负的使命。

在2014年的邮票中,为国家大事以及重要人物所发行的纪念邮票,依然是一个制高点。

全国人民代表大会成立六十周年

中国极地科学考察三十周年

新疆生产建设兵团成立六十周年

"嫦娥三号"着陆探测器和月球车

　　"全国人民代表大会成立六十周年""新疆生产建设兵团成立六十周年""中国极地科学考察三十周年",以及体现中国现代科技最高成果的"'嫦娥三号'着陆探测器和月球车"、表现近代历史传统的"黄埔军校建校九十周年"、中国澳门邮政发行的"澳门特别行政区成立十五周年"纪念邮票等多项"重大"题材,与贴近百姓生活的所谓"轻松"题材邮票相比,两相并重,平分秋色。

纪念黄埔军校建校九十周年

澳门·澳门特别行政区成立十五周年

2013年，中国邮政已发行了"中国梦——国家富强"。在新的一年中，"中国梦"这个既是重大的又是"接地气"的题材，又以"中国梦——民族振兴"为题发行邮票。

中国梦·民族振兴

这套邮票以系列化的4枚连票形式，以政治文明、经济发展、文化繁荣、民族团结4个主题，表达了在新的历史时期中国人民振兴民族精神和复兴民族大业的气概。

2014年中国邮政发行的"重大"题材邮票，更注重向国际化打开视野。在这一年，国际题材邮票首映眼帘的，就是富于活力的"第二届夏季青年奥运会"纪念邮票。邮图上写着：分享青春，共筑未来。

之后,"第十届中国国际航空航天博览会""2014青岛世界园艺博览会"和"中国人民对外友好协会成立六十周年"等多类选题,接踵而至。

第二届夏季青年奥运会

第十届中国国际航空航天博览会

2014年是中国和法国建交50周年。中法联合发行的以"城市与河流"为主题的邮票,将南京的秦淮河与巴黎的塞纳河纳入两国的邮票图案之中。

中法联合发行·城市与河流

在邮票上注重反映国际题材,既是邮票"重大"题材开放视野的一个变化,又是海内外受众关注的一个热点。"重大"题材的外向型趋向,昭示了中国走向世界、融入国际社会的一个大趋势。

国际题材邮票以纪念盛会为多。在邮票设计上,往往多用会徽、吉祥物、建筑物以及具象内容等为图案,以表达国际盛会的主旨和盛况。但也有一些设计显现出了新颖思路。如"中国人民对外友好协会成立六十周年"纪念邮票,采用了一幅中国绘画为邮图。

1955年6月,世界和平大会在芬兰首都赫尔辛基召开。廖承志、郭沫若、楚图南商定邀当代书画名家14

中国人民对外友好协会成立六十周年

人,合作创作一幅以和平、友谊为主题的国画《和平颂》参会。这幅国画由齐白石、陈半丁、何香凝、于非闇、汪慎生、李瑞龄、马晋、徐燕荪、杨敏、王雪涛、吴一舸、张其翼、田世光、段履青集体创作,并由郭沫若题款。邮票选用这幅画作为图案,并由范曾为版张边饰题字。中国绘画与国际文化接轨,凸现了人类文化融合的理念。

黄梅戏

观览2014年邮票,"重"题材与"轻"题材并重;而在"重"题材中,"国内"又与"国际"并重。

在这一年邮票选题的所谓"轻"题材上,也开拓出宽广领域。翻开2014年邮票册,仅传统文化题材就呈现出多姿多彩的局面。

"甲午年"一马当先,跃出方寸,推开了新一年的大门。接踵而至的是浓墨重彩的戏曲。作为"国剧",京剧曾多次成为邮票题材,但地方戏曲作为中国传统艺术的一个流脉,邮票中却少有表现。

这一年,委婉优美的黄梅戏,以及经典剧目《天仙配》《女驸马》《打猪草》的动人情景,随邮花传播到祖国各地和五洲四海。

新确立的"地方戏曲"系列,在邮票舞台上演绎了丰富多彩的中国传统戏曲艺术。

这一年中国香港邮政还发行了"粤剧服饰"邮票,以刺绣的精致制作,将根据戏曲的角色、性别、场景所设计的大汉装、海青、小古装、小军装、蟒袍、帔风以及大靠等7种粤剧服饰作了细致刻画。

这套邮票的小型张,更以

香港·粤剧服饰

香港·粤剧服饰

蟒袍加身的威武气派,让粤剧的一方舞台焕发出中华传统艺术的风范与魅力。

如果说,从邮票小小舞台上传来"黄梅戏"音韵,打开了新一年方寸艺术的新生面,那么,《红楼梦》特种邮票又为"中国古典文学名著"系列再作隆重奠基。

20世纪80年代初期,中国邮政曾为这部旷世巨著发行过"金陵十二钗"邮票和"双玉读曲"小型张。2014年,中国邮政又以系列选题方式,为《红楼梦》再启系列。邮票分别刻画了贾母接外孙女、乱判葫芦案、刘姥姥见凤姐和金锁合通灵4个场面。小型张描画了"梦游太虚幻境"朦胧而华贵的景象。这是以邮票的微型艺术形式,再现了中国传统文化的博大精深。

"中国古典文学系列"邮票在继"唐诗""宋词"发行之后,另一支脉"元曲"又以系列形式上了邮票。"元曲"邮票在设计上和印制上与"唐诗""宋词"一脉相承,既体现

红楼梦

红楼梦

元曲

了这一古典文学形式的名作场景,又有别于诗词,在表达上更具情节化的新意。

在"中国古代绘画系列"邮票中,元代著名画家赵孟頫的《浴马图》,于这个"马年"之岁,登上了邮票寸幅画面。在画家笔下,溪水侧畔桐柳之下神态生动的骏马,以及马官临溪浴马的情态,刻画得生动传神,意境高远。画作用笔精细,色调浓润,是一幅形神兼备、逸趣盎然、风格高雅的古典艺术精品。

在古代,"鸿雁传书"是指以鸿雁传递书信。溯其源,汉代苏武出使匈奴,被单于流放北海放羊。10年后,汉朝与匈奴和亲,但单于仍不放苏武回汉。与苏武一起出使匈奴的常惠设了一计,告知单于:汉帝猎射一雁,雁足绑有书信,叙说苏武在北海牧羊。单于听后,只得放苏武回汉。后来,人们就用"鸿雁"比喻书信和传递书信。这个"鸿雁传书"的故事出现在中国邮政2014年5月10日发行的邮票上。同一年的5月9日,中国台湾邮政也发行了"鸿雁传书"特种

浴马图

邮票一枚,旨在寄托两岸同胞的沟通意愿。

神秘而精深的藏地传统艺术杰作"唐卡",以不同的风格和表现方式,传达着传统文化令人神往的精湛艺术。

与2013年已经发行的诚信忠勇化身的"关公"邮票比肩而立,作为智慧雄略化身的"诸葛亮",在2014年也以传奇人物和历史人物的双重身份备受集邮爱好者关注。

鸿雁传书

唐　卡

诸葛亮

猛 禽

猛 禽

这一批属于所谓"轻"题材的邮票,涵盖了民族的、地域的、不同艺术类别的诸多领域,让广大受众认知到和体悟到中国传统文化艺术的深邃和多彩。

时隔 27 年,2014 年中国邮政再次发行了"猛禽"邮票。自然生态原始风貌的再现,在强化"环境保护"的当下,又有着重要的现实意义。

一批自然景观类邮票,从一个小小视角透现出祖国的和民族的博大与伟大,这是"以小见大"。而将中国的母亲河万里长江,浓缩于方寸之间,则采取了邮票上的"以大见大"的方式加以表现。中国邮政对这个选题酝酿良久。这套以广角视野鸟瞰长江的邮票,是将"长卷"之"大",置于方寸尺幅之上,表现了长江之"大"。

20世纪70年代,著名画家袁运甫先生曾沿万里长江写生,创作了长卷画作。这套"长江"邮票,即以这幅作品为图案,发行了 9 枚连票,刻画了长江"从雪山走来"直到"向东海奔去"的神貌。

长 江

2014年邮票出现一批贴近生活的"接地气"的创新选题,"重"题材与"轻"题材并重,让我们从多个角度感受到了邮票既有宏大叙事,又贴近百姓民生。这种感受,彰显了与时俱进的邮票选题新理念,让邮政和邮票贴近时代、贴近生活。

当代中国的新形象,需要全方位展示。重大的政治性事件和人物是一个方面,中华民族传统的文化和艺术是另一个认知中国的途径,而幅员广阔的中国地域的自然景观又是构成伟大中国的一个要素。对于中国现实社会状态与生活状态作真实记录,则形成了认识今日中国的有说服力的一个侧面。这个侧面离人们最近,亦即真实表达了中国当下现实的生活状态,是以人类共通的视角,去刻画一个国家最基本的也是最重大的构成——人民的形象。

现实中国完整的真实的形象,是由"重"与"轻"两个方面构成的,特别是在"轻"的视野中,那些鲜活的形象是塑造中国形象的最真实的元素。邮票题材的"创新",让世界认知了一个真实的、完整的当代中国新风貌。

2014年过去了,方寸天地正迎接2015年的到来。

贺新禧

2015年

神州北域,一条大河画出一条曲线,用水与土汇成浓得不可化解的一脉巨流。

她正横卧在一个伟大民族的胸脯上,九曲婉转,载着泥土的温暖,日夜不舍东去入海。这时,她是河汉一派。

她若站立于一方古老大地的基石上,如峰峭立,迎着风云的凛冽,巍巍不移烛天升起。这时,她是一座丰碑。

这就是奔流的中华热血、高扬的民族魂魄——黄河!

黄　河

2015年,在由9枚邮票构成的一幅微型长卷上,展现出了中华民族的象征——黄河。逶迤万里的黄河,从遥远的巴颜喀拉山到东流入海的壮阔景象,在邮票的寸幅空间之中,以大河之源、九曲过城、塞上江南、河套穹野、壶口金涛、水环三晋、山揽河洛、中州水韵、河清海晏再现于人们眼前。巨龙一般的黄河,流淌在了每一个中国人的心中。

中国澳门邮政在中国邮政发行"黄河"长卷邮票三个月之后,也以画家袁加创作的这幅长卷原画作为邮票图案,以相同的规制,发行了"祖国山河——黄河"长卷9枚邮票;体现出对于黄河的崇敬与讴歌。

澳门·祖国山河——黄河

  2015年,正值中国人民抗日战争暨世界反法西斯战争胜利70周年。当年,中国人民就是高唱着"保卫黄河,保卫华北,保卫全中国",与敌寇奋战了14个年头。

  面对这一重大主题,中国邮政以前所未有的庞大规模发行了纪念邮票。这套邮票的设计别出心裁,采用了全国各地13座抗战纪念馆的建筑外貌,作为邮票图案。通过这13座纪念馆,重温了中国抗战的悲壮历史。此外,还有一枚小型张,以飘飞的旗帜、坚不可摧的长城和钢铁般的战士三种元素组成的图案,体现了中国和世界人民"铭记历史、缅怀先烈、珍爱和平、开创未来"的信念。这套邮票以大套形式,构成了对这个庄严时日的深深纪念。

  抗日战争是全民族的正义之战。在纪念抗战和反法西斯胜利70周年的日子里,中国香港和中国澳门的邮政部门相继发行了纪念邮票。

中国人民抗日战争暨世界反法西斯战争胜利七十周年

  2015年8月18日,中国香港邮政发布公告,宣布纪念邮票的隆重发行:"一款以'中国人民抗日战争胜利70周年纪念'为题的邮票小型张及相关集邮品将于9月2日推出发售。邮票小型张把当年抗日的情景与今日香港的繁华景象作对比,借此强调和平稳定得来不易,必须好好珍惜。"

  中国澳门邮政也于9月3日发行2枚纪念邮票。以"七七事变"和"全面抗战"为主题,在象征着和平的绿色底色的衬托下,凸显出了似用黄河泥土凿塑而成的抗敌壮士的英武形象。

第七本集邮册 "新的征程"（2010—2019） *369*

香港·中国人民抗日战争胜利70周年纪念

澳门·中国人民抗日战争胜利七十周年

此外，2015年正值创作经典名作《黄河大合唱》的作曲家冼星海110周年诞辰，中国澳门邮政为这位诞生在澳门的作曲家发行了纪念邮票。在邮票上，特别是小型张上，就有作曲家冼星海指挥演唱他在抗战期间创作的《保卫黄河》歌曲的激越昂奋的形象。

澳门·冼星海诞辰110周年

澳门·历史人物与澳门·冼星海

2011年,中国澳门邮政以"历史人物与澳门"为主题,发行了4枚邮票。其中,就有一枚以作曲家冼星海肖像为邮图的纪念邮票。

中国共产党领导下的中国人民抗日武装,是抗日战争的中流砥柱。中国革命军队经历了艰苦的跋涉,经过二万五千里长征,抵达抗日前线。其间,遵义会议确立了毛泽东同志的领导地位,是党和军队走向正确路线的一个转折点。

遵义会议会址　　　　　　　　　　　遵义会议

2015年正值遵义会议80周年,中国邮政发行了2枚纪念邮票。邮票图案采用了画家沈尧伊创作的两幅油画。一幅是"遵义会议会址",画家以简洁的笔触写实地再现了会址面貌;另一幅是"遵义会议",画面上的20位历史人物,记录了历史也彰显出了各自的性格特征,充满了浓厚的历史气息。

穿过历史风云,中华人民共和国的建立有着艰难的历程。

1949年中华人民共和国成立之后,在民族政策的实施中,党和国家又做了艰巨的工作。2015年正值西藏自治区成立五十周年和新疆维吾尔自治区成立六十周年。中国邮政各发行3枚一套的

西藏自治区成立五十周年

新疆维吾尔自治区成立六十周年

纪念邮票，以资纪念。邮图充满了两个少数民族的特色和风情，体现了民族大团结的和谐氛围。

2015年，走向开放的国际大视野在邮票的小空间，也有充分表达。

这一年，从"北京申办2022年冬季奥运会成功""世界计量日"开始，还发行了"联合国成立七十周年""第十届中国国际园林博览会"等国际体裁纪念邮票。这些邮票的选题和发行，体现了新时期中国的国际化思维和理念："这个世界，各国相互联系、相互依存的程度空前加深，人类生活在同一个地球村里，生活在历史和现实交汇的同一个时空里，越来越成为你中有我、我中有你的命运共同体。"

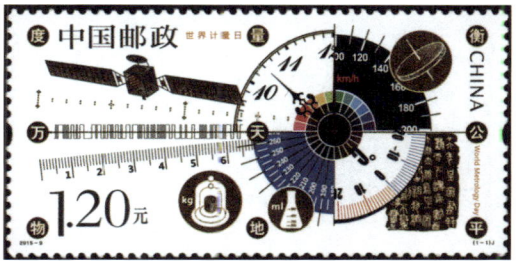
世界计量日

联合国成立七十周年

联合国成立七十周年

2015年，是改革开放的第三十七个年头，中国社会主义经济建设成就也在邮票画面上有充分表现。

这一年为"人工全合成结晶牛胰岛素五十周年"发行的纪念邮票，记载了中国高科技研究领域里程碑性的创举。邮票主图为显微镜下的人工合成牛胰岛素晶体。这枚邮票首次采用无色变金珠光油墨印刷，票面在光下闪闪发亮，与邮票主题两相契合。

为"中国首架喷气式支线客机交付运营"发行的纪念邮票，刻画了经过12年艰辛研制，表现了"自主研制、国际合作、国际标准"成果的ARJ21-700型客机形貌。当看到这架国产客机穿云破雾、越过山河、凌空飞翔时，即使是在小小邮票上，也让我们生发出一种自豪和信心。

"可上九天揽月，可下五洋捉鳖。"

天上，我们有雄鹰翱翔；水上，我们有"中国船舶工业"。在以此为题的特种邮票中，向我们驶来的是"航天测量船""薄膜型液化天然气运输船""海上浮式生产储油船"和"导弹驱逐舰"，从民用到军

人工全合成结晶牛胰岛素五十周年

中国首架喷气式支线客机交付运营

中国船舶工业·航天测量船

中国船舶工业·薄膜型液化天然气运输船

中国船舶工业·海上浮式生产储油船

中国船舶工业·导弹驱逐舰

事,从交通到高科技,中国船舶工业已跻身于国际领先行列。

此前一个月,中国香港邮政发行了"政府船只"邮票。香港多个部门拥有自己的船队,以便执行巡逻、检疫、监测水质和灭火等职务。透过6枚"政府船只"邮票,深化了公众市民对于民用的政府船只及其职务的认识。以船形设计印制的小型张,又将这6艘船只集于一票,作了全景展示。

经济发展不能以破坏生态环境为代价。这个维护可持续发展的科学发展观,几乎体现在每一年发行的邮票上。

2015年6月5日是新修订的《中华人民共和国环境保护法》实施后的首个"环境日",为此,中国邮政发行了一枚邮票。邮图是一幅朴拙生动的儿童画风的"画境",画面似透出一句质朴的话语:"保护环境从你我做起,学习环保知识,您将发现环保就在我们身边。"

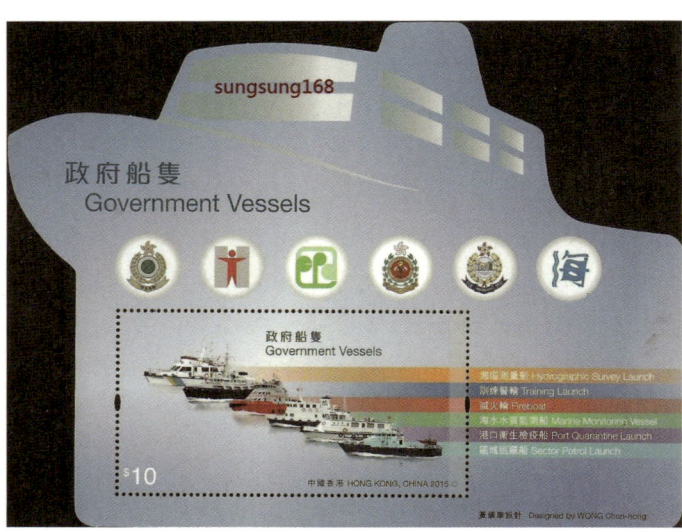
香港·政府船只

环境保护意味着让祖国的大好河山更加美丽。

这一年还有"钱塘江大潮""瘦西湖""清源山""鸳鸯"等美丽的邮票,展现在人们眼前。

中国香港邮政在"中国世界遗产系列第四号"邮票中,以小型张"红河哈尼梯田"表现了农耕文明的环境保护意识。

环境日

钱塘江大潮

瘦西湖·五亭桥

清源山·天湖

鸳鸯

香港·红河哈尼梯田

中国澳门邮政在2015年先后发行了"中国内地景观"第六组"敦煌月牙泉"小型张、"澳门湿地"邮票和小型张,以及"水与生活"邮票和小型张,集中凸显出热爱生活、保护环境的观念。

澳门·澳门湿地

发展经济、保护环境,在2015年的邮票发行中是一个鲜明的大主题。同时,弘扬中国传统文化,传播优秀古典艺术,也是2015年邮票的一大焦点。

按照惯例,一年一度的邮票发行,总是从彰显生肖文化的系列邮票开始。2015年在发行生肖"羊年"邮票之后,发行了"拜年""二十四节气""感恩父亲",以及古代名画系列的"挥扇仕女图"、中国古典文学系列的《西游记》第一组、"中国古代文学家"第四组、"诗词歌赋"、"故宫博物院"等邮票;中国香港邮政发行的"中国古代科学家""儿童邮票——中外民间传说"等邮票;中国澳门邮政发行的"太极拳""文学与人物——《九歌》""澳门历史城区申遗成功"等邮票。这些邮票从民间习俗、传统美德,到文化艺术、历史遗存,偌大空间包容了中国五千年文明的精粹与荟萃。

挥扇仕女图

《西游记》第一组

澳门·文学与人物——《九歌》

这些邮票的选题、设计和印制,大都体现了鲜明的民族风范,彰显出了大国气度。因为,这些邮票有着对于传统文化认知的高度——从中华民族最深沉精神追求的深度看待优秀传统文化,从国家战略资源的高度继承优秀传统文化,从推动中华民族现代化进程的角度创新发展优秀传统文化,使之成为中华民族伟大复兴"中国梦"的重要力量。

自2013年中国邮政发行"中国梦"系列邮票以来,已经发行了"国家富强""民族振兴"两组,2015年中国邮政发行"中国梦"系列邮票的最后一组——"人民幸福"。这套邮票以4幅图案相连方式,在连绵的画卷中表现了人民安居乐业、社会保障完善、社会和谐发展,以及共同期待美好生活的境况。

这一年发行的"包公"邮票,以这位在历史上象征着清正廉洁、刚

中国梦——人民幸福

直不阿的包拯形象，体现出了党和政府反腐倡廉、依法治国的方针政策。这套邮票以古喻今，以历史上体现包公廉洁奉公的"掷端砚"和"铡美案"故事，开掘了历史所给予今人的昭示和启迪。这套邮票所彰显出来的凛凛正气，不仅书写了历史上的亮彩，而且调动了现实中的正能量，从一个侧面体现了"公正"与"法治"的现实意义。

包公·掷端砚

包公·铡美案

包 公

在2012年召开的中国共产党第十八次全国代表大会上，提到了"公正"与"法治"。这些概念体现在由24个字组成的"社会主义核心价值观"中，即从国家层面看，是富强、民主、文明、和谐；从社会层面看，是自由、平等、公正、法治；从公民个人层面看，是爱国、敬业、诚信、友善。经过近三年的宣示与践行，这个价值观已经深入人心。因此，中国邮政以"我们的价值观"这个已见成效的接地气的提法，辅以"图说"的设计方式，发行了2015年最后一套邮票，题为"图说我们的价值观"。

图说我们的价值观

在2015年，中国邮政、中国香港邮政以及中国澳门邮政所发行的邮票，从"乙未年"的生肖"羊年"开始，借助"三阳开泰"的吉祥之意，展开了一幅犹若"黄河"一般的历史的和现实的长卷，将我们身处的这个社会与时代，在邮票这个寸幅小天地中，作了特殊、生动又深刻的表达。

乙未年 生肖羊

2016年

翻开2016年邮票册,迎面而来的是一股令人振奋的风,彰显着博大风骨,浸透着清新风韵。作为中国"名片",这一年的邮票昭示了"国家风范",体现了"方寸风采"。

一个国家,要有"国家风范"。在邮票上体现"国家风范",在于要聚焦重大的重要的选题。2016年中国邮政所发行的邮票,呈现一个方位宏大的四维层面。

这个"四维",即国家大事、百姓热点、传统文脉、国际视野。

这一年邮票以"中国梦""社会主义核心价值",以及"一带一路"等国家政治、经济、社会等领域的重大部署为背景,对于国家的大政方针作了宣示和解读。2016年的邮票依然将邮政的"国脉"纽带,紧系在了国家战略上。

其中,在"中国梦"的大背景下,承接"一带一路"格局,发行了题为"海上丝绸之路"邮票。这是"国家大事"这一维度的昭示。

海上丝绸之路

这套邮票以政策沟通、设施联通、贸易畅通、资金融通、民心相通、海上交通6个视角,从古老的海上丝绸之路的优势,转化到了现实价值之上。从古老的历史遗产中,借鉴和发扬了具有现实意义的精神与物质财富,体现出"海上丝绸之路"是党和国家的一个宏大部署。

继前两年中国邮政发行的两河文明"长江"与"黄河"全景长卷邮票之后,2016年邮票上又筑起了中华民族的伟大象征——"长城"。

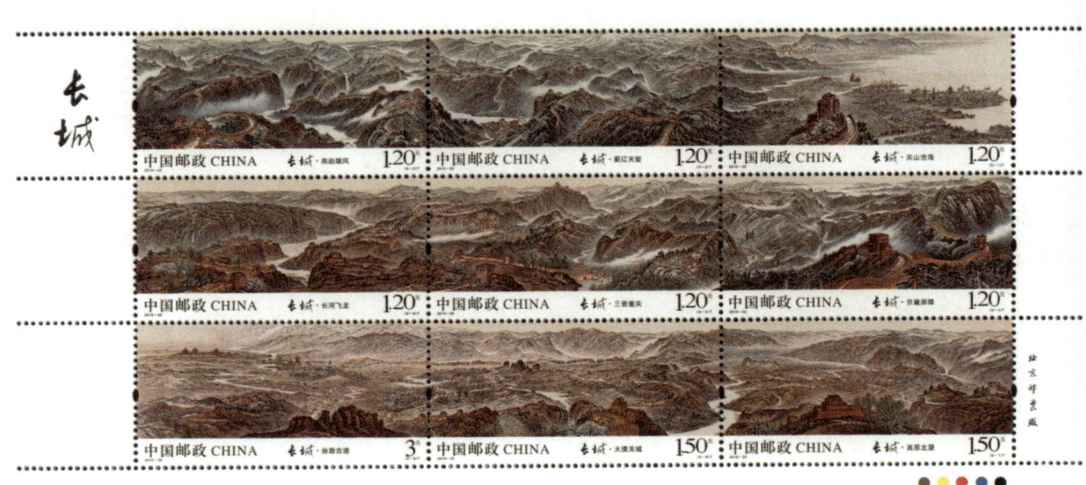

长　城

关山沧海、蓟辽天堑、燕赵雄风、京畿屏障、三晋重关、长河飞龙、高原北望、大漠关城、丝路古道，这个同样以 9 枚连票形式面世的长城全景图，构成了中华民族精神力量的方寸"三部曲"。将"长城"这个古老题材，以"国家大事"这一维度作亮点叙说，在于体现民族精神永远是国家发展的动力；诚如《国歌》所咏："筑起我们新的长城。"从国家战略视野望去，民族精神正是我们时刻需要筑起的"新的长城"。

2016 年中国邮政发行了"中国工农红军长征胜利八十周年"纪念邮票。

长征出发

遵义会议

过雪山草地

缅怀先烈 不忘初心 走好新的长征路

纪念红军长征胜利,不仅是为缅怀这段历史,更重要的是要倡导具有现实意义的"新长征"精神。通过一幅幅珍贵的历史影像去感受那种在人类历史上不曾有过的伟大精神与信仰。可以说,在21世纪中国人面前:我们曾经长征,我们正经历新的长征。

同样,"玄奘取经"的西行求法,东归译经,也算是中国古代的一个"长征",也是对于现实的一个映照。

对革命先行者孙中山先生150周年诞辰的祭奠,则在勿忘历史的视野中,感受到"革命尚未成功,同志仍须努力"的现实动力。中国邮政、中国香港邮政和中国澳门邮政为纪念孙中山先生也都发行了纪念邮票。同时,还联合发行了一枚小全张。

玄奘取经

孙中山诞生一百五十周年

香港·孙中山诞生一百五十周年

澳门·孙中山诞生一百五十周年

2016年是叶挺将军120周年诞辰，中国澳门邮政发行了纪念邮票。

这是对于在中国民主革命中作出卓越贡献的历史人物所做的隆重纪念。

一个大国的腾飞，基础在于人民。"草根"百姓，正是国家前进的根基。这是邮票所要宣示的一个重要主题。

近年来，邮票选题有了"接地气"的新气象，这让邮票离人们更近了。在2016年邮票中，几个热门题材，再次透现出清新的泥土芳香："拜年""水果""全民阅读""月圆中秋"等，这些选题来自于百姓生活，也是人们关注的带有时代气息和传统文化特征

澳门·叶挺将军诞辰一百二十周年

拜年　　　全民阅读

的热点。让邮票更轻松更愉悦更亲近，"百姓热点"这一维度，为2016年邮票营造了一个温馨和谐氛围。充满生活气息的邮题以及邮图，是以民为本的国家要旨的彰显，也是体现国家风范的一个基点。

在历史中沉淀下来的文化，作为一个民族的优秀素养与传统，从来就是"国家风范"的一个重要构成。在2016年邮票中，"千年文脉"这一维度清晰可见。

月圆中秋

从古远的"殷墟"，到唐代孙位的名画《高逸图》，到近代画家刘海粟先生的作品；从"文化遗产日"，到又一套"中国古典文学名著——《红楼梦》；再到与红楼相通的古代风格建筑"正定兴隆寺"，以及"中华孝道""二十四节气""中国古镇"。中国香港邮政也在"中国世界遗产"系列中，发行了"大运河"小型张等。

五千年的中华文化传统穿缀在邮花之间，是一个深厚悠远的

殷墟

高逸图

刘海粟作品选·江山如此多娇　　刘海粟作品选·黄岳人字瀑　　文化遗产日

《红楼梦》第二组　　正定兴隆寺

历史长廊。传统文脉是中国邮票百余年来从不移易的重要主题,也是中国邮票选题的又一个"主旋律"。

香港·大运河

"千年文脉"的延续还体现在另一些邮票选题中:交通大学、四川大学适逢建校120周年,方寸邮花上一现学苑辉彩,正是对于中国教育传统的光大与弘扬。

在一年一度的"教师节",中国香港邮政发行了"向老师致敬"邮票,以弘扬尊师重道精神,鼓励师生互敬互爱。

世界法医学领域的奠基人、中国南宋时期法医学家宋慈,也出现在这一年纪念邮票上。这是对于中国古代科学泰斗的敬仰,展示中国文化对于人类的卓著贡献。

21世纪的眼界是开阔的。我们瞩望世界的另一维度,就是

交通大学建校一百二十周年

四川大学建校一百二十周年

香港·向老师致敬

要把"国际视野"置放在方寸天地之中。

"2016年二十国集团领导人峰会"在中国召开,这是20国集团(G20)的一次重要聚首。G20成员国涵盖面广、代表性强,国内生产总值(GDP)占全球经济90%,贸易额占全球80%,成为全球经济合作的主要论坛。

"2016唐山世界园艺博览会",是在40年前罹遭劫难涅槃重生之地举办的一项国际盛事;"第39届国际标准化组织大会",则是中国作为"东道主"召开的一个专业化的国际会议;"第三十一届奥林匹克运动会"等国际传统赛事走进邮图,也使这一年的邮票呈现出一个开放国家远阔的国际视野。

1955年由美国华特·迪士尼先生创办的家庭娱乐型乐园——"迪士尼乐园",60余年来风靡世界,成为时尚标志。在全球多地建起"迪士尼乐园"之后,2016年6月,上海"迪士尼乐园"开幕。为此,中国邮政发行了一套富有时尚特色的邮票,一展"迪士尼"的缤纷色彩。这套邮票既透射出时尚生活的娱乐的"百姓热点",也体现出了开放中国接轨国际的大视野。

世界法医学奠基人——宋慈

2016年二十国集团领导人峰会

2016唐山世界园艺博览会

第39届国际标准化组织大会

上海迪士尼

展看2016年绚丽邮花,以重大的国家大事、以紧贴大众的百姓热点、以传统文化的历史传续、以国际化的开放视野,构成了这一年邮票选题的主体。

邮票要有"国家风范",也要有"方寸风采"。一个"融"字,说的是要把两种事物和谐地结合起来。

邮政的本质就是"国脉",邮票是通过"邮"体现国家形象。如何既完成主题的表现与刻画,又最大限度体现邮票自身特点,这在邮票发行中是一个一直遵循和不断探求的课题。

打开2016年邮票册,浓浓"邮味"扑面而来。这一年正值中国邮政开办一百二十周年。

中国邮政开办一百二十周年·信达天下　　中国邮政开办一百二十周年·普惠金融

清朝邮政在1896年3月20日创建。当时,封闭的中国已逐渐融入世界。邮政首当其冲,并以"大清国"主权的威仪与欧美各国比肩而立,开了风气之先。"双甲子"的120年过去了,新时代的纪念不单要回顾历史,重要的是向世人展示从古代的"信达天下"到当代邮政的"便民服务""快递物流",以及"普惠金融"的基本功能。这套纪念邮票,以"邮政"为题材,充分体现了"国脉"深蕴。以"邮"叙"邮",在2016年邮票中,是方寸天地最富"邮味"的一大亮点。

中国2016亚洲国际集邮展览

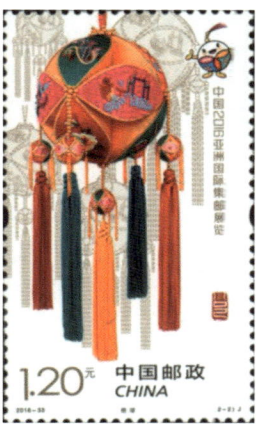

中国2016亚洲国际集邮展览

2016年，在广西南宁举办了"中国2016亚洲国际集邮展览"。这是中国集邮领域乃至国际集邮界的一大盛事，是集邮爱好者一个难得的节日。为此次展览所推出的纪念邮票本身，就带有浓浓"邮味"。因为，这是与邮票相关、与邮政相关、与集邮相关的一套以"邮"说"邮"的邮票。

2016年是农历丙申猴年，距1980年的庚申猴年，已经过去整整36年。这一年是邮票发行历史上最大规模的"生肖系列"的第四轮起始之年。36年后，当年"猴票"设计者黄永玉大师笔下的灵猴又横空出世，这为新年的到来增添了喜庆色彩，也为集邮爱好者带来了一个极富个性化的集藏空间。

丙申年生肖猴

正因如此，2016年第一票，唤起人们对于36年之遥的"生肖邮票"发行与集藏的深情回忆。

无论是庚申年"金猴"的增值神话，还是前三轮生肖猴邮票的风采异同，在2016年第四轮"生肖邮票"始发的新节点，这套"猴年"邮票包容了中国传统生肖文化的内涵。当然，浓浓的"邮味"也在这新的一年之首，从这套邮票中满溢而出。

从长达36年之久的"生肖邮票"中，我们看到邮票选题与发行的一个自身特征，那就是系列性。2016年邮票有一个数据，那就是有10个"系列"在持续发行中："中国现代科学家（七）""二十四节气（二）""中国古镇（二）""中华孝道（二）""中国古典文学名著——《红楼梦》（二）""水果（二）"等。

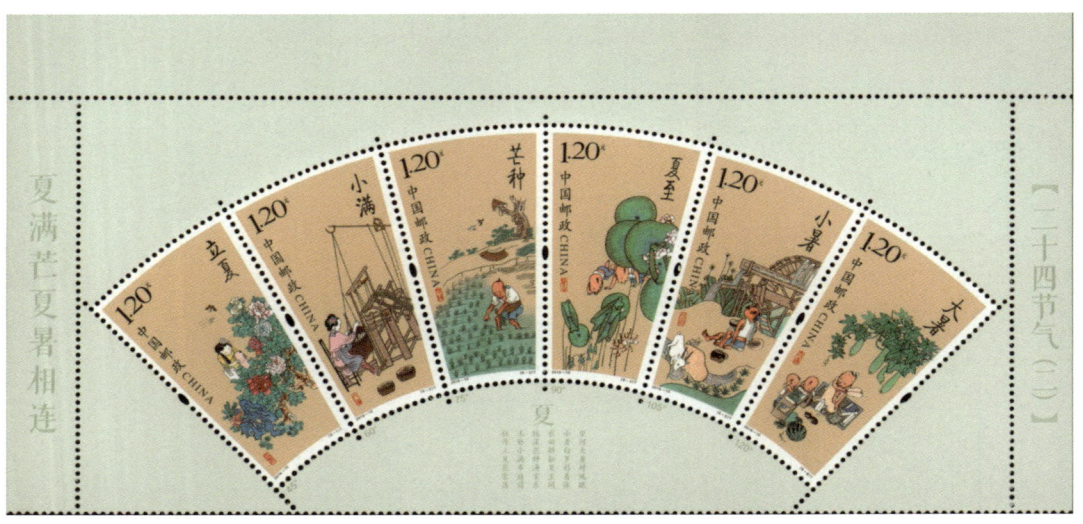

二十四节气·立夏、小满、芒种、夏至、小暑、大暑

最具邮票特征的"系列"邮票的发行，几乎占了全年邮票发行量的三分之一，充分展现了邮票自身特点。

"邮味"，是受众归纳出来的一个约定俗成的说辞，是邮政的一种象征，也是"国脉"的一抹色彩。

让邮票具有"方寸风采"，在幅不盈尺的空间中，刻画着国家形象，有大事要人，有百姓心向；有悠远传统，有外向视角；同时还要有邮政特征，亦即有浓浓"邮味"。这是从"国家名片"的高度所框定的一个邮票选题、设计与发行的重要课题，为的是让邮票既有"国家风范"，又有"方寸风采"。

2017年

2017年，农历丁酉，灿然一新的邮花，总是迎接新岁的最早报晓。丁酉，又是这一年俗称的"鸡年"。于是，这鸡鸣报晓之声，便更为嘹亮震耳，引人感奋。

2017年发行的邮票，犹若一曲交响，鸣奏出令人耳目一新的乐章。那里有：火热前奏，主旨旋律，多彩节拍，广袤音域。

打开邮册，先入眼帘的，是一个新的年头标志性的"生肖"。这就像是一个火热前奏，由"生肖"为这一年春的到来拉开帷幕。

丁酉"鸡年"中的那个"主角"，黎明即起，鸣唱报晓，遂有"雄鸡一唱天下白"的英健仪态。但其文德、武德、勇德、仁德、信德，五德皆具，又誉满名高。于是，在中华传统文化源流中，生肖鸡年总有一种领英踞冠的显要感。

2017年"丁酉年生肖鸡"邮票是生肖系列邮票中鸡这一生肖的第四次亮相。沿袭第四轮的规制，邮票由2枚构成：一枚是雄鸡的健朗豪迈；另一枚是母鸡的丰腴富态，且又与小鸡围栏而栖。2枚鸡票以一派阖家欢聚的温馨氛围，叩开新春大门。

丁酉年生肖鸡·小本票封面

这套邮票的设计者是画家韩美林。他以国画之写意与工笔兼有的创作方式，运用装饰风格着墨落彩。笔底透情，大拙有灵，塑造了生肖鸡的可爱形象。作为新年伊始的吉祥符号，丁酉鸡昂首高鸣，引领2017年诸多邮票接踵而至。

春节前后亮相的2017年邮票，皆具红火的节庆气氛。一年一度的"拜年"邮票，以喜悦氛围向人们走来。"拜年"系列邮票，将中华传统节庆文化中的习俗，作为送给千家万户的礼物，传递了美好的祝愿。

在2017年新邮登场的"火热前奏"中，深蕴寓意的，是新春过后就发

丁酉年生肖鸡

丁酉年生肖鸡

拜 年

行的一套充满典雅文化气息的绘画长卷邮票——宋代画家王希孟的名作《千里江山图》。

这幅长达近 12 米的巨作,以宋代国画独有的"青山绿水"画风,描绘了逶迤连绵的群山和浩渺灵动的水泊。山光水色之间,点缀了亭台楼阁、村居茅舍。而舟楫巡行、鱼翔浅底、飞鸟凌空、草木风动,又在长卷的偌大空间中,陈布有致,衬映精当。

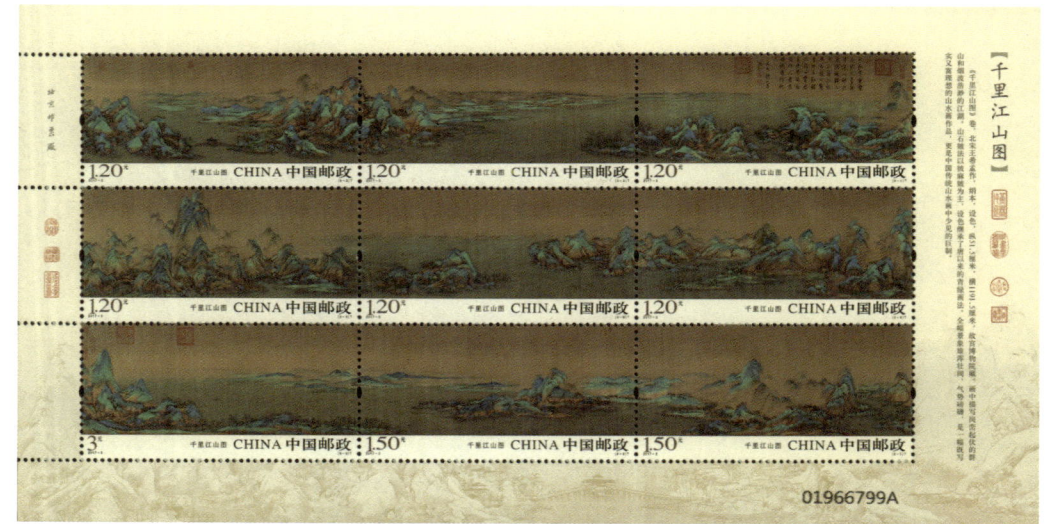

千里江山图

这幅被誉为"中国十大传世名画"的青绿长卷,作为中国传统绘画名作系列的一个新的构成,在 2017 年首面世,其涵义在于,千里万里祖国江山,将会在新的一年更加昌盛、更加壮丽、更加美好。这是在 2017 开岁之际,以传世名画的壮大气派,对于祖国和人民的一个深深祝福。

在这一年邮票的"交响"中,"主旨旋律"始终是一年邮花丛中的主干和支撑。

中国人民解放军建军九十周年·陆军、海军、空军

中国人民解放军建军九十周年·火箭军、战略支援部队、武装警察部队

2017年，正值中国人民解放军建军90周年，邮票的小小天地重现了历经90年风雨的"钢铁长城"的今日风采。陆军、海军、空军、火箭军、战略支援部队、武装警察部队6个军种和"听党指挥"的建军宗旨，出现在邮票上。

在历年中国邮政所发行的纪念邮票中，人民军队是一个重要题材。这些邮票是这支劲旅艰苦跋涉护佑家国的一个光荣记录。与时俱进的军事国防新布局，使这套为人民军队发行的邮票，具有鲜明的时代色彩。在新的历史时期，人民军队正在成为一支向着太阳、向着胜利前进的"不可战胜的力量"。

中国澳门邮政也为中国人民解放军建军90周年发行了纪念邮票，表达出祖国同胞对于人民军队的敬仰之情。邮票以中国人民解放军驻澳门部队列队奋进前行的英武形象为图案。

2017年是香港回归祖国20周年。在"一国两制"和捍卫国家主权的风雨进程中，香港正在发展前进。为纪念这个不平凡的历程，中国邮政发行了3枚邮票，邮图概括表达了"香港明天更美好"的愿景。

中国人民解放军建军九十周年·听党指挥

澳门·中国人民解放军建军九十周年

香港回归祖国二十周年　　　　香港回归祖国二十周年　　　　香港回归祖国二十周年

作为重大题材,这是运用邮票铭记下我国政治进程中具有历史意义的事件的一个碑记。

7月1日,中国香港邮政在回归祖国的纪念日,隆重发行了"香港特别行政区成立二十周年"纪念邮票。4枚邮票以晴朗明快的色调刻画了新时期香港和香港人的神采,在方寸邮花上再次辉映着紫荆花隽永的芳香。

香港·香港特别行政区成立二十周年

2017年,中国邮政为内蒙古自治区成立70周年发行了3枚纪念邮票。作为中国少数民族最早实行人民自治的一个政体,在漫长的70年征途中,各个领域翻天覆地的变化、令世界瞩目的成果与成就,已成为今日中国在中华民族复兴中的一个新的昭示。3枚邮票浓缩了具有民族特色的亮点,显示了党的民族政策在新时期所取得的重大成绩。

2017年10月18日,中国共产党第十九次全国代表大会在北京召开。全党团结在以习近平同志为核心的党中央周围,谱写了在新的历史条件下加快推进社会主义现代化、夺取中国

内蒙古自治区成立七十周年

特色社会主义新胜利的壮丽乐章。

党的十九大提出了"习近平新时代中国特色社会主义思想",回答了我们党在新时代举什么旗、走什么路、以什么样的精神状态、担负什么样的历史使命、实现什么样的奋斗目标等重大的理论和

中国共产党第十九次全国代表大会

实践问题。此刻,中国进入了一个新的时代,吹拂中国大地的春风,汇成汹涌澎湃的春潮,正为我们绘制着和创造着明日的美好春天。

这套以邮票和小型张联袂的设计,给人们以鼓舞和激励,且令人耳目一新。这套纪念邮票被评为2017年度第三十八届全国最佳邮票。

中国共产党第十九次全国代表大会

在"主旨旋律"的高亢奏鸣中，各个领域新的战略决策，在这一年得到了长足进展和更大成果。

"京津冀协同发展"是党和国家一项重要部署。以"功能互补、轴向集聚、节点支撑"的布局思路，探索出一条人口经济密集地区优化开发的新模式。

京津冀协同发展

而将与深圳经济特区和上海浦东新区比肩而立的"河北雄安新区"，则是在"京津冀"实施的一项"千年大计"的战略部署。为这项重大决策所发行的纪念邮票一套2枚，表达了这一战略决策的美好愿景。

2017年中国邮政还为中国高速发展的铁路建设，发行了由4枚邮票和1个小型张组成的大套邮票，以彰显中国改革开放以来所取得的又一重大的经济建设成就。

这一年中国邮政还发行了"科技创新"特种邮票，体现了党和国家长远的发展方针。

科技兴则民族兴，科技强则国家强。小小邮图上出现了中国

河北雄安新区设立

中国高速铁路发展成就

一系列国际领先的科技成果:"500米口径球面射电望远镜""'墨子'号量子科学试验卫星""'探索一号'科考船""渤海粮仓科技示范工程""'神威·太湖之光'超级计算机",显示出"科技创新"这一促进国家发展的新引擎,将会铸就更多的"中国奇迹"。

科技创新·500米口径球面射电望远镜

科技创新·"墨子"号量子科学试验卫星

科技创新·"探索一号"科考船

科技创新·渤海粮仓科技示范工程

科技创新·"神威·太湖之光"超级计算机

邮票发行的"系列化",在2017年邮票中依然沿袭。原有"系列"在延续,新的"系列"在创立,就像交响音符铺陈的"多彩节拍",让人心动。

开年迎春,"生肖"与"拜年"系列并举。而后发行的"中国古典文学名著"系列中的《西游记》第二组,开启了以中国传统文化刻画国家形象的又一乐章。

《西游记》第二组

"红山文化玉器"以邮票的形式,出现在大众视野中,将6 500年前的精美三猪龙和古老的象形文字置于邮票的寸幅空间中,显现出中华文明的悠久与深远。

与"龙"匹配的"凤"与鸡为同一生物属性。丁酉年采撷了中国文物中"凤"的造型,发行了"凤"文物邮票,以体现传统文化的多彩,同时也为日后

红山文化玉器

创意发行"龙"文物邮票,作了相配成对的引领。

凤(文物)·玉凤　　凤(文物)·金凤　　凤(文物)·青花凤穿牡丹纹碗

继"福禄寿喜""琴棋书画""诗词歌赋"等精湛高雅的"四字"文化系列邮票之后,2017年还从自然生态角度创意发行了"春夏秋冬"邮票。这个从室内走向室外的崭新选题,成为人们青睐的一个精彩别致的构思与设计。

春夏秋冬

在"地方戏曲"系列中新出炉的"粤剧",又为方寸舞台带来了婉转旖旎的岭南新韵。粤剧"香花山大贺寿""六国大封相""玉皇登殿"三大经典剧目的场景,以细腻的笔触被描画在了寸幅邮图这个也堪称为大的"舞台"之上。

粤剧·香花山大贺寿　　粤剧·六国大封相　　粤剧·玉皇登殿

与关公、包公、诸葛亮、玄奘比肩而立,"中国古代人物"系列,在2017年走来了与古丝路相关的一位通达西域人物——张骞。

2枚邮票加上1枚小型张,以及特殊发行的小型张四连体的规制,再次让人们感受到了古代贤人智者信念的执着与崇高。

在2017年邮票中,与已发行过的"鸳鸯"相伴,"喜鹊"带着文化气息和人情色彩,在七夕的美好时日,再度成为人们关注的"美好爱情的象征"。

张骞

喜鹊

作为纯生态的动植物系列,"中国恐龙"邮票的出现别开生面。将远古生物的历史遗迹与当代人们的兴趣点相结合,这是为人们喜闻乐见的既古老又轻快的一个选题。

这套恐龙邮票,将在中国各地分布的远古时代这一庞然生物的形态和生存环境,作了生动的刻画。观看邮票,犹若走过时空隧道,步入和恐龙同时代的辽远境界……

中国恐龙

为纪念商务印书馆成立 120 周年和浙江大学建校 120 周年,中国邮政发行了 2 枚纪念邮票,在 2017 年的集邮册中透出蔚蔚文风。

商务印书馆　　　　　　浙江大学建校一百二十周年

儿童是未来的希望。"儿童"主题的邮票,中国邮政曾多次发行。

2017年发行的"儿童游戏"系列邮票,以独特的方式蹦蹦跳跳地来到了人们面前。滚铁环、跳山羊、扔沙包、荡秋千、踢毽子、跳房子这六个传统的儿童游戏,充满童趣的嬉戏玩耍,活泼灵动的氛围,让人回忆起自己童年的美好时代。而小版张上的北海和白塔的装饰图案,让人们仿佛听到了"让我们荡起双桨"那传唱了几代人的美丽的歌声……

儿童游戏(一)

2017年中国香港邮政也发行了一套儿童邮票叫做"人体五感官"。从视觉、听觉、嗅觉、味觉、触觉等角度,表现了儿童健康这一永恒主题。关注孩子们的健康成长,就是关注未来的美好。

接着,中国香港邮政又发行一套老少咸宜的健康运动邮票,题目是"户外活动乐趣多"。

邮票选题的多元性使2017年的集邮册丰富多彩。

"中华人民共和国第十三届运动会""北京2022年冬奥会会徽和冬残奥会会徽",充满生气的热门专题邮票被纳入集邮者的藏册之中,不仅为集邮册增加了新的品种,又以邮票这个侧面塑造了朝气蓬勃的中华人民共和国在新时代的新形象。

香港·户外活动乐趣多

中华人民共和国第十三届运动会

邮票是通连四海信达天下的一个富有情感的载体。邮票虽小，但它的视野往往很广阔，就像在交响奏鸣中，只有"三叠音域"，方能演幻出风采夺人的音符。

在 2017 年邮票中，不多的几套国际题材邮票，让人们有了放眼寰宇的开阔视野。

金砖国家领导人第九次会晤于 2017 年 9 月 3 日至 5 日在中国福建省厦门市举办。厦门会晤以"深化金砖伙伴关系，开辟更加光明未来"为主题，回顾总结过去 10 年的合作经验，携手规划未来发展的愿景。

金砖国家领导人厦门会晤

为此发行的纪念邮票以"金砖国家领导人厦门会晤"标志为主要设计元素，融进了鼓浪屿、厦门大学、集美学村等最具厦门特点的风光和人文标志，整幅画面视野开阔、色调雅致。

继 2010 年中国邮政将外国音乐家"请"到了邮票的方寸天地之后，面对悠远深厚的西方古典音乐，"外国音乐家"系列再一次进入人们的视野。

时隔 7 年，第二组"外国音乐家"邮票发行。第一组邮票将西方古典音乐大师巴赫、海顿、莫扎特、贝多芬纳入邮图，第二组"外国音乐家"邮票，则将西方音乐历史上 19 世纪浪漫乐派 4 位代表人物引入中国邮票的方寸舞台，他们是舒伯特、肖邦、李斯特和马勒。这套邮票由丹麦邮票雕刻家马丁·莫克参与设计，雕刻精美的邮画再次唤起人们浓厚的兴趣，成为集藏领域和音乐界的一个讨论热点。

外国音乐家（二）·舒伯特

外国音乐家（二）·肖邦

外国音乐家（二）·李斯特

外国音乐家（二）·马勒

2017年还发行了"中外联合发行"系列邮票。中国的"沧州铁狮子"与柬埔寨的"巴肯寺狮子",再度联袂演绎友好邻邦的珍贵邮情。

随着中国改革开放以及全球一体化和信息时代的到来,邮票选题不囿于中国题材,而是远望世界、宏观全球,有选择有比例地引入一些国际题材,使中国"名片"带有远大眼光,成为构筑"人类命运共同体"的流通领域的一个重要元素。

2017年的邮票发行,奏响了新时代的新交响。以"火热前奏""主旨旋律""多彩节拍""广袤音域"4个乐章,展现了中华人民共和国新的形象,也作为文化艺术品,让人们沉浸在集藏的快乐和愉悦中。

中国—柬埔寨联合发行·沧州铁狮子

中国—柬埔寨联合发行·巴肯寺狮子

2018年

承接着2017年金鸡报晓的声音,戊戌瑞犬又挟带着祥瑞的吉音,走进了2018年。

戊戌年生肖狗

2018年第四轮生肖系列邮票中的第三组，是戊戌年的"狗年"邮票。依然2枚一组的邮图，在艺术大师周令钊先生的笔下，又现瑞犬迎春的喜气与灵动。

观览2018年的邮票，既有历年成规的传续，也有全新的创意与规划。一展邮花绽开的邮册，首先涌入脑际的是"新时代的讴歌"和"大文化的弘扬"这两大主题。2018年邮票透出了新的一年的新时代气息。

2017年10月，党的第十九次全国代表大会召开。在这次重要会议上，以习近平同志为核心的党中央提出了划时代的发展纲领，为一个历史新阶段指出了前进方向。在2018年发行的邮票中，新时代的中国"名片"主要的和重要的选题，都是围绕着这个重大题旨。

2018年，中国邮政发行了"马克思诞生200周年"纪念邮票。这是自1933年之后，时隔35年再一次对这位社会主义思想理论的创始人的隆重纪念。在这个历史时刻，回望这位以思想的光芒照亮了人类发展进程的伟人，表明了中国人民的信仰和理想的崇高和坚定。

在纪念马克思诞辰的时刻，中国雕刻家吴为山先生创作了马克思雕像。这尊铜质雕像高达5.3米，于2018年马克思诞辰庆典之时，被送到伟人的故乡，德国特里尔。

马克思诞生200周年

"马克思诞生200周年"纪念邮票的第一枚邮图就是以这尊矗立在伟人故里的雕像为主图，背景是马克思故居；第二枚邮票的主图是马克思和恩格斯雕像，背景是《共产党宣言》德文版和中文本，以及《资本论》等经典著作。

马克思睿智的目光正透过寸幅画面，瞩望东方这块强大起来的社会主义热土。这里，正在践行着他的伟大思想。

在改革开放40周年的2018年，承接这个关系到中国命运的伟大历史使命，"改革开放"作为一个重大战略部署，有着辉煌的过往，也有着未来发展的美好蓝图。

为纪念中国"改革开放四十周年"，中国邮政发行的纪念邮票，以回顾和瞻望的大视野，将中国几代领导人振兴中华的伟大理想，凸显在1978年起航的中国发展航船的新轨迹上，并铭记在了中国邮票的天地之中。

在迎接改革开放40周年的日子里，中国邮政发行了一系列邮资票品，记载下了改革开放的历程。

"改革开放四十周年"邮票及小型张

改革开放四十周年·小岗村精神

1978年,十八位农民以"托孤"的方式,冒着极大的风险,立下了生死状,在土地承包责任书上按下了红手印,创造了"小岗村精神",拉开了中国改革开放的序幕。2018年5月19日,在中国邮政发行的一枚邮资片上,刻画了这个具有历史转折意义的场面。

1978年5月11日，《光明日报》发表《实践是检验真理的唯一标准》一文，由此引发一场大讨论。这场讨论推动了全国性的思想解放运动，是党的第十一届三中全会实现中国历史上具有深远意义伟大转折的思想先导。2018年5月19日，中国邮政发行个性化邮票，就以深圳拓荒牛为邮图，表现了"实践是检验真理的唯一标准"这个重要主题。

改革开放四十周年·实践是检验真理的唯一标准

改革开放40年以来中国建设了深圳经济特区和上海浦东新区，以及规划了"千年大计"的河北雄安新区。同时，在北京以及全国各地也留下了改革开放中城市建设的地标性建筑。在2018年6月24日发行的一枚纪念邮资封上就展现了这些神州新貌，昭示了40年来所取得的经济建设上的成就。

邮政编码

改革开放四十周年·神州新貌

"改革开放"是中国共产党领导中国人民走向民族复兴的一项具有深远历史意义的伟大决策，是中国共产党几代领导人共同的奋斗目标。为纪念中国共产党成立97周年，2018年7月1日，中国邮政发行了"不忘初心 牢记使命"个性化服务专用邮票。邮票主图以上海中共一大会址、嘉兴南湖红船、延安宝塔山、中南海新华门等为主体元素，辅以几只飞翔的和平鸽，体现"不忘初心 牢记使命"的主题。邮票附票图案以高耸的灯塔、奔驰的高铁列车、腾飞的火箭和翱翔的飞机等为主体元素，象征中国共产党带领中国人民不断把实现中华民族伟大复兴事业推向前进。其中的灯塔寓意中国共产党的正确领导，指引中国社会主义建设航程到达胜利的彼岸。

"不忘初心　牢记使命"

清正廉洁，既是中华优秀的传统、历代百姓对清明政治的期待，也是中国共产党历来坚持反腐斗争的目标。这个重要主题曾经以历史人物，如包公等人物形象在邮票上表现出来。

2018年邮票选题中，这个重要的治国举措已确立为邮票发行的一个新系列。作为这个系列的第一组邮票——"清正廉洁"邮票，选择了历史上的四个典故，即"不贪为宝""羊续悬鱼""两袖清风""立檄拒礼"，以古鉴今，发掘了这一主题深刻的现实意义。

清正廉洁（一）

这个浸透正能量与凝聚人心的邮票系列选题的确定，以古鉴今，契合了党和国家的治国战略，也符合亿万人民心愿。

以"一带一路"倡议为主题的邮票，近几年间已发行了几组。2018年，中国邮政以悠远深厚的历史渊源为题，发行了"丝绸之路文物"系列邮票。

2018年5月19日是"中国旅游日"。这一天发行了"丝绸之路"第一组特种邮票，一套4枚。这个系列邮票计划以陆上丝绸之路为中心，以陕西长安为起点，以丝路西拓、东播、南下、北上为主线，全方位运用邮票形式系列展现古代丝绸之路的恢宏图卷。

丝绸之路文物

第一组"丝绸之路文物"邮票,以汉、唐时期文物为主,选取陕西历史博物馆馆藏的汉代鎏金铜蚕、陕西茂陵博物馆馆藏的汉代鎏金铜马、陕西历史博物馆馆藏的唐代兽首玛瑙杯、法门寺博物馆馆藏的唐代丹芭纹描金蓝琉璃盘 4 件文物,刻画了见证丝路初始之刻历史的文物。

文物,既是一个民族历史的实物记录,又是一个国家现实实力的悠远背景。因此,这套既有现实意义又濡染历史与文化内涵的"丝绸之路文物"邮票,以重量级的"系列"方式出现,实质上是在助推具有国际战略意义的现实"一带一路"倡议的深入宣传与实施。

伴随这套纪念邮票的发行,中国邮政还发行了"长江经济带"邮票。

长江经济带

这套邮票反映了"长江经济带"三个主要地点上海、武汉、重庆,以及相关辐射城市。6 枚邮票刻画了生态保护、产业优化、立体交通、城镇新貌、开放新篇、区域协同 6 个主题;小全张展现了"共建长江经济带"的主题。

港珠澳大桥是连接香港、珠海、澳门的超大型跨海通道,全长 55 千米,是世界上最长的一座跨海大桥。其中,主体工程"海中桥隧"长达近 36 千米,海底隧道约长 7 千米。2017 年 11 月 14 日,港珠澳大桥主体工程荷载试验完成,正式进入验收阶段。2018 年元旦前夜,世界最长的跨海大桥港珠澳大桥全线亮灯,标志着大桥已具备通车条件。港珠澳大桥于 2018 年 10 月 24 日正式通车。

为庆祝港珠澳大桥通车,中国邮政和中国香港邮政、中国澳门邮政,共同发行了纪念邮票和小全张。三地邮票虽图案各有不同,但保持了风格的一致性,以邮票小小空间展示了近年来我国经济建设上的重大成就。

"两岸三通"是党和国家关于祖国统一主张的一贯政策,也是海峡两岸实现民族统一、彰显民族大义的一个重大举措。2008 年 11 月 4 日,海协会与海基会在中国台北签署了《海峡

港珠澳大桥

两岸"三通"十周年

两岸空运协议》《海峡两岸海运协议》《海峡两岸邮政协议》《海峡两岸食品安全协议》,并于当年12月15日正式启动执行,自此开始了两岸期盼已久的直接、双向、全面"三通"。2018年是"两岸三通"10周年,纪念邮票以富有民族情感和彰显民族统一大义的邮图,表达了两岸同胞统一祖国的共同心愿。

在中国近代史上,虎门销烟的林则徐、镇守虎门的关天培、赴台抗倭的刘永福、镇南大捷的冯子材、甲午海战的邓世昌等抗击外侮捍卫民族尊严的英雄人物,作为中华民族精神的象征,为后人所记忆和纪念。方寸天地中,"国家名片"上,他们的英雄形象被深深铭记。

第七本集邮册 "新的征程"（2010—2019）

近代民族英雄·关天培

近代民族英雄·林则徐

近代民族英雄·冯子材

近代民族英雄·刘永福

元宵节

近代民族英雄·邓世昌

翻看2018年邮票，直面而来的，是这些邮票以满腔政治热情，以重大选题的深厚内涵，讴歌了中国"新时代"的重要成就，成为戊戌年灿烂方寸的一大亮点。

从这一年岁首发行的生肖"戊戌年"系列邮票开始，中华大文化的悠久传统，便成为2018年邮票上一个富于新意的主题。接踵而来的新的一年发行的诸如"拜年""元宵节""二十四节气""月圆中秋""中国剪纸"等选题，将一年的节气节日节庆，悉数纳入方寸。

中国剪纸

香港是一个现代化的国际大都市,但仍保留着富有地域色彩的传统民间习俗。

2018年中国香港邮政以"节庆民间习俗"为主题发行了一组邮票,展示了贴挥春、抛宝牒、上头炷香、转风车、求签和舞麒麟等充满生活气息的生动画面。

香港·节庆民间习俗

中国传统文化的斑斓色彩,首先就在这些"节庆"邮票上满溢而出。这些邮票的一个鲜明特点是充满大文化气息,这种风格是每一个中国人都经历、熟悉、关注和喜爱的。这些题旨与广大受众有着直接的密切的关联。因此,这些邮票获得了社会广泛的瞩目与青睐。

文化虽有文野雅俗之分,但是普及文化的目的,就是将这种实际存在的"沟壑"拉通填平。历年来,邮票作为一种传播文化的特殊载体,一直在做着大文化的提升与普及的工作。

在2018年发行的邮票中,如以古代著名画作《四景山水图》为题发行的长卷邮票,采用了南宋画家刘松年近70厘米的长卷,描画出了春夏秋冬四景,表现出了幽居于湖山楼亭间士

四景山水图

大夫的闲逸生活,可谓是大雅之作。

在发行古代绘画经典作品的同时,2018年还发行了"当代美术作品"第二组。其中有丰子恺的"仰之弥高"、关山月的"秋溪放筏"和李苦禅的"远瞻山河壮"。这些大师将艺术神韵与时代气息在寸幅空间中弥散浸润,功力出神入化。

当代美术作品(二)·仰之弥高　　当代美术作品(二)·秋溪放筏　　当代美术作品(二)·远瞻山河壮

在中国邮政发行的诸如"中国古代科学家及著作""诗经"等传统文化题材邮票的同时,中国澳门邮政为中国古典文学家汤显祖发行了邮票。这套邮票分别表现汤显祖的"玉茗堂四梦"(又称"临川四梦"):《牡丹亭》《邯郸记》《南柯记》《紫钗记》。小型张则刻画了古代文学家汤显祖的形象。

澳门·中国古代文学家——汤显祖

在中国近现代的文学家中,金庸的作品以及他笔下所铸造的诸多人物,已经深入人心。

中国香港邮政在2018年发行了"金庸小说人物"邮票,将郭靖、黄蓉(《射雕英雄传》),陈家洛(《书剑恩仇录》),令狐冲、任盈盈(《笑傲江湖》),张无忌(《倚天屠龙记》),杨过、小龙女(《神雕侠侣》),韦小宝、康熙(《鹿鼎记》),乔峰、段誉、虚竹(《天龙八部》)等人物悉数绘制在邮票上,成为通俗文化传播的一个特殊方式,受到热烈追捧。

香港·金庸小说人物

《红楼梦》第三组

　　将雅俗共赏的大文化信息,置于邮票的小小尺幅之中。这些邮票的选题显现出了这一年邮票对于传统文化的倚重与敬畏。

　　作为大众耳熟能详的中国古典名著《红楼梦》,则依照系列,以带有小型张的大阵容,在这一年发行了第三组邮票。

　　一年一度的端午节,人们以多种形式祭奠屈原,在中国邮票发行史上,屈原的形象就出现过多次。这一年,中国邮政将屈原与关羽、包拯、玄奘、张骞等人一起纳入中国古代智者贤人系列。

　　邮票是一种微型艺术品,方寸之间容纳了文化传统的深邃与精湛。

屈 原

  中国邮票始发于 1878 年清朝海关邮政,3 枚大龙形象组成了中国第一套邮票。到 2018 年,这套邮票已经走过了双古稀之岁。在清朝大龙邮票发行 140 周年的时日,中国邮政发行了邮资纪念明信片 1 枚。

  明信片邮资图采用票中票形式,金黄色边框衬托大龙 5 分银面值邮票,红色条框为中式信封造型,体现用邮实递功能,寓意大龙邮票开启中国邮票发行的先河。明信片左侧图案是中国近代邮政的清朝邮政天津局旧址,并衬有大龙邮票全 3 枚以及贴票实寄信函 2 枚。邮资纪念明信片展现了中国第一套邮票大龙邮票的沧桑历史。

纪念大龙邮票发行140周年

展现祖国山河的壮丽以及物种的丰饶,是中国旅游文化的一个亮点。邮票天地虽小,却装下了祖国江山的多娇姿采。新疆边陲喀什神秘而瑰丽的风光,在邮票中有生动而精细的刻画。

大 雁

"大雁"和"城市主题公园"等邮票,更将新时代的广阔天宇和地上城池的美丽生态,映入人们眼帘。

至于系列发行的第三组"水果"邮票,以及花卉系列中的"海棠花"邮票,也以花美果香烘托出了一派似锦如金的美好景象。

当然,选择敬爱的周恩来总理生前所钟情的海棠花在2018年发行,也是对这位伟人120周年诞辰的一个庄重的纪念。

文化是一个国家发展的软实力。作为国家形象的再塑,邮票所体现出来的文化深度与精彩,有着吸引受众的强大魅力,也体现了一个强大国家和民族的文化自信。

邮票发行,既要合上时代节拍,也要关照到受众需求。2018年邮票体现出了作为严肃的"国家名片"的使命与责任,那就是:坚持讴歌主旋律,鼎力弘扬大文化。

海棠花

  2018年发行的邮票,是近年来发行套数较多的一个年头。题材重,创意丰,套数多,实属必然。中国邮政正在探索适应"新时代"的邮票发行方式,让中国"名片"为一个新的历史时代讴歌,再次彰显中华文化传统的魅力。

*2019*年

  正值中国伟大的变革40周年之际,2018年结束,2019年到来。
  2019年,中华人民共和国成立70周年了。一个在近代备受欺侮的半封建半殖民地积贫积弱的国家,从 1949 年起步,在中国共产党的领导和中国人民的奋斗下,已经初步建成一个向着小康社会迈进的正在富起来强起来的国家。

在中华人民共和国 70 华诞之刻,阅看中华人民共和国成立 70 年以来发行的邮票,是充满激情的回顾,也是对未来的展望。

在这个历史节点上,承载着改革开放的辉煌成就,"己亥年"带着传统文化色彩和现代时尚光彩,向我们走来。

农历"己亥年"与公元 2019 年重合了。而且以三饶富态吉祥喜气的"猪"之造型,预示着这一年的再度兴旺与再夺"丰收"。当我们看到韩美林先生笔下那 2 枚邮票上的喜庆猪相之时,2019 年的红火盛景,似在眼前。当吉祥的猪儿拱开了新的一年的大门,这一年将有多少令人激奋的红火日子迎面而来啊!

2019 年,最重要的也是最期盼的,是迎来中华人民共和国成立 70 周年。这是中国人民的神圣节日。如果说,"己亥年"生肖猪第一个走进这一年的邮花丛中,那么,国庆 70 周年纪念邮票,将会是"己亥年"邮票中最受关注的一个题材。一个是以生肖划界的中华民族的传统节日,一个是以中华人民共和国华诞为题的隆重国庆盛节,两大主题尽显中国悠久的历史和辉煌的现实。同在一个年度,犹若两支火炬,照亮了 2019,并给这一年邮花以灿烂光辉。因此,在我们看生肖"猪年"这 2 枚精美的邮票时,都会展望金秋来临时的那一个盛大的节日。

己亥年生肖猪

艺术家韩美林先生笔下 2019"己亥年"的生肖金猪邮票,由 2 枚邮票组成。一图名为"肥猪旺福":肥猪之壮硕正是猪的美丽与美好,那猪腹藏有乾坤,憨态可掬,一个"肥壮"的形象伴以奔跑的动态,则使其壮而灵动,行且兮风,洋溢了饱满的喜感。说是象征着正在奔向美好的生活,却也是那样的中肯切题。

己亥年生肖猪

另外一图冠以"五福齐聚"之名。显然,那是一个猪族之家:两只大猪,三只小猪,带着家的温暖同时映入人们眼帘。其亲绵绵,其乐融融,以"全家福"冠之,当烘托出了新春时节阖家团圆、福喜临门的美好氛围。

"己亥年"生肖邮票,分别将"一猪独秀"描画得丰腴而深蕴生机,将"群猪旺门"刻画得温馨和美,满溢着幸福感。"己亥年"生肖的两张邮图,一动一静,给人以新春伊始欢喜愉悦的迎新之感。同时,这个"旺福"的寓意,也是对于 2019 年中华人民共和国华诞的一个传统式的祝福和祈愿。

这套邮票以影雕版方式在北京邮票厂印制。邮票的雕刻师是邮票印制局的董琪和徐喆。在 2018 年 8 月 6 日举办的"《己亥年》特种邮票印刷开机仪式"上,两位"致广大而尽精微"的邮票雕刻师与邮票的设计者韩美林,作为"己亥年"生肖邮票的联合创作者,在邮票印制现

己亥年生肖邮票的设计者和雕刻者

场留下了一张合影。

历来，猪在中国农耕传统中都是一个意味着"丰收"年景的象征物。杜甫曾有诗曰："家家养乌金，顿顿食黄鱼。""乌金"一词，可喻为养猪乃生财之道。此外，在中国传统文化的人文解读中，猪也有着文雅而高贵的称谓，如"乌将军""长喙将军""天蓬元帅"，以及"乌金"等。

2019年是一个红火的年份。农历"己亥年"带着壮硕的生肖"猪"的到来，给这个年头平添了喜气和福气。在当下信息时代，传统的吉祥符号也被赋予了更为丰满更加多元的内涵。这个"吉祥"不啻为发展中的中国辉煌成就的一个代名词。于是，这个"吉祥"便恰如其分地与富有农耕色彩的农历生肖图腾，紧紧联系在了一起。

在迎接"己亥年"到来之刻，一年一度的新春传统佳节，又给我们伟大祖国带来了喜庆欢愉的气氛。与生肖邮票一起进入人们视野的，是为新春到来的热情祝福。在2019新春到来之际，那一枚"拜年"系列邮

拜 年

票,展现了"举国同庆新岁到,民族团结共迎春"的喜庆氛围。在拉萨布达拉宫的背景之下,两名藏族儿童载歌载舞,以对联"雪月冰星春酒暖,吉祥兴旺彩云飞"向全国人民拜年。

3月12日是中国的植树节,以这一天作为绿化祖国、保护生态的纪念日,已有90年历史了。2019年"植树节"的春绿,依然濡染在了邮票的小小天地之间,一派生命之色,显示出了2019这一年的盛事频仍,也承载了祝福祖国生生不息繁荣富强的美好寄望。这枚邮票,以一棵树木的枝干繁叶的造型,寓意了江山秀丽、国家发展和人民幸福。

当2019年被这个充溢喜气的"猪"的一家推开大门的时候,迎接我们的是这一年接踵而至的大事要事。如"五四"运动100周年、中华人民共和国成立70周年、北京十大建筑60周年、澳门回归20周年,等等。随着2019年的步伐,会看到这一年国家重大的庆典盛况,并将在邮票中得以展现。

为了对这一年邮票发行概貌有个了解,我们将在下表中展陈出来,从中可以看到2019年中国邮政计划发行的纪念邮票和特种邮票的基本概况。

中国植树节

2019年纪念邮票和特种邮票发行计划

己亥年	拜　年
中葡建交四十周年	中国植树节
马拉松	中国古典文学名著——《西游记》(三)
2019北京世界园艺博览会	"五四"运动一百周年
芍　药	中国古镇(三)
儿童游戏(二)	中国2019世界集邮展览
与西班牙联合发行同主题邮票	第七届世界军人运动会
鄱阳湖	五岳图
中国古代神话(二)	川藏青藏公路建成通车六十五周年
鲁　班	中国人民政治协商会议成立七十周年
粤港澳大湾区	中华人民共和国成立七十周年
中俄建交七十周年	与斯洛伐克联合发行:中斯建交七十周年
古代思想家(二)	南开大学建校一百周年
科技创新(二)	精准扶贫
二十四节气(四)	澳门回归祖国二十周年

在2019年10月1日这一天,中国邮政、中国香港邮政、中国澳门邮政同时为祖国的这一盛大的庆典隆重发行大套纪念邮票。在邮票的小小空间,将会透射出中华人民共和国的光辉历程和对于未来的深情瞩望。"中国梦"将作为主旋律,唱出中国人民的共同心声。

作为中华人民共和国"名片",从中华人民共和国70年所发行的邮票中,我们看到了中华民族的悠久历史和优秀的传统文明与文化,也看到了70年来中华人民共和国在砥砺前行中所创造的辉煌成就。方寸邮票就是一个气象万千的大舞台,那里叙说了一个东方古国的新生,塑造了一个已跻身于世界的中国,正在富起来强起来的国家形象。

在中华人民共和国70周年华诞的日子里,丰富多彩的邮票以深邃精美的方寸天地,为我们展示了祖国的雄伟新姿,让我们见证中国在深入改革和开放的大发展中,正在创造一个新的时代,正在踏上一个新的征程。

《70年邮票看中国》,在这里阖上了最后一页。

阖上邮册的时刻

——跋

《70年邮票看中国》一书在中华人民共和国70华诞的前夕问世了。

为祖国贺诞，有多种方式。作为集邮爱好者，我们将自1949年以来发行的中华人民共和国邮票搜集展陈，从中清晰窥见到了新中国走过的轨迹，也看到了中国悠久的历史和璀璨的文化传统。方寸邮花投射出了一个国家的辉煌往昔，也刻画了中华人民共和国自1949年以来"走向繁荣富强"的既伟大又亲切的身影。

当然，以邮票叙说历史与现实，这种方式会有挂一漏万之虞；但中华人民共和国"名片"这一简洁的轮廓线条，仍能真实勾勒出或速写出中国的基本形象。同时，这一册邮票集，也是极富艺术魅力的珍贵收藏品，因此，这本书又从集藏角度有了另外一种意义的阅读与保存价值。

仅以此书表达我对伟大祖国的崇仰与挚爱。